墨香财经学术文库

乡村振兴战略背景下第一书记驻村制度研究

Research on the System of First Party Secretary Stationed in Rural Areas under the Background of Rural Revitalization Strategy

孟丽莎　孟耀　著

东北财经大学出版社　大连

Dongbei University of Finance & Economics Press

图书在版编目（CIP）数据

乡村振兴战略背景下第一书记驻村制度研究 / 孟丽莎，孟耀著. —大连：东北财经大学出版社，2025.10.—（墨香财经学术文库）. —ISBN 978-7-5654-5400-4

Ⅰ.D267

中国国家版本馆CIP数据核字第2024G4B668号

东北财经大学出版社出版发行

大连市黑石礁尖山街217号　邮政编码　116025

网　　址：http://www.dufep.cn

读者信箱：dufep @ dufe.edu.cn

大连图腾彩色印刷有限公司印刷

幅面尺寸：185mm×260mm　字数：266千字　印张：16　插页：1
2025年10月第1版　　　　　　　　2025年10月第1次印刷
责任编辑：李　彬　王　丽　孙晓梅　　责任校对：何　群
　　　　　吴　奂　孔利利　吴　茜
　　　　　孟　鑫　赵宏洋　刘晓彤
　　　　　周　晗
封面设计：原　皓　　　　　　　　　　版式设计：原　皓
定价：85.00元

教学支持　售后服务　　联系电话：（0411）84710309
版权所有　侵权必究　　举报电话：（0411）84710523
如有印装质量问题，请联系营销部：（0411）84710711

前言

党的二十大报告指出，完成脱贫攻坚、全面建成小康社会的历史任务，是中国共产党和中国人民团结奋斗赢得的历史性胜利。长期以来，"三农"是国民经济的短板，不仅影响了我国经济社会协调、持续、稳定发展，而且对实现人民对美好生活的向往构成了巨大阻碍。党的十九大报告指出，新时代我国社会的主要矛盾已经转化为人民日益增长的美好生活需要和不平衡不充分的发展之间的矛盾。因此，解决这个主要矛盾成为当今时代的紧迫任务。"三农"问题是我国经济社会发展不平衡不充分的重要表现。党中央历来十分重视"三农"工作，始终把建设好发展好农业放在各项工作的首要位置，进入21世纪之后几乎每年的"中央一号文件"都是关于农业农村发展的最高指示，把落实强农惠农富农政策作为中心任务，体现了党中央对解决"三农"问题、提升民生幸福的决心。

为了做好"三农"工作，在建党一百年时全面建成小康社会，也为了实现第二个百年奋斗目标，即21世纪中叶将我国建设成为富强民主文明和谐美丽的社会主义现代化国家，党中央、国务院审时度势，作出从政府机关、事业单位和有关机构选派优秀干部到村任第一书记帮扶乡村振兴的战略决策。2015年4月15日，中共中央组织部、中央农村工作领导小组办公室、国务院扶贫办联合发布《关于做好选派机关优秀干部到村任第一书记工作的通知》，指导选派第一书记驻村帮扶工作，这是一个对全面建成小康社会和实现乡村振兴战略具有深远影响的战略举措，各省、自治区、直辖市大规模选派第一书记驻村工作，开展精准扶贫，帮扶乡村振兴，取得了有目共睹的显著成效。

第一书记驻村帮扶精准扶贫和乡村振兴，是一次伟大的制度创新和农村工作实践创新。广大第一书记及驻村工作队干部在各级党委的组织领导下，深入农村基层，与乡村干部一起战斗在扶贫第一线，积极谋划乡村振兴方案，以强化基层组织为抓手，整合各种社会资源，强化农村基础设施和公共服务，提升为群众服务的意识和水平，有效地推动了乡村振兴战略。在第一书记和乡村干部的共同努力下，中国于2020年彻底实现了贫困人口全部脱贫、贫困村全体摘帽，在人类治理贫困历史上写下了光辉篇章，取得的脱贫攻坚成果史无前例。中国由此实现了全面建成小康社会，开启了新的征程。

鉴于第一书记在脱贫攻坚和乡村振兴中作出的巨大努力和卓越贡献，课题组采用调查研究法、文献分析法和系统研究方法，深入系统地对第一书记驻村制度和实践机制进行了研究。研究发现，第一书记驻村制度是一个非常有时代特征的制度创新，在扶贫开发历史上独创性地发展了贫困治理理论和扶贫方式，对实现精准脱贫和打赢脱贫攻坚战起到了关键性作用。在第一书记驻村制度的实施环节也遇到了实践困境，例如贫困治理场域中的协同治理主体之间的相互关系困境、第一书记整合资源困境和经验不足、责权分离的矛盾等。我们以嵌入治理理论为基础分析了第一书记嵌入治理困境的原因和影响，探索了第一书记驻村帮扶绩效的影响因素，结合协同治理理论，构建了第一书记赋能乡村振兴协同治理机制框架，提出了第一书记在乡村振兴中全面发挥作用的政策措施。系统地研究第一书记驻村制度的理论问题、实践困境和对策措施，可以帮助人们全面把握第一书记驻村制度的时代背景、理论依据、实践困境、机制运行和对策建议等社会关注的问题，为解决第一书记驻村制度理论问题和政策优化提供一些有价值的参考。

课题组成员深入第一书记驻村帮扶实践，长期与第一书记共同奋战在精准扶贫和乡村振兴的实际工作中，对第一书记驻村帮扶工作有了真实感受和丰富的实践经验，站在第一书记驻村帮扶实际工作的角度，完成了第一书记驻村制度实践的理论研究。在研究中，我们得到了东北财经大学农村发展研究中心刘凤芹教授的指导。她为课题的研究提出了有重要价值的建议，使课题的研究质量进一步提升。研究工作也得到了河北经贸大学关华教授的帮助，她积极提供研究工作需要的一些资料，并提出了一些很好的建议。课题组成员姜广东、谭小芳、巴红静、赵雪峰积极参与社会调查和研究，为课题的顺利完成作出了重要贡献。需要着重指出的是，本书是在国家社会科学研究基金一般项目"乡村振兴战略背景下第一书记驻村制度实践机制与绩效评价研究"（项目编号：19BJL031）的基础上整理而成的。感谢国家社会科学研究基金委员会对本课题研究的大力支持，希望本书的出版能够丰富第一书记驻村制度实践机制的研究成果，促进第一书记在乡村振兴中作出更大贡献，为完善第一书记驻村的实践机制和政策提供有价值的参考。

作　者

于东北财经大学梓楠楼

2025 年 4 月

目录

1 绪论

1.1 研究背景和社会价值

1.1.1 研究背景

乡村振兴战略是党的十九大提出的重大战略。2017年10月18日，习近平总书记在党的十九大报告《决胜全面建成小康社会 夺取新时代中国特色社会主义伟大胜利》中提出，"中国特色社会主义进入新时代，我国社会主要矛盾已经转化为人民日益增长的美好生活需要和不平衡不充分的发展之间的矛盾"，"要按照十六大、十七大、十八大提出的全面建成小康社会各项要求，紧扣我国社会主要矛盾变化，统筹推进经济建设、政治建设、文化建设、社会建设、生态文明建设，坚定实施科教兴国战略、人才强国战略、创新驱动发展战略、乡村振兴战略、区域协调发展战略、可持续发展战略、军民融合发展战略，突出抓重点、补短板、强弱项，特别是要坚决打好防范化解重大风险、精准脱贫、污染防治的攻坚战，使全面建成小康社会得到人民认可、经得起历史检验"。2017年12月，中央经济工作会议明确了实施乡村振兴战略的目标任务。2018年5月31日，中共中央政治局会议审议通过了《乡村振兴战略规划（2018—2022年）》。2020年年底，随着我国打赢脱贫攻坚战和全面建成小康社会，乡村振兴取得了重要进展。党的二十大提出，全面推进乡村振兴，扎实推进乡村产业、人才、文化、生态、组织振兴。选派第一书记驻村工作，是"三农"工作、精准脱贫和乡村振兴过程中的实践创新，也是我国扶贫开发事业的一次制度创新。第一书记赋能乡村振兴也是党中央在我国经济社会发展进入新时代中国特色社会主义建设后，为实现"两个一百年"奋斗目标而进行的整合社会资源、强化"三农"工作的一个重要举措，它对促进我国"三农"工作和实现农业农村现代化产生了深远影响。选派机关优秀干部到村任第一书记开展帮扶工作，始于2001年安徽省选派年轻党员干部到村任第一书记帮扶的实践创新。经过此后十多年的实践和经验总结，为了推进选派优秀干部到村任第一书记赋能乡村振兴，2015年4月30日，中共中央组织部、中央农村工作领导小组办公室、国务院扶贫开发领导小组办公室联合制定并发布了《关于做好选派机关优秀干部到村任第一书记工作的通知》。此后，选派第一书记驻村帮扶乡村振兴在全国广泛开展起来，形成了一支长期驻村帮扶的干部队伍。他们受组织委托，在乡村认真执行精准扶贫精准脱贫政策，实施乡村振兴战略，并且在打赢脱贫攻坚战后，从精准扶贫转向全面实施乡村振兴战略，所起作用巨大。第一书记驻村帮扶期间抓党建促脱贫、抓产业促发展、抓服务促党群联系。第一书记驻村帮扶对加强农村基层组织建设、解决一些农村基层组织"软弱涣散"、经济发展滞后、社会矛盾突出等方面的问题，起到了十分积极的作用，在实施乡村振兴战略中取得了显著的成效。分析第一书记驻村制度的时代背景，有利于把握第一书记赋能乡村振兴的必要性和紧迫性。

1）踔厉建设"三农"，补齐国民经济发展短板

农业、农村和农民问题一直是困扰国民经济全面协调发展的关键因素。改革开放40多年来，我国社会经济发展迅速，三次产业取得了显著进步，特别是制造业和服务业发展取得的成就十分辉煌。但是，作为国民经济基础的农业发展还相对落后，与发达国家的农业相比差距明显。农业是国民经济的基础，产业地位和作用十分突出。只有三次产业协调发展，特别是农业的发展与第二、三产业发展的速度协调一致，才能实现国民经济可持续发展。因此，只有加快发展农业，实现农业现代化，才能为国民经济稳定、持续发展奠定牢固的基础。

与农业发展相对滞后密切相关，农村和农民问题也是我国经济社会发展中长期存在并亟待解决的问题。由于市场经济发展不平衡，城乡之间差距明显，农村经济发展落后于城市，不仅表现为居民收入水平存在明显差别，还体现在基础设施、文化娱乐、教育、交通、通信、医疗卫生等方面。城乡发展不平衡导致了农村劳动力向城市大批流动。发展经济学家托达罗的人口流动模型理论认为，农村人口向城市流动的原因在于城市就业机会预期的存在。农村劳动力不断向城市流动，有知识有能力的青壮年劳动力大量流入城市，只有小部分返乡创业，这导致农村人口老龄化、空心化、人才流失严重等

问题，严重影响了农村农业发展。根据世界上一些其他发展中国家的经验，城乡社会经济发展不平衡常常导致国民经济结构失衡，进而城乡差距过大导致经济发展停滞不前，造成了"中等收入陷阱"。克服"中等收入陷阱"的唯一途径是在城市不断发展壮大的同时，加快农村经济社会发展。

新中国成立以后，出于国民经济发展的需要，我国在很长时期内采取先工业后农业、先城市后农村的发展策略，重城市建设轻农村投入，国家对农村基础设施的投入远远低于城市，农村资本积累薄弱，经济发展缓慢，农村落后于城市十分明显。事实表明，一个农业发展滞后、农村落后于城市、农民收入水平低的国家是不可能取得社会经济长足进步的。因此，党中央从20世纪80年代初期开始重视解决"三农"问题，不断地加强"三农"工作。进入21世纪之后，几乎每年的"中央一号文件"都制定了发展农业、建设农村的政策措施。21世纪以来，党中央高举加强"三农"工作的鲜明旗帜，不断加大农业投入，积极实施工业反哺农业、城市支援农村的政策措施，于2006年停止征收农业税，并实行种田补贴，以此减轻农民负担。此外，在所有乡村建立新型农村医疗合作保险制度和农村养老保险制度，全面实行义务教育，最大限度地减轻农民教育、医疗、养老负担，从而增加农民收入，实现农民增收致富。即便如此，"三农"仍然是国民经济的最大短板。

2）打赢脱贫攻坚战，全面建成小康社会，实现共同富裕

中国是一个历史悠久的农业大国，在过去很长时期内，农民占总体人口的绝大多数。当前，城市化取得了巨大发展，农村人口仍然占一大半，即便将来实现了城市化，仍将有40%以上的人口居住在农村。由于农业生产率较低和一系列历史原因，农民的收入增长缓慢，贫困问题长期困扰许多农民，直到21世纪初，按照现行贫困线标准计算，我国仍然有1亿多人口处于贫困状态，面临的贫困问题十分严重。共同富裕是社会主义本质特征，新中国成立以来历届国家领导集体都把实现共同富裕作为一个不可动摇的目标、一项长期任务，久久为功，采取各种措施坚定不移地向着共同富裕这个目标努力。作为一个发展中国家，贫困人口数量众多，消除贫困任务十分艰巨。20世纪80年代，中国开始探索扶贫开发模式。党的十八大以后，习近平总书记总结不同历史阶段扶贫经验，结合扶贫工作和农村新形势，作出精准扶贫精准脱贫的重要指示，提出到建党一百年时彻底打赢脱贫攻坚战、实现全面建成小康社会的奋斗目标。

精准扶贫是中国进入脱贫攻坚新时期的扶贫策略。它的要求是在扶贫开发中，有针对性地对那些老区、少数民族、边疆贫困地区的贫困村和全国各地的贫困户精准施策、精准脱贫，为此，中央有关部门提出在精准扶贫中做到"五个一批"和"六个精准"。"五个一批"是指"发展生产脱贫一批、易地搬迁脱贫一批、生态补偿脱贫一批、发展教育脱贫一批、社会保障兜底脱贫一批"；"六个精准"是指"扶贫对象精准、项目安排精准、资金使用精准、措施到户精准、因村派人精准、脱贫成效精准"。在精准扶贫精准脱贫政策指导下，中国实现了扶贫开发模式的转变，并取得了显著成效。然而，统计资料表明，按照当时执行的贫困线标准，2012年中国贫困人口仍有9 899万人，到2020年实现所有贫困人口全部脱贫目标，脱贫攻坚任务十分艰巨。如果不采取更加有力的措施，不加大精准扶贫资金投入和人力投入，那么很可能影响脱贫目标的实现。为此，动员全社会力量参与脱贫攻坚，举全国之力增强脱贫攻坚力量，成为形势发展的必然要求。在此背景下，党中央、国务院作出了选派第一书记驻村帮扶的重大决策，决定从党政机关、企事业单位选派优秀干部到村任第一书记，开展帮扶工作。从机关事业单位选派优秀干部到村任第一书记，成为一个增强脱贫攻坚力量、扩大精准脱贫成果、高标准按时实现全部脱贫任务的有力举措，也为实施乡村振兴战略作了组织准备。2021年4月6日，中国新闻网报道，国务院新闻办公室发表的《人类减贫的中国实践》白皮书显示，中国从2013年开始向贫困村大规模选派第一书记和驻村工作队，到2015年实现每个贫困村都有驻村工作队、每个贫困户都有帮扶责任人。截至2020年年底，全国累计选派25.5万个驻村工作队、300多万名第一书记和驻村干部，与近200万名乡镇干部和数百万村干部一起奋战在扶贫一线，为打赢脱贫攻坚战而奋斗。

3）实施乡村振兴战略，加快实现农业农村现代化

实施乡村振兴战略是党中央加强"三农"政策的延续和发展，是新时代"三农"工作的总抓手，也是全面建成小康社会及建设社会主义现代化国家的重大举措。

党的十八大以来，以习近平同志为核心的党中央坚持把"三农"工作作为全党工作的重中之重，持续加大强农惠农富农政策力度，全面深化农村改革，农业农村发展取得了历史性成就。农民收入持续增长，农村民生全面改善，农村生态环境改善，农民获得感增强。但是，农业现代化发展不足，"三农"工作形势不容乐观，农业仍然是国民经济的短板。具体表现在：①农业供给质量亟待提高；②新型职业农民队伍建设严重滞

后；③农村环境和农村生态问题比较突出；④国家支农体系相对薄弱；⑤乡村治理体系和治理能力亟待强化。这些成为在脱贫攻坚和巩固脱贫成果时亟待解决的问题。如果这些问题不及时解决，那么就难以真正解决好人民日益增长的美好生活需要和不平衡不充分的发展之间的矛盾，就会对实现"两个一百年"奋斗目标造成不利影响。因此，中共中央、国务院在2018年制定发布了《关于实施乡村振兴战略的意见》（以下简称《意见》），明确提出乡村振兴战略的目标任务和战略策略，指导全党和全国人民，举全社会之力，以更大的决心、更明确的目标、更有力的举措，推动农业全面升级、农村全面进步、农民全面发展。

以上表明，在脱贫攻坚和全面建成小康社会的过程中，"三农"问题的形势十分严峻，贯彻实施乡村振兴战略的任务十分艰巨，需要全国人民团结奋战，共同为实现"两个一百年"奋斗目标而努力。这是党中央决定在精准扶贫和实施乡村振兴战略中，选派优秀干部到村任第一书记开展驻村帮扶、赋能乡村全面振兴的重要背景。

1.1.2 社会价值

1）理论价值

与已有的研究成果相比，本书有三个方面的理论价值：①研究视角。已有的研究主要是在精准扶贫的社会背景下，以第一书记驻村工作中精准扶贫实践为视角，研究第一书记驻村问题。本书把第一书记驻村置于乡村振兴战略背景下，以精准脱贫实践为基础，以第一书记赋能乡村振兴为视角，研究乡村振兴战略背景下第一书记的驻村帮扶实践问题，认为第一书记不仅要完成精准扶贫任务，更要担负起促进乡村振兴的使命。视角变化和扩大后，研究的主要理论问题也更加明确，就是要从理论上探索第一书记驻村帮扶赋能乡村振兴的实践机制，在理论上探索如何进一步提升第一书记驻村帮扶绩效。第一书记驻村帮扶的理论研究为促进第一书记赋能乡村振兴提供理论支撑，从理论上奠定有效实施第一书记制度的理论基础。②学术思想。已有的研究主要以公共管理理论为基础，把第一书记驻村帮扶作为科层制度下在农村的组织嵌入，以及在农村基层组织场域中的特殊行为，揭示第一书记精准扶贫工作遇到的治理困境。本书以政治经济学、组织行为学、制度经济学等学科理论为基础，结合信息经济学、行政管理学、社会学等，进行跨学科跨领域的综合研究，实现第一书记驻村帮扶中的理论创新。在理论上，以协同治理理论为基础，建立第一书记协同治理体系机制的理论体系，丰富了第一书记驻村制度理论，可以视为一种新的理论体系和研究思路。③系统性分析法。以往的研究在理论上没有做到系统性分析，因而难以对问题的全貌进行把握，本书改变这种非系统性的做法，对乡村振兴战略实施背景下的第一书记驻村制度实践机制进行系统性研究。把第一书记驻村帮扶作为一个协同系统，从而揭示了提高第一书记驻村帮扶绩效所需要的主体之间的合作行为及合作路径，为提升第一书记帮扶绩效提供了理论支撑。

2）实践价值

本书研究的实践价值主要是：第一，为完善第一书记驻村制度实践机制和有关政策提供理论依据，进而指导第一书记驻村帮扶工作，促进第一书记提升帮扶成效，更好地促进乡村振兴。第一书记驻村帮扶为精准脱贫作出了显著贡献，在完成脱贫攻坚任务之后，第一书记驻村帮扶工作需要适应乡村振兴战略的需要，在乡村振兴中发挥更加积极的显著作用。因此，必须总结第一书记驻村帮扶的实践经验，通过研究第一书记驻村制度实践机制的运行原理，探索相关理论，进一步完善第一书记相关政策，以指导和促进第一书记为乡村振兴作出贡献。乡村振兴是一项系统性工程，需要整合全社会资源，集中力量办大事。第一书记驻村帮扶实践机制的研究，为整合社会资源、促进乡村振兴奠定理论基础，有利于促进乡村全面振兴。第二，为做好选派和管理第一书记驻村工作提供理论支持。如何做好第一书记驻村帮扶工作，有关部门如何为第一书记驻村帮扶创造条件，如何调动第一书记的积极性，发挥其主动性、创造性，这是在第一书记选派及管理中需要解决的问题。这些问题解决得好就能帮助第一书记完成职责任务，提升工作绩效，第一书记驻村制度就会取得更好的成效。本书通过理论分析，对第一书记驻村制度的实践机制进行了系统的研究，提出了具体的解决方案，因而可以用来指导第一书记驻村帮扶实践。第三，第一书记驻村制度实践机制的理论研究将极大地促进第一书记做好驻村工作，帮助第一书记完成责任使命，更好地发挥其促进乡村振兴战略实施的作用。同时，第一书记驻村制度实践机制研究有利于促进巩固拓展脱贫攻坚成果同乡村振兴有效衔接，加快乡村振兴的步伐，推动农村共同富裕，促进农业农村现代化。

1.2　研究综述

2015年4月30日，中共中央组织部、中央农村工作领导小组办公室、国务院扶贫开发领导小组办公室联合制定并发布了《关于做好选派机关优秀干部到村任第一书记工作的通知》（以下简称《通知》），正式确定了第一书记开展精准扶贫和赋能乡村振兴的驻村帮扶制度。《通知》成为第一书记加强基层组织建设、推进精准扶贫、提升乡村治理水平、为民服务的政策指南，也为第一书记打赢脱贫攻坚战、全面建成小康社会和推进乡村振兴战略奠定了坚实的基础。2017年10月18日，中国共产党第十九次全国代表大会在北京召开，习近平总书记代表党中央作了《决胜全面建成小康社会 夺取新时代中国特色社会主义伟大胜利》的报告，提出了习近平新时代中国特色社会主义思想和基本方略，把实现社会主义现代化和中华民族伟大复兴作为坚持和发展中国特色社会主义的总任务，提出在全面建成小康社会的基础上分两个阶段来安排：一是从二〇二〇年到二〇三五年，基本实现社会主义现代化，二是从二〇三五年到本世纪中叶，把我国建成富强民主文明和谐美丽的社会主义现代化强国。2020年年底，全国最后的贫困户实现了脱贫后，实施乡村振兴战略成为"三农"工作的首要任务。在以乡村振兴战略为指导的新形势下，第一书记驻村帮扶有了更加伟大的历史使命和艰巨任务。

我国学术界对第一书记驻村制度和实践问题的研究，始于21世纪初期部分省从机关选派干部任驻村第一书记的实践。自2001年安徽省委组织部从党政机关和事业单位分批选派干部到贫困村担任党组织第一书记以来，这种选派优秀干部驻村担任第一书记的做法和经验不断在全国其他省得到借鉴和推广，驻村第一书记规模不断扩大。2015年《通知》发布以来，全国形成了更大规模的第一书记驻村帮扶队伍。与此相适应，学术界以第一书记为研究对象，在第一书记的群体特征、角色、制度机制、履职绩效和困境等理论和实践等问题上不断深入研究。根据学者们的研究视角和研究成果，我们将其分为以下几个方面的相关研究。

1.2.1　精准扶贫视角下的第一书记

关于第一书记的职责任务，《通知》作了规定，即：建强基层组织、推动精准扶贫、为民办事服务、提升治理水平。其中，以强化基层组织建设为主导，以精准扶贫为中心，在打赢脱贫攻坚战的目标下，积极开展乡村治理和为民服务。在这些规定的指导下，第一书记在建强基层组织、打赢脱贫攻坚战等领域取得了显著成绩。2020年是实现脱贫攻坚任务的最后一年，脱贫攻坚任务十分艰巨。脱贫攻坚进入这个时期后，集中力量精准脱贫、全面建成小康社会是我国各级政府工作的一项首要任务。在此阶段及以前很长时期，第一书记的一个突出任务是精准扶贫，这是党和政府解决"三农"问题的一个大政方针。因此，很多学者对第一书记在扶贫中的作用机制、帮扶成效和存在的问题进行了研究。同时，几乎所有研究成果都包含第一书记精准扶贫问题。可见，精准扶贫成为第一书记制度的研究重点。学术界围绕第一书记驻村帮扶作了广泛深入的研究。

学者们研究认为，第一书记驻村帮扶对打赢脱贫攻坚战起到了积极作用。周宝伟（2016）运用个案研究法和比较分析法，对济阳县开展第一书记驻村帮扶实践进行分析，探讨这种扶贫解困工作模式的可行性，认为第一书记参加扶贫解困工作发挥了指导和带动作用。第一书记协助村"两委"制定扶贫对策，作出扶贫产业规划，贯彻落实党和国家的强农惠农富农政策，有利于促进脱贫攻坚。第一书记制度的实施实现了资源下沉、工作下沉、干部下沉，成为抓基层、惠民生、促和谐、育干部的有效之举。在第一书记的驻村帮扶作用下，基层组织得到了强化，落后的农村获得了发展资源，实现了精准脱贫，农村面貌得到巨大改变。

第一书记驻村帮扶起到了促进精准扶贫的作用，但是也遇到了一系列困难。王卓、罗江月（2018）以扶贫治理为视角，对"驻村第一书记"开展研究，认为第一书记制度对加强农村基层治理、整合扶贫资源和提高扶贫效率等方面具有重要意义。同时，他们通过对四川、贵州等五省（区）的实地调查，分析第一书记群体特征、影响因素以及履职状况，发现了第一书记在工作中面临着许多问题与困难。例如，"第一书记选人精准度不高""权责悬置""激励政策缺乏可行性""基本工作条件缺乏"等。为确保第一书记驻村制度的有效性和持续性，他们提出应当增强人岗相适性、落实"事权"与"财权"相匹配及完善第一书记驻村保障制度。研究者发现，第一书记精准扶贫的效果受到多方面因素的影响。杨阳（2019）研究了第一书记驻村制度的实践及帮扶行为，以"嵌入性"为视角，实证检验了第一书记的人力资本及社会资本对村集体收入的影响。他认为，第一书记帮扶的实践是以"政治嵌入"和"关系嵌入"为基础实现贫困有效治理的，其中，"政治嵌入"增强了基层党组织的治理能力，"关系嵌入"整合了社会网络资源，进而搭建贫困村的社会网络，提升发展内力。第一书记的农村工作经验、农村发展领域的专业知识和社会资本对贫困村经济发展和村集体收入都产生促进作用。但性别、年龄、文化水平和性格等个人特征对村集体收入影响不显著。与传统帮扶模式不同，第一书记很好地融合了正式化和非正式化的帮扶力量，把社会力量与扶贫以第一书记为"接点"连接起来，形成新型贫困治理框架。

运用"嵌入"理论分析第一书记扶贫行为，也是很多研究者的研究路径。李利宏和郑甜甜（2018）认为，我国扶贫开发进入攻坚阶段，第一书记是打赢脱贫攻坚的重要力量，通过政治嵌入、利益嵌入、组织嵌入和政策嵌入，对贫困村扶贫效果产生影响。他们提出，第一书记扶贫涉及国家、第一书记和贫困村三个方面，三者之间在坚守固有边界的同时又相互嵌入。第一书记的关系嵌入给当地带来大量的信息和资源，有利于提升扶贫绩效，完成脱贫攻坚目标。但是，影响第一书记工作绩效的因素较多，个人的能力、村庄的实际情况及复杂程度、村干部的能力和觉悟、乡镇对第一书记的考核管理等，都直接影响第一书记嵌入效果。第一书记作为外部力量嵌入到贫困村帮扶，需要在农村社会关系和社会网络的基础上，根据村庄的实际情况进行适度嵌入，吸引外部资源，并把乡村资源利用好，打通内外联系通道，与乡村社会内在机制进行融合。杨阳（2019）通过对宿迁市第一书记驻村帮扶的调查研究，认为第一书记嵌入贫困村实现了城市向农村的人才转移，他们通过较高的文化素质、丰富的知识储备、系统的帮扶培训经历等人力资本，以及附着于第一书记社会网络关系中的社会资本及关系资本，对村基层组织建设、社会治理和集体经济起到促进作用。他认为第一书记的嵌入使过去驻村干部依附于乡村干部转变为独立地开展工作。这种观点，笔者认为有可能与实践情况存在差距。事实上，第一书记作为外来的嵌入力量，由于对乡村事务和人际关系缺乏充分了解，不仅很难独立地开展各项工作，而且要紧紧依靠乡村干部。不过，他在研究中发现，嵌入型驻村第一书记具有独特优势，在自身能力优势和资源优势的支持下，第一书记在基层治理和精准扶贫工作中发挥了显著作用，这个结论是值得信服的。

第一书记的角色定位也是学术界关心的问题。贾姝宁（2018）认为，第一书记的中心任务是精准扶贫。第一书记进入基层组织后，以加强基层组织建设为抓手，抓党建促脱贫，帮助谋划发展，探索乡村治理模式。第一书记是农村发展新模式的带头人、村"两委"各项工作的协商者、基层党组织建设的组织者和"好政策"的传递者。

曾俊霞（2019）认为，相比其他扶贫主体，第一书记扶贫职责清晰，个人激励显著，考核设计实施相对容易。但是，不同的第一书记因个体差异，扶贫效果差别明显，既有成绩优异的第一书记，也有业绩平平的第一书记，还有不合格被召回的第一书记。

以上研究成果表明，第一书记在嵌入乡村基层组织后，在基层组织建设、精准扶贫等方面发挥了积极作用，但是，由于受多方面因素的影响，第一书记驻村帮扶还面临诸多困难。

1.2.2　基层组织建设、乡村治理与第一书记

选派第一书记驻村帮扶，对于我国建设基层组织、提升基层组织战斗力、完善乡村治理体系以及密切党群关系，具有十分积极的促进作用。部分学者以乡村治理为视角，研究了第一书记在基层组织建设和乡村治理中的作用。杨芳（2016）从完善乡村治理体系的视角，研究了第一书记的重要作用。认为第一书记制度的实施为完善乡村治理体系和提升乡村治理水平注入生力军，它改变乡村治理模式，形成了乡村治理新格局，并且提升了乡村治理水平，推动了新农村建设。冯肖霞（2017）对柳林县三交镇第一书记驻村帮扶工作调查后认为，第一书记制度的建立，通过外部力量的组织"嵌入"，为解决农村贫困治理难题提供了有益的尝试，表明政府发挥了制度优势和资源优势，增强了政府作为贫困治理的领导作用，从而加快化解贫困治理难题的步伐。第一书记对强化基层党组织建设具有积极作用。农村基层组织对团结群众、领导群众、组织群众和加强党群联系，具有不可替代的作用。部分乡村基层组织软弱涣散、社会治理能力薄弱、群众意识淡薄，不能够有效地实现乡村社会治理，影响了党和国家政策的实施，制约了农村经济和社会发展。选派优秀干部到贫困地区开展工作，有利于巩固党和政府在农村的执政根基。此外，她还认为，选派第一书记有利于培养优秀年轻干部。林国华和范攀（2016）认为，第一书记在乡村治理中的作用和效果是显著的，但是，需要通过建立长效机制来保障第一书记帮扶效果，完善第一书记在乡村治理中的作用机制。胡敬娟（2017）从公平正义的视角对第一书记驻村帮扶工作进行了研究。她认为，社会公平关乎社会良性运行，保障"三弱"（班子弱、经济弱、基础设施弱）村庄居民公平分享社

会经济发展成果，是第一书记帮扶工作应有之义务。解决"三弱"农村居民基本生存权、发展权，也是党和国家最基本的政治目标。党的十八大提出全面建成小康社会的目标和党的十九大强调决胜全面建成小康社会，都是党和国家重视农村居民实现对美好生活向往的反映。从第一书记驻村工作的成效看，第一书记对增强农村社会发展活力、提升农村居民生活水平、确保社会公平正义在农村得到实现具有积极意义。因此，第一书记驻村工作有望为解决农村社会问题、实现公平正义提供宝贵的实践经验。范樊（2015）是一位驻村第一书记，他以自己的经历为基础，对第一书记在乡村治理中的作用和效果进行了研究，认为第一书记驻村后对乡村治理的影响是直接的、有效的，第一书记在经济发展、组织建设和关系协调等方面作用显著。例如，第一书记驻村帮扶提高了农民收入、推动了集体经济、推进了基层组织建设、增进了村民对党和政府的政治信任、改善了乡村基础设施状况等。黄雯娇（2019）认为，在本质上，第一书记是一种上下联动的中介变量，在扶贫治理中发挥催化剂的作用，但是第一书记在工作中面临着多重困境。她对第一书记的境遇进行了梳理，并分析了第一书记在基层治理中的作用。在脱贫攻坚决胜时期，在深度贫困地区第一书记成为脱贫攻坚一把手。但是，第一书记面临着乡土社会特征下的基层社会多元矛盾与"人情政治"的现实。她研究了第一书记的处境，认为第一书记既要有独立思考和决策的能力，能够按照上级党组织的要求做好脱贫攻坚工作，又要避免实施"熟人政权"以及为了追求政绩而弄虚作假，避免"内卷化"，于是形成了第一书记对村干部"既依附又独立"的矛盾。要化解这个矛盾，不仅需要第一书记发挥建强乡村基层组织、发展产业、重塑文化价值和对村级干部进行"治理能力"再培养，还要加强和完善第一书记选派制度和奖惩制度。赵秀芳和贾姝宁（2018）研究了第一书记在山西乡村治理中的角色，认为山西省委组织部在2015年选派优秀机关干部到贫困村任"第一书记"，重要任务在于助力扶贫，主要职责是加强基层组织、发展产业、提升乡村治理水平和为民服务。但是，面临着的问题很多，主要是如何协调第一书记与村"两委"班子的关系、如何更加有效地开展基层党建以及构建什么样的新型乡村治理格局和治理模式。

1.2.3　乡村振兴战略与第一书记

习近平总书记在党的十九大报告中指出，全面建成小康社会要紧扣乡村振兴战略。

实施乡村振兴战略是全面建成小康社会和实现"两个一百年"奋斗目标的重要决策。学者们也以乡村振兴战略为背景，研究了第一书记的作用。

在乡村振兴战略实施的新阶段，第一书记如何在乡村治理中进行角色定位，以及如何明确自己的职责和任务，这些问题引起了很多研究者关注。贾姝宁（2018）认为，第一书记参与乡村治理，是治理的深化，是治理向善治的转变。作为外来力量，对于打破原有的治理模式平衡，构建新的治理格局，必将发挥积极作用。在这个转变中，应当按照习近平总书记强调的"加强自治、法治、德治乡村治理体系"完善乡村治理体系。吴远庆（2019）认为，在乡村振兴战略背景下，第一书记除了当好引路人、协商者、组织者、"好政策"的传递者之外，还要争做实施乡村振兴战略的践行者和推动者。要依据乡村振兴战略的总体要求，转变工作重点，积极推动乡村振兴。由此，他提出，第一书记要推动农业产业向质量兴农转变，向生态文明建设转变，向壮大集体经济内涵转变。

第一书记在乡村振兴战略中发挥什么样的作用和如何发挥作用，是研究者关注的主要问题。范铭送（2019）以贵州省J县G乡为例，研究了乡村振兴视角下的第一书记帮扶工作。他认为，第一书记驻村开展帮扶工作，不断加强了农村在产业、人才、文化、生态和组织方面的建设，推动了乡村振兴。但是，由于存在个人能力、社会环境和政策保障等方面的制约，第一书记在责任落实、资源整合等方面面临诸多困境。他提出了有助于提升第一书记帮扶绩效的政策建议，建议强化第一书记的素质能力，培养过硬的工作能力，不断提升为民办事能力；细化第一书记考核程序，建立科学的考核指标；宣传第一书记政策，营造良性的帮扶氛围，实施严格的奖惩制度；优化第一书记驻村保障体系，制定长效的帮扶机制，健全科学的培养模式，促进第一书记干实事、快成长。卫红亮（2019）以山西省吉县屯里镇第一书记为研究对象，研究他们在乡村振兴背景下第一书记驻村帮扶期间的主要作用和成效，从多元主体间职责划分、协作及绩效等方面展开分析，认为影响第一书记作用的主要因素有外部因素和内部因素，即多元主体之间职责不明确、所驻村大环境、乡镇和派出单位及组织部门之间的协调保障、个人自身素质等。他提出，发挥第一书记在乡村振兴中的作用，需要构筑第一书记科学动态的长效管理机制；需要发挥第一书记自身优势，整合乡村振兴力量；强化基层党建，构建完善的乡村治理体系。第一书记驻村帮扶作为精准扶贫的重要手段，是贯彻落实中央扶贫开发和习近平总书记重要讲话精神、深入推动"三农"工作，实施乡村振兴战略的重要举措，必将在乡村振兴中发挥重大作用。

2020年年底之前，"抓党建、促脱贫"，集中力量打赢脱贫攻坚战，是第一书记的首要任务。自2021年起，巩固扩大脱贫攻坚成果，接续驻村帮扶实施乡村振兴战略，成为全面建成小康社会后的中心任务。虽然中国已经实现脱贫任务，但是，"三农"问题依然存在，只有把乡村振兴作为中心任务，努力实现乡村振兴，才能更好地解决"三农"问题，脱贫攻坚的成果才能扩大。第一书记驻村帮扶把巩固拓展脱贫成果与乡村振兴战略有机衔接起来，才能够为全面建成小康社会奠定坚实基础。在实现贫困户脱贫、贫困村摘帽的情况下，第一书记驻村工作面临着脱贫攻坚向乡村振兴的转变。从已有的研究看，学术界对乡村振兴战略背景下第一书记职责任务、工作方式、实践机制等的研究相对较少。

1.2.4 第一书记驻村制度实践机制的研究进展

第一书记驻村帮扶从实践创新到制度形成所经历的时间并不长，但是，其作用和影响巨大。在第一书记驻村帮扶政策的推动作用下，中国农村各个方面发生了前所未有的变化，美丽乡村建设取得了巨大的成果，在2020年年底农村贫困户全部实现了脱贫，全面建成小康社会。学术界在研究第一书记问题时，除了高度重视其对于精准扶贫、农村社会治理、农村经济发展和生态文明建设所起的作用，也对第一书记制度的实践机制进行了一些探索，但是研究的成果较少。

在第一书记制度形成上，曾俊霞（2019）梳理了第一书记制度的建立过程。她采用经济学理论，结合山西省选派第一书记驻村帮扶工作实践，分析了第一书记驻村帮扶的影响因素。她认为，第一书记驻村制度最早可以追溯到1986年国家首次提出党政机关选派干部下乡扶贫政策，在21世纪初逐步形成，正式建立于2015年，从而成为全国层面实施的精准扶贫制度。这是党政干部驻村帮扶制度的延续和创新。第一书记驻村帮扶具备群体优势，但也因为个体因素不同，帮扶效率不同。她提出的对策是：调整派出结构，保障合格人选；注重发展目标，坚持科学考核；创新帮扶机制，协调帮扶力量；增强帮扶培训，构建帮扶网络。

关于第一书记驻村制度的作用，研究者普遍认为，第一书记驻村制度的实施促进了乡村振兴。陈锋（2011）认为，驻村干部是国家"善治"的重要途径，中央将国家权力延伸至农村基层组织，实现了积极的"嵌入治理"。袁立超和王三秀（2017）认为，驻村制度使得科层制的组织与村中自治组织发生互动，更好地执行国家有关政策，政府选派第一书记驻村能够强化政府与村"两委"之间的联系，促进党中央惠农政策的落实和生效。蒲敏（2014）分析了干部下乡背后的合理性，认为这项制度：一是在政治上寻求认同的重要途径；二是农村发展中寻求外部资源支持；三是重拾党的群众路线。贺艳声（2016）认为，选派干部驻村工作既是为践行群众路线而实行的民心工程，也是根据农村的特殊性精准派人而采取的具体措施，是强化基层组织、培养干部的有效途径。驻村干部要做到明确六项基本职责、做好十项基层工作和把握三个关键环节，处理好三种关系。陶建群、王慧和张硕（2012）认为，第一书记驻村能够拓展党建内涵、巩固执政之基和锤炼干部队伍。在第一书记的带动下，乡村基层面貌发生了巨大变化，农村与城市的发展差距日益缩小，他们将基层党建与乡村治理结合起来，努力实现乡村治理现代化，实现农村共同富裕。孔德斌（2015）认为，驻村干部在精准扶贫和脱贫攻坚中，起到了对农村公共产品供给和再分配的监督作用，有利于扶贫效率的提高。庄鹏（2014）对驻村工作的实践进行了调查分析，认为驻村干部的驻村工作主要内容是对农村基本情况进行调研、日常走访村民、报送农村村情信息、参与村内各个事项的决定、参加联席会议。陈文正和曹永义（2007）则发现，驻村干部在乡镇政府和乡村社会实际工作中，起到了宣传政策、指导村庄治理、推动农村发展的作用。周宝伟（2016）通过调查发现，第一书记能够利用自身优势，引进资金和企业，改变贫困地区低资本形成的现状，改变贫困地区低生产率、低产出的不利状况。

第一书记驻村帮扶是促进乡村治理现代化的一个有效制度。赵永霞（2018）从国家治理现代化的角度对第一书记问题进行研究，认为选派干部到村任第一书记，开展精准扶贫和社会治理工作等帮扶工作，是通过第一书记嵌入式治理，达到"建强基础组织、推动精准扶贫、为民办事服务、提升治理水平"的治理目标。她认为，党中央在探索国家治理现代化的实践中形成了第一书记驻村制度，该制度有利于完成脱贫攻坚任务，有利于实现对广大经济落后的乡村社会进行有效整合和治理。她在研究典型案例中发现，第一书记驻村工作实践中存在着自身能力有一定的局限性、治理主体作用发挥不充分和社会关系失序等问题，并认为其主要原因在于政策相关配套措施不足、传统治理方式制约、资源支持不足，以及既得利益群体制约等。因此，她提出了明确第一书记主体职责、建立第一书记嵌入式治理体制机制、推动治理信息化进程等政策建议。这些观点无疑具有一定的合理性，反映了第一书记在乡村治理中的积极作用，但也存在一些问题。例如，没有系统分析第一书记在乡村治理中发挥作用的方式及起决定作用的影响因素。第一书记在乡村治理中如何进行角色定位和怎样发挥作用，这是值得研究的问题。

杨阳（2019）以宿迁市为例，从第一书记选派、培训及管理、帮扶途径等方面对第一书记驻村制度的帮扶机制进行研究。他认为宿迁市基于精准扶贫思想，创新性地实践了第一书记驻村制度。政策上的顶层设计、系统化的保障制度，以及选派工作、培训制度、管理考核制度化，促进了第一书记驻村帮扶工作。第一书记利用了关系网络形成政治社会资本，为贫困村提供多部门联动的系统性帮扶。作为关键连接点，第一书记开展组织共建，增强了基层组织的乡村治理能力。第一书记充分发挥了个人关系网络优势，吸纳社会资源参与帮扶，以"造血式"帮扶举措，形成乡村可持续内生发展动力，努力构建稳定的脱贫机制。

郑洁（2016）研究了第一书记、驻村干部、包村干部的区别和干部驻村制度存在的问题。他把第一书记驻村制度作为干部驻村制度的一个方面。第一书记和包村干部、联村干部、驻村干部一样，在内涵上都是各级党委政府机关下派到各个村级组织协助村"两委"工作，对村干部进行指导的干部。这些干部在浙江省被统称为农村工作指导员，在乡镇则被称为驻村干部。但是，第一书记是从各级机关事业单位选派的优秀干部，是被派到农村（通常是基层组织软弱涣散村和贫困村）任党组织第一书记，原则上不再承担派出单位的工作任务，其薪酬和人事待遇福利保持不变，在管理上由县级以上各级党委组织部、派出单位和乡镇党委共同管理。他认为，在某种程度上可以认为，干部驻村制度是出于国家加强对乡村社会的治理和资源整合的需要，也就是加强乡村社会管理和整合农村各种资源的需要。国家对第一书记驻村制度的绩效预期，除了干部后备人才、乡村建设外，还有更深层的其他目标。他基于"国家—驻村干部—乡村社会"框架，研究驻村干部与乡镇政府的互动以及驻村干部与乡村社会的互动，探讨干部驻村制度在实践中存在的问题，为完善我国驻村制度和提高驻村干部工作积极性提出了对策建议。

郑洁的研究，虽然没有专门针对第一书记制度进行分析，但是，其中包含了对第一书记制度的很多内容。第一书记驻村帮扶是干部驻村帮扶的一种形式，是以往干部下乡、干部包村、大学生村官政策的延续和发展。因此，干部驻村面临的问题在很大程度上反映了第一书记制度在实践操作中遇到的实际问题。但是，他在对问题存在的根源分析得不够深入。

谢小芹（2019）从政府与社会有效合作才能治理好贫困问题这个观点出发，提出"嵌入式治理"概念，借助嵌入式治理分析框架，从"国家—社会"二重性关系层面，以第一书记扶贫制度的实践为分析对象，深度描述贫困是如何逐渐被消除的。她认为，第一书记扶贫制度的实施构建了一套系统的贫困治理网络，形成了制度化、规范化的治理范式。

以上研究表明，关于第一书记驻村制度问题，学术界主要是基于扶贫开发和贫困治理视角对第一书记制度的形成、社会根源、第一书记嵌入基层的方式、帮扶困境等问题进行了较为深入的研究，研究结论对扶贫实践和乡村治理具有很大的指导意义和参考价值。但是，我们也发现，在研究的视角和方法方面还存在一些不足，以乡村振兴战略为视角进行的第一书记研究还较缺乏，已取得的成果不足以对乡村振兴中第一书记驻村帮扶加以指导。理论研究缺乏系统性，很多问题的研究不够深入，取得的成果还难以指导第一书记驻村帮扶实践。这是在研究第一书记驻村制度问题上需要弥补的方面。在第一书记驻村帮扶问题上，一个关键问题是如何把这个制度很好地落实到驻村帮扶工作中，切实发挥第一书记驻村帮扶乡村振兴的作用，提高第一书记驻村帮扶绩效，特别是在乡村振兴战略背景下通过完善制度、政策和有关措施，加大第一书记驻村帮扶力度和取得良好的效果，是未来的研究中亟须深入研究的重要问题。

1.3　研究对象、基本框架与研究思路

1.3.1　研究对象

本书以乡村振兴背景下第一书记为研究对象，研究与第一书记发挥作用和提高绩效的驻村制度实践机制问题。通过对第一书记驻村帮扶的时代背景、第一书记嵌入乡村基层组织方式、第一书记驻村帮扶的制约因素、第一书记赋能乡村振兴的协同治理机制理论与实践、第一书记绩效评价与管理等方面的研究，提出完善第一书记驻村帮扶政策的

实践机制理论和实践问题，以期为乡村振兴战略背景下充分发挥第一书记的作用，提升驻村帮扶绩效，巩固拓展脱贫成果和推进乡村振兴战略提供理论依据和政策参考。

1.3.2　基本框架

本书的基本内容框架如下：

1）对干部驻村工作发展历程和第一书记驻村制度的形成路径研究

作为研究的第一个内容，主要回顾我国干部下乡驻村工作的简要历程，分析我国选派第一书记驻村制度的起源和形成过程。研究发现，我国第一书记驻村制度既是在新时代中国特色社会主义建设中解决"三农"问题的新举措，也是新中国成立以来各级党委和政府重视农村工作并选派干部驻村工作的延续。同时还发现，这是一个在我国农业不发达、农村相对落后的城乡二元经济结构中促进农业农村发展的有效措施。2015年4月15日中共中央组织部等国家机关发布选拔优秀干部到"双薄弱村"（基层组织软弱涣散村、经济薄弱村）担任第一书记的通知，将第一书记驻村工作转变为一个在全国开展的干部驻村帮扶制度，部分省的自选动作成为全国各省（市、区）的规定动作，促进了第一书记驻村制度的形成和干部驻村帮扶政策的推广。这个制度与我国历史上的干部下乡和知青下乡不同，其间虽然存在一定的联系，但是差异十分显著。

2）对乡村振兴战略背景下第一书记驻村帮扶所面临的职责任务研究

第一书记驻村帮扶主要围绕以下几个方面开展工作：加强基层组织建设、发展产业、提升治理水平、为群众办事服务。党的十九大提出了乡村振兴战略，成为第一书记驻村工作的指导性纲领。因此，第一书记驻村工作在脱贫攻坚这个主要任务完成后，又有了新的目标和工作任务——推动实施乡村振兴战略。因此，在乡村振兴战略背景下，第一书记承担的职责和工作任务，是围绕乡村振兴战略规划的总要求，大力促进乡村基层组织振兴、产业振兴、生态振兴、文化振兴和人才振兴。

3）对第一书记驻村制度实践困境的研究

从实际工作入手，通过调查研究和具体案例分析，总结第一书记驻村制度实施中取得的成果，揭示第一书记驻村工作遇到的困境与问题，探讨制约因素对第一书记驻村帮扶造成的影响。研究发现，当前第一书记驻村帮扶中既存在许多有利因素，也存在许多不利于发挥第一书记帮扶作用的因素，这些不利因素严重制约着第一书记发挥作用。制约因素很多，例如责权不匹配、缺乏资金、经验不足、支持力度不足等。其中一些制约因素源自第一书记驻村工作中的主体关系。在第一书记驻村帮扶中有四种基本关系：上级组织部门对第一书记具有选派、组织、支持、管理和指导职责；派出单位响应上级组织部门的政策指示，对第一书记具有选派、支持、考核及管理等职责；乡镇组织与第一书记之间既具有领导、管理、支持、指导等职责，也具有某种弱排斥关系；第一书记与村"两委"干部之间则是帮助、指导的关系，同时经常具有排斥关系。第一书记在处理这些关系时，不仅需要个人能力还需要具备其他一些条件。

　　4）深入分析发挥第一书记驻村帮扶作用的体制机制

　　结合组织行为学、制度经济学、信息经济学等学科相关基本理论，指出什么样的制度机制才能够克服第一书记作用的不利因素。对第一书记驻村制度的实践机制进行剖析，深入分析了乡村振兴中第一书记嵌入乡村基层组织后的协同治理机制及其运行机理，为提出对策建议奠定理论基础。中共中央、国务院发布通知，要求认真做好选派干部担任农村基层组织第一书记，各级组织部门和派出单位组织部门积极响应中央号召，在第一书记选派和驻村管理工作上，齐抓共管，协同推进乡村振兴。各级组织和有关部门都希望通过这个举措有效地完成乡村振兴的艰巨任务和历史使命。在乡村振兴第一线的第一书记也希望能够圆满完成上级组织赋予的职责任务，取得优异成绩，不负重托，为乡村振兴作出贡献。但是，乡村问题的复杂性，各级组织部门对于第一书记工作的认识和重视程度，相关组织部门的协调和帮助、支持，以及社会公众对第一书记的支持等，对第一书记发挥作用都会产生巨大的影响。因此，需要从顶层制度上设计，从政策上进行谋划，从机制上进行构建，才能够形成一个巨大的合力，促进第一书记做好脱贫攻坚和乡村振兴等工作，在有关部门的领导、支持下完成促进乡村振兴之使命。研究认为，需要构建的机制有：促进第一书记发挥作用的动力机制与监督考核机制；促进各级组织给予第一书记大力支持的保障机制；推动各级组织部门支持、帮助第一书记驻村工作的监督机制；第一书记向上级组织部门直接反映情况的信息机制；县（区、旗）、乡镇组织与第一书记的协调机制；社会公众参与脱贫攻坚和乡村振兴的资源整合机制等。

　　5）对第一书记驻村制度实施效果和实践绩效评价问题的研究

　　第一书记驻村制度是一个实践性强的制度，其实施效果直接关系到精准脱贫的效果和赋能乡村振兴的成效。怎样科学评价第一书记驻村帮扶实践绩效，是各级组织和相关部门十分关心的问题，也是第一书记关心的问题。因此，需要根据乡村振兴战略的要求，科学设计相关指标，客观公正地对第一书记驻村工作取得的效果进行评价。课题组根据脱贫攻坚任务和乡村振兴战略规划的要求，结合农村的实际，从基层党建、农村产业、乡村治理、为民服务等方面构建了第一书记驻村绩效评价指标体系，并对第一书记的帮扶绩效进行科学评价，力争使静态指标与动态指标结合、主观评价与定量评价结合、自我评价与社会评价结合。通过设计指标体系和评价体系，为各级组织部门和相关部门加强第一书记绩效管理工作提供参考。

6）对第一书记驻村制度实践机制完善路径及政策问题的研究

充分发挥第一书记驻村作用需要相应的制度机制和政策作保障。政策可以为第一书记驻村工作提供工作动力、努力方向和组织支持，制度机制可以使第一书记驻村帮扶中各级组织和相关人员提供行为规范，做到有章可循、有法可依、有规可从，从而更好地为第一书记驻村发挥作用、履行职责、完成任务创造外部环境。研究认为，支持第一书记驻村工作的政策涉及驻村第一书记选派、待遇、奖惩等，是动员、鼓励、监督第一书记驻村帮扶行为的措施。其中涉及财政、金融、管理等政策，是支持第一书记发挥推动农村产业、壮大集体经济和保护生态环境的政策。涉及乡镇组织、农村基层组织干部的政策，是鼓励、动员和监督其配合第一书记发挥作用的政策。从制度方面看，主要是第一书记驻村工作管理、监督、考核制度。此外，完善乡镇干部和村干部监督考核制度、派出单位考核制度以及社会资源参与等，也会促进第一书记驻村帮扶作用的发挥。

1.3.3　研究思路

本书以乡村振兴战略为背景，在分析基本概念、基本理论的基础上，以第一书记为研究对象，以充分发挥第一书记在乡村振兴中的驻村帮扶作用为研究目的，以构建充分发挥第一书记积极作用的有效机制为研究方向，对第一书记驻村实践进行田野调查、问题分析和理论研究，探讨了乡村振兴战略背景下我国第一书记驻村制度实践机制的构建对策，以期为完善我国第一书记驻村制度、促进第一书记发挥作用和完成责任使命提供系统的理论指导和政策参考。具体思路如图1-1所示。首先，分析农业农村现状和农民收入状况，以及选派第一书记驻村帮扶的现实情况，借鉴以往学术界的研究成果，提出了本书研究的主要问题，即建立第一书记充分发挥作用的制度机制的必要性，以及完善第一书记驻村制度实践机制的政策路径。其次，沿着第一书记驻村制度的实践状况、取得成效、实践困境，以及产生困境的原因，在相关理论分析的基础上，提出了建立第一书记驻村帮扶中协同治理机制及相应的对策。最后，对第一书记绩效管理中的绩效评价问题进行了探讨，从而为建立和完善第一书记驻村制度的实践机制提供了参考。

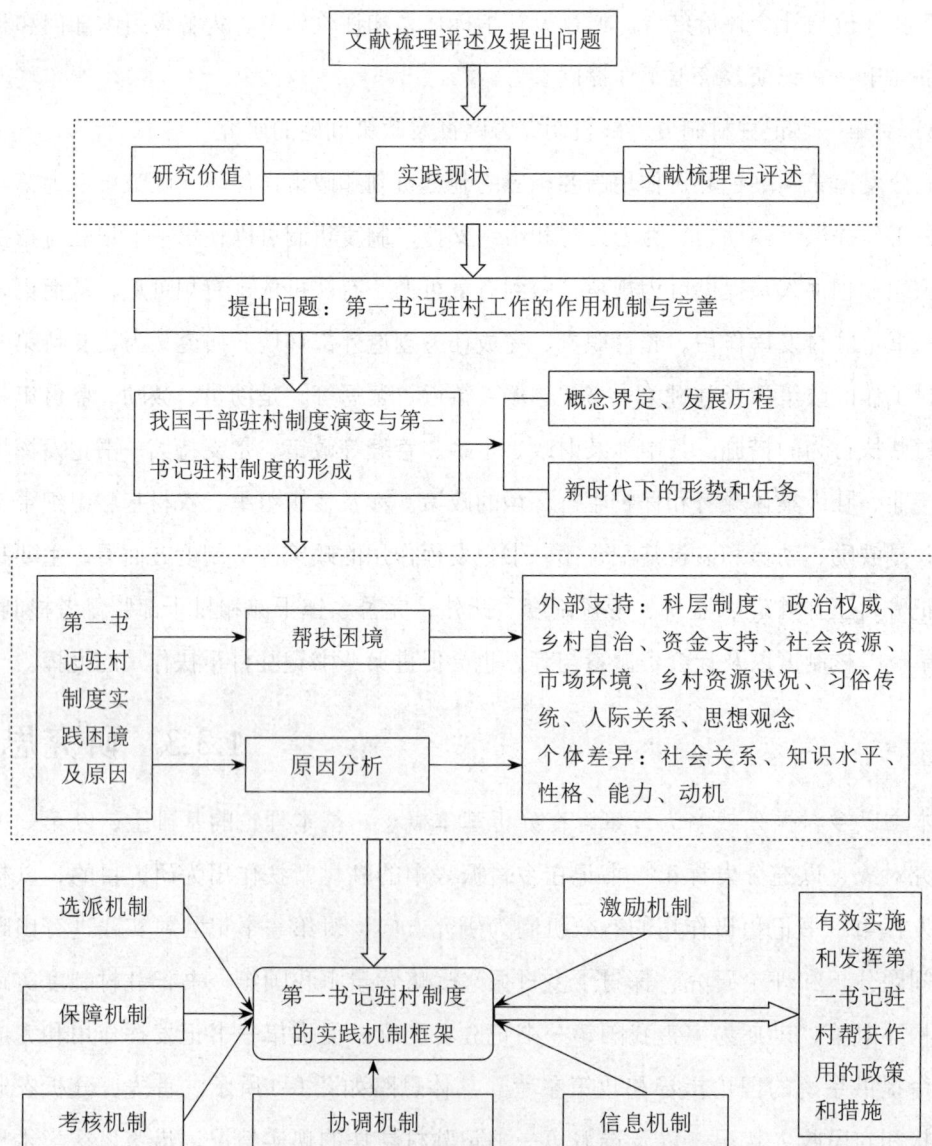

图1-1 本书研究基本思路

1.4 研究重点、研究方法及主要创新

1.4.1 研究重点

本书的研究重点主要有两个：（1）从理论上分析第一书记驻村帮扶中所遇到的制约因素、实践困境等现实问题。第一书记驻村帮扶是党中央、国务院和有关部门作出的"三农"工作的一种正式制度，是一种由组织牵头、多方协同的整合资源促进乡村振兴的制度安排。从科层理论上看，也是一种上级组织利用科层制度的权威，对科层约束较少的农村基层组织进行管理，通过外部资源嵌入农村基层组织，实现对基层组织强化与改造，进而实现党在基层社会管理中领导地位的重塑和再建，并通过强化基层组织实现乡村发展，其中包括贫困治理和乡村产业振兴等方面。但是，基层组织是否认真执行这个政策，以及在多大程度上给予第一书记支持，关系第一书记工作能否顺利开展。各个主体怎样认识和对待第一书记帮扶，能否给予第一书记大力支持，共同实施乡村振兴战略，第一书记驻村帮扶绩效受哪些因素制约，第一书记在怎样的环境条件下才能实现有效的组织嵌入和关系嵌入，充分发挥第一书记的作用，这是本书重点探讨的问题之一。（2）构建第一书记在乡村振兴战略背景下发挥作用的实践机制框架问题。只有建立了科学的实践机制，才能够有效地促进第一书记在乡村振兴战略中发挥其积极作用。第一书记驻村制度的实践机制发挥作用的环境、方式、机理是什么，其作用有什么特点，其机制构成体系是什么等问题，是本书需要系统研究的内容。本书力争在调查研究和基本理论分析的基础上构建符合实际的第一书记驻村帮扶实践机制。

1.4.2 研究方法

本书主要采用文献分析法、比较分析方法、归纳演绎法、调查研究法、系统分析法等对第一书记驻村制度的实践机制问题进行研究。

1）文献分析法

文献分析法是进行学术研究的重要方法。本书通过查阅互联网、图书馆、信息库等，对有关第一书记驻村制度的论文、著作、资料等文献进行收集整理，按照文献分析

的规律和方法，搜集有关资料，梳理和总结相关的研究成果，充分把握第一书记驻村制度实践机制问题研究进展。

2）比较分析法与归纳演绎法

通过比较分析，将新时代背景下第一书记驻村制度与历史上出现的干部下乡制度及知青下乡制度进行对比，说明第一书记驻村制度的时代性和创新性，并结合建设新时代中国特色社会主义的有关理论和乡村振兴战略背景，研究第一书记驻村帮扶在新形势下的历史使命和作用方式。通过归纳演绎法，归纳出第一书记驻村制度实践机制的理论体系和政策蕴意，从而为制定第一书记驻村实践需要的政策提供参考。

3）调查研究法

在研究中，通过设计调查问卷对驻村第一书记、村委、村民进行实地调查，把握对第一书记在精准扶贫、组织建设、为民服务和乡村治理等方面的作用，以及在驻村帮扶中遇到的各种困境，从而准确掌握第一书记驻村帮扶中的数据、资料，为制定发挥第一书记作用的政策和构建第一书记驻村制度实施机制提供第一手资料。主要调查项目有第一书记基本情况、自身素质、工作内容、资金支持、产业项目、基础设施、环境治理、社会关系资本等方面，以及第一书记驻村工作一定时间后的农村党组织建设、产业项目、集体经济成长和乡风乡貌、乡村治理等方面的变化。同时还对第一书记的绩效管理问题进行调查研究，基本方法是访谈、入户调研、座谈会等。

4）系统分析法

系统分析法是一个对事物进行系统分析的方法。每个事物都是一个有机的系统，只有从系统的角度才能正确理解和准确把握事物的全貌。第一书记驻村工作涉及我国整个社会经济发展宏观系统，也要落实到乡村经济社会发展的微观系统。同样，第一书记驻村制度的实践机制也是一个有机体系，其中的各种机制在系统中既发挥独立作用，又与其他机制密切联系，共同推动系统的有效运行。因此，需要以系统方法论理论和方法来研究第一书记驻村制度，进而制定相应的政策和完善相关制度。

1.4.3　主要创新

本书可能的创新之处有以下方面：

1）学术思想创新

乡村振兴战略背景下第一书记驻村工作是一个新事物。通过系统研究第一书记驻村制度的实践机制，从乡村振兴战略的视角，揭示了第一书记驻村制度实践规律和问题，提出了构建第一书记驻村帮扶赋能乡村振兴的协同治理机制思想，提出通过完善第一书记驻村帮扶的实践机制推进乡村振兴的思想，丰富"三农"工作理论，推动了第一书记驻村帮扶理论发展。

2）学术观点创新

一是提出了第一书记驻村制度是新时代中国特色社会主义中"三农"工作的制度创新的观点。二是提出构建第一书记驻村制度实践机制的协同治理机制观点。第一书记作用发挥得好，将极大促进农业供给侧结构性改革，对农业产业转型和结构调整，对实现乡村治理体系现代化和农业农村现代化都具有显著的推动作用。实施第一书记驻村制度，充分发挥第一书记在乡村振兴中的作用，关键在于构建有效的实践机制，通过强化激励提供动力、加强考核监督、加强资金支持、建立协调机制和一系列政策，为第一书记制度的实施提供保障措施。要建立由上至下和由下至上的信息机制；建立监督机制，有效地加强各级组织对第一书记工作的高度重视和管理工作；完善第一书记绩效考核机制和运用机制；加强第一书记激励机制，进而充分发挥第一书记对脱贫攻坚乡村振兴的重要作用。

3）研究方法创新

研究方法方面，在采用比较分析与归纳演绎结合法、调查研究与案例分析结合法的基础上，主要运用了系统分析法，对第一书记驻村工作所遇到的问题进行系统研究，分析第一书记驻村帮扶中各个主体在精准扶贫和乡村振兴中发挥作用的方式及其影响，从而从系统上找到解决问题的途径，提出促进第一书记充分发挥帮扶作用的对策建议。此外，还运用组织行为学、信息经济学、公共管理学、制度经济学等多学科的理论进行跨学科分析，体现了第一书记驻村制度实施机制研究的特殊性、复杂性和创新性。

2 基本概念与相关理论

2.1 基本概念

与第一书记驻村帮扶的实践机制问题相关的概念有很多，厘清这些概念对于分析第一书记驻村制度的实践机制问题及提出相应的对策建议具有十分重要的作用。本章主要对第一书记、包村干部、精准扶贫、"三农"问题、乡村振兴战略等概念进行界定与分析。这些概念在研究中是重要的理论基础。

2.1.1 第一书记

"第一书记"一词既有历史渊源，又有新时期、新形势下的时代内涵。早在新中国成立前的解放战争时期，就已出现"第一书记"称谓。1948年5月9日，党中央及中央军委决定将晋察冀和晋冀鲁豫两个解放区及其领导机构合并，成立华北局、华北联合行政委员会和华北军区。刘少奇兼任华北局"第一书记"。同时，决定加强中原局，成立中原军区，邓小平任中原局"第一书记"。对于"第一书记"的地位与作用，《关于党内政治生活准则》规定："在党委内部，决定问题要严格遵守少数服从多数的原则。书记和委员不是上下级关系，书记是党的委员会平等的一员。书记或'第一书记'要善于集中大家的意见，不允许搞'一言堂'、家长制。"20世纪50年代，县委都设"第一书记"，市委、省委也设"第一书记"。到了20世纪80年代中后期，才逐渐取消"第一书记"称谓，省委"一把手"称为省委书记，其余的称为副书记。党的十三大以后，"第一书记"（以及第二书记、第三书记）的职务设置及提法成为历史。但是直到现在，在部分机关还存在"第一书记"，例如共青团中央仍然使用"第一书记"称谓。2008年，41岁的时任北京市副市长陆昊任共青团中央书记处第一书记。

　　与历史上国家党政机关中的"第一书记"不同，当前乡村基层组织的驻村"第一书记"有特殊的含义。2001年，安徽省选派机关干部到乡村任"第一书记"，开展帮扶工作。"第一书记"的提法再次受到广泛关注和重视，并在以后的扶贫开发和乡村振兴中广泛使用。"第一书记"成为具有时代内涵的专门用语，成为驻村"第一书记"的简称（以下称为"第一书记"），它主要是指适应建设"三农"、开展精准扶贫和实施乡村振兴战略的需要，由各级党组织从国家机关、事业单位、国有大型企业选派优秀干部到村任党支部第一书记，领导或与乡村干部协作开展精准扶贫、乡村振兴，帮扶乡村社会经济及其他事业发展，促进农业农村现代化，建设生态宜居美丽乡村，提升乡村社会治理水平和服务群众。根据《通知》的规定，第一书记的主要职责是：加强党的农村基层组织建设，带领农村党组织和村委会贯彻党的方针政策，完善基层社会治理体系；发展乡村产业，帮助和引导村党员群众共同致富，增强集体经济实力，增加村民群众的收入，精准扶贫与稳定巩固脱贫成果；促进农村各项事业的发展，包括文化教育、医疗保健、生态环境、乡风文明，以及提升为民服务水平等。第一书记（为方便起见，叙述中不再加双引号，即《通知》中所指的第一书记）担负着党和国家的希望与重托，接受党组织的选派，利用自身的知识、社会资源，与乡村干部、群众生活在一起，全力帮助乡村发展产业，促进村民脱贫致富，成为一支建设"三农"、精准扶贫、振兴乡村的特殊干部队伍。他们是农村基层组织建设的推动者，帮助基层党组织加强党建工作；是贫困人口的引路人，指导帮助贫困人口脱贫致富；是乡村建设的谋划者，帮助村"两委"谋划产业，引资建设特色产业；是农民群众的贴心人，他们依靠群众，服务群众，为群众解难，密切了党群联系。

　　第一书记可以从广义和狭义上区分。广义的第一书记与驻村干部的含义几乎一致，是从国家机关、企事业单位等部门机构选派到乡村开展精准扶贫和乡村振兴帮扶工作的人员，他们担任驻村第一书记或者驻村工作队队员，从事驻村帮扶工作。狭义的第一书记是指进入21世纪以来，特别是《通知》发布以来，我国各个省（自治区、直辖市）从机关、事业单位等部门机构选派到乡村专门任驻村第一书记职务，开展帮扶工作的驻村干部。

　　我们所研究的第一书记是广义的第一书记，而不是狭义的第一书记，包括被县级以上组织部门选派，由各级组织部门派驻乡村任第一书记和具有类似职责任务的干部（含驻村工作队）。因此，被任命为乡镇长助理的县直以上机关选派驻村负责乡村振兴各项事务的驻村干部，如派驻到各类贫困村的驻村工作队，也在我们研究的第一书记之列。因此，第一书记是一个集体概念，有的乡镇干部被群众统称为驻村干部。

2.1.2　包村干部

在我国，包村干部是一个使用时间较长的专用名词。为了发展村级经济，促进农村社会经济发展，由县、乡镇机关派干部到农村定点帮扶，帮助村干部解决农村工作和农业发展问题，这类干部被称为包村干部。在农村实行集体生产时期，这些人在一些地方曾被称为驻队干部。他们在农村实行"一对一"的包村工作，解决村民群众遇到的各种农业生产问题，或者帮助村干部处理其他方面的工作，帮助村干部谋划发展，出点子、想办法，起到上级政府和村民群众之间的桥梁纽带作用，在农村社会经济发展中发挥了积极作用。包村干部的任务是帮助村干部做好农村社会经济各项工作，在调查摸底的基础上，制定发展规划，促进村集体经济发展；倾听群众呼声，帮助群众解决生产、生活中的实际问题和突出难题，密切党群关系。

包村干部和第一书记在职责任务及工作方式上有许多相同之处，二者存在相互融合和交叉，因而在一些地方政府机关和群众看来，二者都是帮扶干部，只是第一书记是由上级组织选派驻村并担任村党组织第一帮扶责任人的驻村干部，是上级党组织任命的专职负责指导精准扶贫和乡村振兴的干部；而包村干部是乡镇政府根据上级组织的要求派到各个行政村指导、帮助村干部的乡镇干部。从工作内容和方式上讲，第一书记在驻村干部范畴内，因此，第一书记可以被称作驻村干部，由乡镇干部组成的包村干部通常不被称作驻村干部。驻村干部因而就成为第一书记的通俗称谓，被广泛使用。乡镇党委派驻到村的包村干部是乡镇党委和政府根据工作需要，从乡镇干部中抽调到村兼职承担包村工作任务的干部，不是第一书记。

2.1.3　精准扶贫

2020年我国实现了精准脱贫，打赢了脱贫攻坚战，全面建成了小康社会。这是党的十八大以来实行精准扶贫的伟大成果。作为一个在人类扶贫史上具有重大意义的概念，精准扶贫是指在扶贫开发中，针对贫困地区、贫困人口的不同特点，运用规定的方法和程序对贫困人口精准识别、精准施策、精准管理，实现精准脱贫的贫困治理策略。精准扶贫主要是对贫困居民而言的。在全面建成小康社会之前，精准扶贫是第一书记驻村帮扶的主要任务。为了全面分析第一书记制度的实践机制，需要对"精准扶贫"概念进行界定。

在我国扶贫开发中，针对以往采取的粗放式扶贫造成的贫困治理效果不理想、贫困人口脱贫缓慢、扶贫对象和措施缺乏精准性等问题，党中央提出了精准扶贫的贫困治理方针政策，即在扶贫开发中，针对贫困人口、贫困地区的实际情况和致贫原因，做到"六个精准"。

精准扶贫是一项贫困治理的重要策略，也是党中央在扶贫开发工作上的一次创新。贫困问题是困扰中国人民几千年的问题。新中国成立以来，党和政府一直重视通过发展经济解决贫困问题。我国贫困治理的扶贫开发工作始于20世纪80年代中后期，在90年代进一步加强，此后经过30多年努力，到21世纪初期取得了辉煌成就，贫困人口大量减少，贫困地区的面貌发生了显著变化。但是，长期的扶贫开发工作存在一些问题，如贫困人口底数不清、针对性不强、扶贫项目资金指向不准等，造成扶贫成效不高。这种扶贫方式是一种粗放扶贫方式，由于对贫困居民的底数没有准确把握，扶贫对象中的大多数是由基层干部根据印象"估计"而来的，扶贫资金"天女散花"，出现了人情扶贫、关系扶贫，以及应扶不扶、不应扶者被扶的问题。"年年扶年年贫"，有的地方还出现了贫困人数造假、扶贫对象造假、扶贫成果造假、扶贫数据失真等问题。这些都严重影响了扶贫成效。因此，必须进行扶贫策略与方式的转变，以精准扶贫策略指导扶贫开发工作，完善扶贫机制，让真正需要扶贫的人得到扶贫资金的帮助，而不是把扶贫资金用在贫困地区的中高收入者身上。换句话讲，就是要解决好扶贫资金和扶贫政策用在谁身上、怎么用、如何用得有效的问题。

精准扶贫是扶贫开发的重点工作，是新时期党和国家扶贫工作的理论精髓，也是全面建成小康社会的重要保障。进入21世纪以来，我国经济加速发展，人民生活水平大幅度提高，但是，贫困人口依然数量巨大，扶贫开发工作任务十分艰巨。精准扶贫策略的提出，为新时期扶贫工作指明了正确的方向。在脱贫致富道路上，不能落下一个贫困家庭，不能丢下一个贫困群众。这就要求我们要坚定地走精准扶贫之路，因人因地施策、因贫困原因施策、因贫困类型施策，让贫困地区的人民坚定地走上脱贫致富的道路，早日全面建成小康社会。现在这个目标已经胜利实现了。在精准扶贫策略指导下，我国于 2020 年彻底打赢了脱贫攻坚战，实现了全部贫困人口如期脱贫和贫困村如期全部摘帽，在中国历史上第一次消除了贫困。如期实现脱贫后，现在面临的主要问题是如何巩固拓展脱贫成果，防止出现返贫，提高低收入群体的收入水平，进一步使农民的生活更加富裕。因此，必须做好巩固拓展脱贫攻坚成果同乡村振兴有效衔接，通过建立长效机制解决相对贫困问题。

2.1.4　"三农"问题

"三农"问题是农业、农村、农民三个方面问题的简称。这三个方面的问题分别代表的是产业、居住地和主体身份三位一体的问题。也就是说，在广大农村地区，以农业为主，以农民为身份特征，以农村为居住环境，形成了三位一体的发展问题。"三农"问题不仅在中国存在，在发达国家和其他发展中国家也同样存在，但发达国家已经很好地解决了这个问题。

新中国成立以来，"三农"问题就一直存在，但是，"三农"问题作为一个被广泛重视的概念被正式提出的时间是在 20 世纪 90 年代中期，此后它被学术界加以研究，并逐步被中央政府高度重视。2000 年 3 月，湖北省监利县棋盘乡时任党委书记李昌平上书时任总理朱镕基，反映当地农业、农村和农民问题，引起了党中央对"三农"问题的高度关注。严重的"三农"问题在 1995 年前后已经凸显出来，1998 年问题变得十分严重，那时农民负担不断加重、农村社会矛盾急剧上升、农业生产衰退。1998—2003 年，我国粮食产量连续 5 年大幅度下降，粮食播种面积大幅度减少，农村出现了大量的抛耕弃种现象。2003 年 10 月，党的十六届三中全会把"统筹城乡发展"作为"五个统筹"之首，开创了中国特色的工业化、城镇化和农业现代化道路新途径，"三农"问题被高度重视起来。党的十八大以来，党中央对"三农"问题更加重视，每年的中央一号文件都是关于"三农"问题的，对于解决"三农"问题产生了良好的政策效应。

"三农"问题主要有三个方面：

（1）农村问题，主要有四点：第一，农村土地问题，包括承包地、宅基地、土地权属等问题。土地承包到户后如何处置、使用，如何与人口等因素的变动相适应；宅基地究竟属于谁，农民对于宅基地的处置权到底有多大；农民作为土地使用者的权益如何才能得到保护，制度安排如何能够促进节约用地和稳定农村社会。这些问题困扰着农村居民和乡村干部。第二，基层政权问题，由于农村基层组织执政能力弱化、形式主义泛滥、干部作风漂浮、干部不作为现象大量存在等，基层政权遭遇了前所未有的信任危机，党在农村的领导力、号召力、影响力大幅度降低，农民不敢轻易相信农村基层干部。第三，农村生态环境问题，包括农村居住环境、农业生态环境。第四，农村社会治理问题，包括农村社会治安、村民自治等问题。

（2）农业问题，主要是粮食安全问题、农业结构和政策问题。进入21世纪以来，我国粮食综合生产能力稳步提高，供需基本平衡，但是，由于耕地减少、水资源短缺、气候变化、自然灾害等因素，粮食生产约束加大，农业生产效率低，粮食供需仅仅实现了平衡，粮食安全依然堪忧。农业政策问题主要是怎样建立和完善"少取""多予"的工业反哺农业政策体系。目前，财政对农业的支持在财政支出中所占比例仍然很低。农业税虽然被取消，但是低价征收土地、农村资金向城市流动现象依然很严重，问题并还没有得到解决。农业问题还包括农业生态环境问题，特别是化肥农药污染问题，已严重威胁到人民群众的生命安全。此外，农业生产结构、农业高质量发展等也是农业问题的重要方面。

（3）农民问题，主要是农民素质问题、农民增收问题、农民社会保障问题。部分农民的科学文化素质较低，小农意识强，民主法治素质不高；农民收入普遍较低，增收缓慢，农村贫富差距不断扩大。城乡社会公共服务差距过大，而且呈现不断扩大的趋势。

"三农"问题是中国现代化进程中需要长期面对的问题。20世纪末解决了温饱问题后，我国在2020年消除了农村绝对贫困人口，但相对贫困问题依然存在。农民的医疗保险、养老保险体系不健全，与农民对美好生活的向往差距还很大。我们必须以新发展理念谋划农业发展，以高质量发展为指导，加快农业供给侧结构性改革；必须全面落实强农惠农富农政策，加大对"三农"投入力度；必须完善基层政府和基层组织的职能，增强农村基层组织的行政能力和服务能力；必须提升农村文化、教育、卫生保健水平，提升农民整体素质。未来我们将通过乡村全面振兴巩固拓展脱贫攻坚成果，并实现农业农村现代化目标。

2.1.5　乡村振兴战略

乡村振兴战略是在党的十八大以来我国取得了改革开放和社会主义现代化建设历史性成就的基础上，面对中国新时期、新形势和新挑战，党中央审时度势、深谋远虑作出的重大决策部署。

为了加强对实施乡村振兴战略的指导，2018 年 9 月 26 日，中共中央、国务院印发了《乡村振兴战略规划（2018—2022）》（以下简称《规划》），对乡村振兴战略的指导思想和原则、发展目标、愿景谋划，以及具体的策略步骤和措施，进行了详尽的说明，成为指导我国实施乡村振兴战略的政策依据。

《规划》以习近平总书记关于"三农"工作的重要论述为指导，按照"产业兴旺、生态宜居、乡风文明、治理有效、生活富裕"二十字方针的总要求，对实施乡村振兴战略作出阶段性谋划，分别明确至 2020 年全面建成小康社会和 2022 年召开党的二十大的目标任务，细化实化工作重点和政策措施，部署重大工程、重大计划、重大行动，确保乡村振兴战略落实到位，是指导各地区、各部门分类有序推进乡村振兴的重要依据。实施乡村振兴战略，对于增强亿万农民的获得感、幸福感、安全感意义重大，对于巩固脱贫攻坚成果、全面建成小康社会非常重要，对于实现农业农村现代化也具有全局性指导作用。

乡村振兴战略是中国经济社会发展方式一次重大战略转变。这个转变至少有两个方面：一是建立健全城乡融合发展的体制机制和政策体系，真正实现从二元社会经济结构向一元社会经济结构转变；二是调整城市化发展战略，从过去重视大城市发展转变到促进中小城市体系建设，从而促进城乡之间和区域之间更加均衡地发展。实施乡村振兴战略，产业兴旺是重点，生态宜居是关键，乡风文明是保障，治理有效是基础，生活富裕是根本。这些指明了乡村振兴的总体特征和要求。

2.2　相关基本理论

第一书记驻村制度的实践机制问题涉及很多学科的基本理论，我们可以从组织行为学、制度经济学、管理学等相关学科萃取相关理论，作为深入研究现实问题的理论依据和理论指导。因此，这个问题具有多学科理论支撑的特征，我们需要对其中涉及的主要理论进行梳理，为第一书记驻村制度实践机制问题的研究奠定理论基础。

2.2.1　组织行为学相关理论

组织行为学是研究组织中人的行为及心理活动规律的一门科学。美国学者斯蒂芬·P.罗宾斯（Stephen P.Robbins，1997）认为，组织行为学是一门研究和探讨个体、群体以及结构对组织内部行为的影响，以便应用这些知识来改善组织的有效性的科学。组织中的个体通常具有相应的人格、价值观，其行为具有某种动机，是一个具有一定理性的经济人，能够通过其行为产生的效果影响其心境、情绪，具有激励的需求。组织中的群体则通过领导、组织、沟通、权威、命令等，实现组织内部的协同行动，形成组织文化，实现组织目标。

所谓组织，是指人们按照一定的程序，为了实现某一个特定目的形成的系统组合。它具有共同目标和分工合作的特性。也就是说，组织中的管理者必须使组织成员确信共同目标的存在，并根据组织的发展不断制定新的目标。在组织中，必须进行分工和协作，才能产生较高的组织效率。组织的实质是一个利益共同体，协作是组织的本质。

组织行为学理论有三个发展阶段：1900—1927年，以泰勒为代表的古典科学管理理论阶段；1927—1965年，以霍桑实验为起点的人际关系理论以及后来的X理论-Y理论阶段；1965年至今，以权变态度和方法来看待人及组织行为的阶段。

组织行为学对组织中的个人行为进行了研究，提出了一些理论假设，其观点对于分析组织中个人行为及其心理特征具有指导作用。其基本假设和观点主要是：

1）人性假设理论

一是"经济人"假设，认为人在本质上是追求经济利益和物质利益的，人的行为就是为了获得最大的经济利益，工作的目的是得到经济报酬。具有这种人性假设的管理者会通过经济刺激来提高员工的工作热情，他们重视满足人们的低层次需求，忽视自尊、自我实现等高层需求。

二是"社会人"假设，认为人们最重视的是工作中与周围人的友好相处，物质利益是次要的因素，因此，交往是人们行为的主要动机，是人与人之间具有认同感的主要因素。管理者应当满足员工归属、交往和友谊的需要，并以此提高工作效率。

三是"自我实现人"假设，认为人都期望发挥自己的潜力，展现自己的才能，并通过充分发挥潜力获得最大的满足感。

四是"复杂人"假设，认为人的需要是复杂的，随着发展阶段、生活条件和具体环境的不同而改变。每个人的需要各不相同，因人而异，因事而别。即使在同一时间段，也会有多种需要和动机，人感到满足、致力于组织工作的程度取决于人的需要结构及与组织之间的相互关系，工作能力、性格、人际关系都可能影响人的积极性和工作效率。由于人的需要不同、能力不同，对于人的管理没有唯一的正确方式。

2）个体行为理论

一是相互作用理论。虽然个体有稳定的特质，并表现出以某种方式行事的倾向，但是这些特质本身并不能完全决定一个人在某种特定环境下采取的行动。个体行动受个人特质与环境因素的双重影响，也就是说，个体的行为通常是个人特质（知识、能力、技能和人格）与环境两者共同作用的结果。

二是强化的相依关系理论。一个人的行为与他行为的结果有密切的关系，这种关系被称为强化的相依关系理论。当某种行为能够带来愉快的结果时，这种行为将被期望再次发生，这种能够带来期望结果的行为过程被称为正强化，这种行为会得到加强。而某些行为可以避免不期望结果的出现，这被称为负强化，不期望结果的行为出现后会被惩罚，如果一个人把行为与消极结果联系起来，那么这种带来不期望结果的行为就会大大减少甚至不会发生。当然，行为与结果的联系还可能随着取消奖励而自然消失。

三是价值理论。工作满意度受到工作事件积极和消极反应的影响，也受到工作环境的影响。影响工作满意度的因素很多，几乎所有的因素都能影响工作满意度。只要人们认为某个方面是有价值的，那么，他们工作中认为有价值的东西拥有得越少，就越不满意。因此，提高员工满意度的一个方法就是找到他们认为有价值的方面，并最大限度地满足其需要。

四是认知失调理论。这种理论认为，认知失调是指个体感受到他的行为与态度之间的不和谐状态，这种不和谐状态会导致工作效率降低。任何不和谐状态都是一种消极因素，个体通常试图减少这种不和谐并寻求使这种不和谐最小的稳定状态。认知失调理论强调导致不协调、不和谐状态的因素的重要性，以及个人认为他对这些因素的影响程度和不协调可能带来的后果。认知失调理论有助于预测改变员工行为的倾向性。当人们需要做与他们的个人态度相冲突的事情时，他们将改变自己的态度，以便使他们的态度与行动一致起来。

3）动机理论

动机理论用来研究人们行为的支配力量来源，从而找到人们行动的动力根源。动机体现为个体为了实现目标所付出的努力程度、方向和持久性。一个人为了实现目标付出努力的程度被称为强度，但是，高强度的努力不一定带来良好的工作业绩。在考虑强度的同时，还要考虑努力的方向是否与组织目标一致。此外，动机的持久性也是一个重要的测量维度，它反映了受到动机激励的个体从事某项工作的时间，具有持久性的动机可以使个体长时间从事一项工作，直到实现目标。

根据理论研究的发展历程，动机理论分为早期动机理论和当代动机理论。早期动机理论的代表主要是亚伯拉罕·马斯洛1943年在《人类激励理论》中提出的需要层次理论、道格拉斯·麦格雷戈提出的X理论和Y理论、赫茨伯格提出的双因素理论。当代动机理论主要是克雷顿·奥尔德弗（Clayton Alderfer）提出的人本主义需要理论（又称ERG理论）、戴维·麦克利兰（David Mclelland）提出的成就需要理论（又称三种需要理论）、德西和莱恩（Deci and Ryan）提出的内在认知评价理论（又称自我决定理论）、公平理论（又称社会比较理论）、维克多·弗鲁姆（Victor H.Vroom）提出的期望理论等。这里我们重点汲取双因素理论、需要层次理论、成就需求理论、公平理论和期望理论的有关思想。由于马斯洛的需要层次理论家喻户晓，这里不再论述。

双因素理论。双因素理论是1959年美国心理学家赫茨伯格提出的一种解释人的行为动机理论。赫茨伯格认为，影响员工工作积极性的因素有两个：一个是保健因素，另一个是激励因素。他把员工的心理分为满意和不满意两种，其中，满意的对立面是没有满意，不满意的对立面是没有不满意。满意与不满意对员工积极性产生不同的作用。保健因素是用来维持和满足人的基本生活需要的各种因素，包括工资、劳动保护、人际关系、工作环境等，这些因素能使员工产生不满意的心理，改善这些因素将消除员工不满意的心理，但是，这些因素并不能使员工对工作和环境感到满意而受到激励。激励因素则是那些使员工满意的因素，包括成就感、奖励、责任感、表现机会等，这些因素的改善将有力地激励员工的工作积极性，使员工感到满意。

马斯洛需要层次理论中的生理需要、安全需要和社会交往需要与双因素理论的保健因素类似，马斯洛需要层次理论中的高层次需要相当于双因素理论中的激励因素。双因素理论认为，调动员工工作积极性需要在使其满意的因素方面作出努力。

人本主义需要理论。克雷顿·奥尔德弗在马斯洛需要层次理论的基础上进行了深入研究后，提出了人本主义需要理论。该理论认为，人们存在三种核心需要，即生存（Existence）需要、相互关系（Relatedness）需要和成长发展（Growth）需要。因此，该理论也称为ERG理论。相互关系需要对应马斯洛提出的交往、社会归属、友谊和尊重的需要，其中，尊重的需要包括自尊、成就感、地位、认可等；成长发展需要对应马斯洛提出的自我实现需要，即成长、开发自我潜力和自我实现需要。ERG理论认为，这三种需要不是绝对分开的，而是同时起作用的。即使生存需要、相互关系需要尚未完全得到满足，成长发展需要也会促进一个人作出努力。这与马斯洛需要层次理论所说的满足的刚性要求有所不同。马斯洛的需要层次理论认为，高层次的需要只有在低层次的需要得到满足后才能发挥激励作用。

成就需要理论。成就需要理论是戴维·麦克利兰于20世纪50年代提出的一种激励理论。他经过20多年的研究得出以下结论：人的许多需要不是生理性的，而是社会性的，而且人的需要不是先天性的，而是后天形成的，与其经历、教育、环境等方面有关。时代不同、环境不同、文化背景不同，那么人的需要也不同。在生存需要基本满足的前提下，人的最主要需要是成就需要、归属需要和权力需要，这三种需要在人的需要结构中有主次之分，在主要需要满足之后会产生更多、更高的需要。成就需要对于一个人的成长和发展起到特别重要的作用。由此，麦克利兰的需要理论被很多人称为成就需要理论，表明成就需要对于一个人的重要激励作用。影响一个人成就大小的因素不是他拥有的知识、技能，而是自我概念、潜在特质、动机、社会角色等，或者像麦克利兰所讲的"成就动机""团队影响力""人际理解"等。一个人的知识、技能就像大海中的冰山上部，可以很容易被看到，但其素质像冰山下部一样不容易被发现。

期望理论。维克多·弗鲁姆认为，人有愿望，这种愿望是对某种需要得到满足以及一定目标得以实现的一种渴求，这种愿望本身能够对人产生激励，使人有动力，并采取一定的行动来实现这种愿望。当这种愿望还没有实现时，这种愿望会产生一种动力，有力地激励一个人作出努力，力求实现这种愿望和目标。激励的大小与目标价值和实现的可能性有关。或者说，动力的大小取决于目标价值和期望概率的乘积。我们用公式表示为：

$$M = \sum_{i=1}^{n} V_i E_i$$

其中，M 表示动力，即积极性，是一个人激发内部潜力的强度。V_i 表示目标价值或效价，即达到目标对于满足他个人需要的价值。相同的目标对于不同的人来说，具有不同的价值。效价越高，产生的激励越大；相反，则激励越小。E_i 表示期望值，即达到目标的概率。目标价值的高低决定了人的需求的强弱，期望概率反映了人实现需要的动机和信心的强弱。当一个人认为目标价值很高，并且实现的概率很大时，他就会产生强大的动机，作出巨大的努力，发挥内在的潜力。弗鲁姆还提出，为了激发个人的潜力，以实现目标，取得最好的效果，需要按照期望模型进行激励，即"个人努力-个人成绩（绩效）-组织奖励（报酬）-个人需要"，进而实现个人需要的目标。

期望理论的主要观点是：第一，在期望模型中，个人努力与绩效具有十分密切的关系。个人努力程度的大小和绩效的高低既取决于目标是否符合个人的认识、态度、信仰等个性倾向，也受个人社会地位、别人的期望的影响，是目标和个人主客观因素决定的。第二，个人努力取得成绩和达到目标后，需要组织进行合理的奖励，如发放奖金、晋升、提升级别和表彰等。这会使个人认为他的努力和成绩得到了认可，从而加强激励的作用。否则，没有得到组织的奖励，就会使个人感到挫败，产生不满意，积极性就会消失。第三，给个人的奖励要适合不同人的需要，根据个人的不同需要进行奖励，能够最大限度地激励个人，有效地提高工作效率和绩效水平。

期望理论表明，一个人最佳动机的实现条件是：他认为他的目标具有很高的价值，他的努力可能导致很好的结果，极有可能取得很好的绩效，取得很好的绩效会得到某种报酬。因此，要得到所希望的结果，就要使个人采取出现这种结果所需要的行为，组织要给予及时的奖励和表彰，对这种行为加以肯定，使个人的行为及结果得到认可，从而使这种行为得到激励。

除上述动机理论外，公平理论、认知评价理论、目标设置理论等也对第一书记驻村制度的研究具有一定的理论参考价值。公平理论强调人的工作积极性不仅与个人的实际报酬有关，还与人们认为报酬的分配是否公平有关。人们总是自觉或者不自觉地把自己付出劳动所得的报酬与他人的报酬进行比较，当感觉到不公平时，会引起挫折感，并降低工作积极性。公平感会影响员工的动机与行为，因此，激励应当尽量公平。认知评价理论认为，过分强调外在激励因素会导致内部激励因素的萎缩。当员工是出于对工作的喜爱而非常投入地工作时，如果管理者对其工作业绩过分看重，对其工作结果进行奖励，那么有可能降低员工的工作积极性，因为他会认为自己是为物质利益工作，而不是为自己的爱好与兴趣而工作。这样，过分强调外在激励因素降低了员工的工作积极性。目标设置理论是美国马里兰大学洛克（E.A.Locke）、休斯发现的，他们认为，外来的刺激（奖励、监督的压力等）是通过目标来影响动机的。目标能够指导行为，使人们根据目标实现难度的大小调整努力的程度。目标本身就具有激励作用，目标能把人的需要转化为动机，并指导人的行为方向。这种将需要转化为动机，再由动机支配行动和实现目标的过程，就是目标激励。

组织行为学的这些基本理论对于分析第一书记的激励问题和实践机制具有很高的应用价值。从政府机关和企事业单位选派的第一书记都是组织的成员，在嵌入基层组织后成为基层组织成员，并受到上级组织的领导和监督。他们既有个人的各种需要，有自身的行为动机和目标；也有与组织一致的目标，而且组织目标起到了决定性作用。上级组织赋予第一书记的职责任务是为了完成国家的战略规划，第一书记肩负着上级组织的委托，到农村帮扶基层组织建设、社会治理和为群众服务。第一书记驻村帮扶的成效取决于多方面因素，既有个人动机的激励，也有外部环境的制约。在外部环境确定的情况下，第一书记的努力程度对帮扶绩效产生决定性影响，因而建立第一书记驻村激励机制就显得十分必要。当第一书记在自身需要动机的激励下付出了极大努力时，外部环境就会产生巨大的影响。因此，需要根据外部环境和第一书记的需要，建立相应的激励机制，满足第一书记的内在需要并提供良好的外部条件。

2.2.2 新制度经济学相关理论

新制度经济学是指由科斯、诺斯等经济学家建立的经济学理论，它着重研究人、制度与经济活动之间的关系。关于制度的含义，一些经济学家作出了自己的界定。舒尔茨认为，制度就是管理、约束人们行为的一系列规则。与舒尔茨的界定相似，诺斯认为，制度是一个社会的游戏规则，更规范地讲，它是为人们的相互关系而人为设定的一些制约。制度一般由一系列法律、规章、道德、习俗等组成，分为国家规定的正式规则、社会认可的非正式规则和实施机制三个部分。诺斯强调了实施机制在制度安排中的重要作用，认为它是确保各项规则得以执行的一个关键环节。可见，制度泛指要求人们共同遵守的办事规程或行动准则，这些规程和行动准则用来指导和约束人们的行为。

新制度经济学基本理论的核心思想是：制度对于经济发展起到巨大的作用，有时起到决定性作用。社会经济的发展取决于人们的经济活动，人们的行为动机及活动的逻辑性受到制度的引导和决定，因而经济绩效的高低取决于制度。

决定人们行为动机的制度可以分为正式制度和非正式制度两种。正式制度又称正式约束，就是法律、法规、章程等具有强制性的制度，是国家机关、企事业单位和社会团体为了规范和约束人的行为制定的法律、法规、条例、规定等规范性文件。它通常具有强制性、约束力、程序性和稳定性。在其适用范围内具有强制性，在一段时间内具有稳定性，在规定的范围内具有普遍适用性。非正式制度也称为非正式约束，是指由一系列价值信念、道德观念、伦理规范、风俗习惯和传统仪式等因素组成的行为准则体系。同样地，非正式制度也具有其适用范围内的普遍性、约束力和稳定性，甚至是强制性。

新制度经济学提出了关于人的假设理论。首先，人的行为动机具有双重性，即经济利益最大化和非财富最大化。对于个人而言，个人的行为偏好是经济利益最大化；对于集体而言，则是非经济利益或者非财富最大化。人们往往存在上述两种动机，并在二者之间进行权衡，力求找到均衡点。其次，有限理性假设。阿罗认为，人的行为既具有理性，又具有一定的非理性，行为的理性是有局限性的；因而，人的行为是有限理性的。诺斯认为，人的有限理性产生于两个方面：一是人所处的环境是比较复杂的，因而妨碍了人的理性行为；二是人对环境的认识能力和计算能力是有限的，难以对事物和环境作出绝对正确的判断。面对有限理性问题，诺斯认为，可以通过设定规则来减少环境的不确定性。

新制度经济学对人的机会主义行为倾向进行了理论分析，认为人具有机会主义倾向，会为自己谋取最大的利益。制度的作用在于它在一定程度上规范人们的行为，约束人们的机会主义行为。同时，在一定情况下，制度的存在也可能导致某些机会主义行为。

从本质上看，首先，制度是以执行力为保障的。制度具有强制性，保障制度得以执行和实施，可以对个人的行为起到约束作用。其次，制度是交易等行为的协调机制与保障机制，可以通过一定形式的执行力约束各个主体，消除信息不对称，抑制机会主义行为，维护各交易主体或者行动主体的利益。最后，按照新制度经济学的观点，制度可以指导交易中主体之间的利益分配和交易费用分摊，是指导交易中主体利益分配和交易费用分摊的协调机制。

新制度经济学的制度理论为我们提供了制度分析的理论框架。制度理论说明了制度的含义、特征、构成及作用，对于制定规则具有指导意义。制度有一个很重要的作用，就是规范和约束人们的行为，通过正式规则和非正式规则指导人们的行为，以降低交易成本，减少不确定性，提高效率。这对于组织完成任务和实现目标也具有重要作用。

制度理论对于第一书记驻村帮扶的政策蕴含是：第一，说明了完善第一书记驻村制度框架的必要性。第二，为完善第一书记驻村制度实践机制提供了理论指导。我们不仅需要完善第一书记驻村制度，还需要建立起有效实施第一书记驻村制度的机制。第三，在发挥规章制度作用的同时，还要发挥价值观念、信仰理想、习俗仪式等非正式规则的激励作用。

2.2.3　博弈论与信息经济学相关理论

经济学研究人的行为，与其他学科不同的是，它假定人是理性的。也就是说，人在采取行动时，在面临给定约束条件的情况下，有最大化自己利益的偏好。理性人与自私人是不同的。理性人可以是利己主义者，他们为了自身的利益而采取相应的行为；也可以是利他主义者，一个理性人在追求自身利益最大化时，需要与他人合作，也会在合作中与他人发生冲突，他会考虑对方在自己采取某种行动后的反应，以及自己所采取的行动的后果。

博弈论研究决策主体的行为发生相互作用时的决策以及这种决策的均衡问题。博弈论不是经济学的一个分支，但在经济学中的应用最广泛、最成功。与经济学研究的问题相适应，博弈论关注如下三个问题：

第一，在个体的决策中，个人在约束条件下怎样实现效用最大化。

第二，个人理性与集体理性存在矛盾和冲突，如何设计一种机制解决这种冲突，实现个人理性与集体理性的统一，在个人理性得到满足的同时实现集体理性。因此，科学的制度安排十分重要。

第三，信息不对称对个人选择和制度安排具有重大影响。克服信息不对称的影响是制度设计中需要考虑的问题。

机制设计是一种特殊的不完全信息博弈。通常情况下，代理人和委托人拥有不对称的信息，代理人对自己的支付函数（效用函数的一部分）更加清楚，委托人却较少知道甚至不知道。委托人可以直接要求代理人报告自己的信息，但是代理人会隐瞒某些信息，除非委托人提供给代理人足够的激励。而提供激励是有成本的，委托人必须考虑成本与收益之间的关系。委托人设计机制会面临两个约束：参与约束和激励相容约束。第一个是参与约束，是指委托人设计的机制被代理人接受，机制必须满足的条件是代理人在该机制下的期望效用不小于他不接受这个机制时得到的最大期望效用。代理人参与了某个博弈过程，就失去了博弈之外的机会，也失去了获取效用的机会。第二个是激励相容约束。在委托人不知道代理人信息的情况下设计了代理机制，代理人必须在该机制下有积极性。委托人的问题是选择一个可行机制来实现其最大化期望效用。

第一书记是组织部门选派到村开展帮扶工作的优秀干部队伍，他们和乡村干部一起建设"三农"，开展精准扶贫和乡村振兴，在某种意义上也是代理人，上级组织是委托人。第一书记驻村帮扶的动机除了政治上对党的忠诚及响应党和国家的号召外，也有个人发展动机，这是需要肯定的事实。因此，作为委托人，上级组织应当设计满足第一书记期望效用和具有约束作用的监督机制，在增强激励作用的同时，加强对第一书记的考核监督，进而促进第一书记在乡村振兴中作出更大的贡献。

3 精准扶贫、乡村振兴与第一书记驻村制度

第一书记驻村制度是在精准扶贫和乡村振兴背景下形成的，对于加强精准脱贫和打赢脱贫攻坚战产生了积极影响，取得了显著效果。建设"三农"是党中央作出的一项长期战略决策，为了加快农村各项事业的发展，推动建设"三农"，做好精准脱贫工作，党中央在总结各省选派干部任驻村第一书记工作经验的基础上，作出了大规模选派优秀干部到村任第一书记开展帮扶工作的决策，以便解决乡村产业发展、组织建设、社会治理和服务群众中遇到的困难，从而有力地促进了精准扶贫和乡村振兴。本章论述第一书记驻村制度的时代背景，并对相关概念进行界定。

3.1 第一书记驻村帮扶的时代背景

全面建成小康社会，到21世纪中叶建成富强民主文明和谐美丽的社会主义现代化强国，实现中华民族伟大复兴，这是党中央在党的十九大提出的"两个一百年"奋斗目标。要把一个以农业为主的传统农业大国建设成为一个现代化强国，需要执政党的超高智慧，需要发挥制度优势，需要进行科学规划和战略布局，需要扎扎实实地艰苦奋斗，需要有全局观念。第一书记驻村制度是这个科学规划和战略布局的一个步骤和环节。因此，第一书记驻村帮扶是一次利用乡村外部力量推动农村社会经济发展变革的伟大实践。分析第一书记驻村制度产生和形成的时代背景，才能更好地理解和把握这一制度创新。

3.1.1 农村基层组织建设

我们党作为执政党，面临最大的威胁是脱离群众。在我国，数量最大的群体是农民，农民是生活在乡村的广大群众。农民最大的愿望是过上幸福美好的生活。改革开放40余年，农村面貌发生了天翻地覆的巨变，农业生产获得了巨大发展，生产力水平大幅度提高，农民收入水平也翻了数番，因而生活水平提高了很多。但是，农村的问题依然存在，农村和农业、农民一起构成了我国长期存在的"三农"问题。只有解决了"三农"问题，才能使农村社会安定、农民生活富裕，才能牢牢地奠定国家的发展根基，保证社会安定和人民幸福。

改革开放以来，农民获得了农业生产经营自主权，他们积极适应市场，农业生产力不断提高，农民的收入也日益增加。但是，在很长一段时期，我国"三农"问题十分突出，"三农"成为国民经济发展中的最大短板，农业发展质量不高；农民的收入长期增长缓慢，甚至大量存在贫困问题，农民的素质也亟待提高。"三农"问题严峻地摆在了党和全国人民面前，如不及时解决，势必成为社会稳定的巨大隐患。造成农村社会不稳定的因素很多，其中之一是农村基层组织薄弱，乡村社会治理不规范。

农村基层组织即村"两委"组织，是国家政权在农村的延伸，是基层管理机构，其功能在于维护党和国家在农村的领导地位，宣传和贯彻党的路线方针政策，组织和领导农村社会经济文化发展，实现农村社会稳定和农民富裕，发挥为群众服务的作用。村"两委"组织是由农村党员干部和村民群众通过选举成立的管理组织。基层组织能否发挥好农村社会治理作用，在政治经济文化等方面起到引领作用，关系党在农民心中的形象和地位，影响农村的经济发展和社会稳定。

农村社会经济的发展除了依赖农民自身的发展条件、追求美好生活的愿望和勤奋努力，还需要基层组织的带领和服务，农村基层组织在农民脱贫致富、发展经济、繁荣农村文化事业中起着极为重要的作用。农民富不富，关键看支部；农业强不强，要看"领头羊"。农村基层组织要成为带领农民建设社会主义新农村和实现全面建成小康社会的"领头羊"，关键在于农村党支部要强。农村党支部是农村基层组织的核心，是团结党员干部和群众，带领广大农民共同实现社会主义现代化目标的领导者、组织者、推动者。农村基层组织是落实党的路线方针政策的主要承担者。党的路线方针政策能否深入农村，能否在农村不折不扣地贯彻实施，关键的一点就是党的基层组织建设。因为农村的状况、农民的诉求和思想动态、农业的发展水平以及农村的社会经济和文化发展，农村基层组织接触最多、最了解情况，因而农村基层组织有条件、有能力提供比较真实的数据信息，成为党中央制定涉农政策的基础和依据。党中央的"三农"政策首先通过农村基层组织在农村落实，农村基层组织负责向广大农民宣传党的路线方针政策，政策的执行效果也取决于农村基层组织。因此，把农村基层组织建设成为一个真正能够正确执行党的路线方针政策，带领广大农民建设富裕、文明、宜居的美丽乡村的坚强战斗堡垒，这是巩固党在农村基层政治领导地位的前提和基础。

多年以来，每年中央一号文件都强调了加强乡村治理的重要性。例如，2013年中央一号文件提出完善乡村治理机制，从加强基层组织建设角度，提出了"三农"工作的基本方针政策，要求顺应农村社会经济结构、城乡利益格局、农民思想观念的变化，加强乡村社会治理。2014年中央一号文件进一步提出加强基层组织建设，提高农村社会管理水平，建立健全乡村治理机制。2015年中央一号文件要求创新和完善乡村治理机制，在有实际需要的地方，积极探索建立符合农村实际的村民治理有效形式。一系列中央一号文件表明，在解决"三农"问题中，健全农村基层组织，建立符合农村实际情况的村民自治机制，加强对农村社会治理的领导，已经成为农村工作的政策重点。第一书记作为党组织选派的驻村干部，承担着抓党建、促脱贫、帮振兴的责任使命。

加强基层组织建设是党中央的一贯要求。基层党组织的建设状况也表明了加强基层党建工作的紧迫性。在基层组织建设中，从总体上来说，经过长期的建设，大多数农村基层组织在农村社会经济发展中起到了坚强的领导核心作用，但是也存在一些基层组织软弱涣散的情况，表现为部分村党支部党员的先进性没有发挥出来，班子内部矛盾大、不团结，一部分党员干部缺乏理想信念，有的干部腐化堕落，对党的政策执行不力，影响了党在群众中的威望。一些干部政治觉悟不高、战斗力不强，忽视了党内组织生活，组织活动难以开展，党员学习活动开展不起来，"三会一课"制度成为花架子、摆样子，搞形式主义，组织生活有名无实；村党支部书记对理论学习不感兴趣，不去抓思想教育，不会抓思想教育，把组织生活当成累赘，对意识形态的重要性、紧迫性认识不足，基本上不开展专题教育活动；党员的先锋模范作用发挥不出来，群众有怨言，农民的利益得不到维护。有些村"两委"班子不团结，自立山头，互相拆台。有些村干部只为自己的利益着想，对自己有好处就去做，对自己没好处或者好处少就懒得做、不去做，对上级阳奉阴违，对群众利益冷淡，对群众困难漠视。有些村基层组织干部年龄偏大，带领群众脱贫致富能力不足，不愿意培养年轻人作为后备干部，裙带关系严重，导致农村干部队伍裙带化、老龄化。农村基层党员队伍建设滞后，对发展新党员工作重视不够，或者在发展党员过程中只发展亲朋好友，对无亲无故的人不予发展。农村党员年龄偏大，年轻党员中外出务工的较多，村党支部组织生活难以开展，集体活动无法进行，党员学习活动几乎停止，党的政策得不到及时宣传和贯彻落实。对于这种组织涣散的情况，要彻底改观需要借助外力，尤其是要有上级组织力量的加入，这样才能打破既定格局，因为上级组织具有权威性、意志力和执行力。上级组织选派优秀干部驻村任第一书记，这是强化农村基层组织、加强农村基层社会政治领导的制度创新。选派驻村第一书记驻村帮扶，不仅能够增强农村基层组织的干部力量，还可以带动基层组织服务群众，促进农村经济发展。

3.1.2　精准扶贫、精准脱贫

在打赢脱贫攻坚战之前，农村中存在的大量贫困人口和大量存在的贫困村是全面建成小康社会的最大障碍。全面建成小康社会是党的十九大提出的"两个一百年"奋斗目标中的第一个百年奋斗目标，为了实现这个目标，就必须在2020年全面实现所有贫困户脱贫和所有贫困村摘帽。这是各级政府的政治任务。各级党委书记是精准扶贫的首要责任者，因此，就有了"五级书记抓扶贫"的统一行动。

我国扶贫开发工作在20世纪80年代已经展开。在扶贫开发政策的推动下，我国的贫困人口数量迅速降低，困扰中国人民的温饱问题在20世纪末终于得到彻底解决，但是我国仍然存在数以亿计的贫困人口。统计数据显示，2012年，按照现行贫困线标准计算，仍然有9 899万贫困人口生活在贫困线以下，这对实现我国2020年全面建成小康社会的伟大目标构成了巨大障碍。

贫困问题一直受到党中央的高度重视。扶贫开发工作从20世纪80年代的整片推进和后来的整县整乡推进，到21世纪初的整村推进，再到后来的精准扶贫，扶贫开发的目标越来越集中，政策也越来越有力。由于贫困地区贫困程度高，贫困原因复杂，因此减贫难度极大。

　　2012年党的十八大以后，习近平总书记对贫困问题进行了充分调研，作出了新的战略部署，把精准扶贫、精准脱贫作为解决贫困问题的基本策略。他提出，扶贫开发"贵在精准，重在精准，成败之举在于精准"，要在精准扶贫、精准脱贫上找准路子，在精准施策上下功夫。为了加快解决贫困问题，2017年10月，党的十九大进一步提出在2020年年底实现贫困人口全部脱贫和贫困村全部摘帽，从而实现全面建成小康社会的目标。

　　实施精准扶贫，可以让贫困弱势群体分享社会发展的成果，真正把扶贫资金用在需要帮扶的人身上，而不是"撒胡椒面"，更不是帮助非贫困的人。但原有的扶贫机制存在缺乏监督、公开性差、数据失真、责任不清等问题，造成扶贫工作质量低、效果差等问题。以往的扶贫工作中存在一些问题，其中比较突出的是：

　　第一，扶贫对象识别不精准。精准扶贫要求扶贫对象识别精准，但是，到了农村基层后，这个规定往往执行不到位，使得建档立卡贫困户鱼目混珠。本课题组2018年对辽宁省S县某乡镇13个村的调查发现，很多村干部在给贫困户建档立卡时，以为只要把贫困人数报上去，上级部门就会给资金帮扶。因此，他们没有按照规定的程序先由贫困户申请，再由村委会组织评议并公示，最后报上级政府，而是采取了他们习惯的一套工作方式：村干部按照他们的了解和以前的经验，不经过调查、不经过群众评议就确定了一些村民为贫困人口，直接上报给上级政府，贫困户甚至没有经过公示。在村干部看来，一方面，他们了解村民的情况，确定贫困户可以不经过村民代表大会讨论；另一方面，他们认为，如果按照上级要求的程序去做，不仅会耗费很多精力，而且可能导致许多矛盾与纷争。在"多一事不如少一事"的思想观念影响下，村干部认定贫困户的做法就成为他们的必然选择。其结果是，报送的贫困户中既有符合规定的村民，也有不符合条件的村民，甚至个别村干部暗箱操作、假公济私，为了照顾自己的亲友而把非贫困户登记为贫困户，真正的贫困户反而得不到救助，不公平、不公正，这种情况必然引起群众的不满。

　　第二，扶贫信息失真。农村基层组织干部是精准扶贫政策的具体执行者，是国家各项惠农政策的落实者。精准扶贫的效果取决于基层干部的责任心、努力程度和对政策的执行情况，也与上级政府的监督考核有密切关系。在缺乏监督考核制度制约的情况下，村干部作为理性人、经济人，可能减少人力投入，或者"搭便车"，甚至偷懒，对村干部来说，这些行为都是理性的选择，尽管与政策要求有差距。但是，这种个人理性的结果与集体的目标是背道而驰的。在监督考核制度不完善或者执行不力的情况下，政策执行者常常按照低投入、高产出的成本收益原则采取行动，而这必然造成政策的执行结果与政策设计目标之间不一致，甚至产生巨大差距。本课题组调查发现，在实际工作中，一些村干部在精准扶贫中，为了应对上级政府机构的各种检查，常常进行"数字脱贫""文字脱贫"，会把上级要检查的台账、表格做得非常好看，尽管与实际差距较大。在这种情况下，检查人员不易发现问题；或者碍于面子，在检查中不会过于较真，睁一只眼闭一只眼，使被检查的村干部很容易通过。

第三，精准扶贫资金使用效果差。为了促进贫困地区、贫困村、贫困人口脱贫，国家投入了大量扶贫资金，用于发展扶贫产业、解决农村基础设施不足、促进集体经济发展等问题，希望通过发展扶贫产业促进贫困户脱贫，通过产业项目建设推动集体产业发展。但是，由于项目规划和投入不透明、"四议一审两公开"制度执行困难、贫困户自身条件差等原因，惠农政策得不到落实，扶贫资金使用效果不佳，甚至出现资金被违规占用问题。在没有外部监督的情况下，这种状况很难改变。

全面建成小康社会，前提是消除贫困，所有的社会成员都过上小康生活，一个人都不能处于贫困线以下。扶贫开发的成败关键在于精准扶贫，在于"精准"二字。实现精准识别、精准施策、精准脱贫，需要全社会的努力，不能只把责任放在村干部身上，需要集国家之力、社会之力，共同发力。要鼓励更多的社会主体积极参与。

选派优秀干部担任驻村第一书记，通过规范和强化农村基层组织建设，促进精准扶贫和精准脱贫，自上而下、从中央到地方，形成脱贫攻坚的合力。这对于我国按时完成脱贫攻坚任务具有积极作用。

为了实现精准扶贫和精准脱贫，中央文件指出，扶贫工作在全国已经进入最后攻坚阶段，要实现2020年消除农村贫困的目标，必须通过精准脱贫等工作模式创新，实施脱贫攻坚工程。在开展扶贫工作中，必须健全和加强基层党组织建设，强化地方党委和基层党支部第一书记的作用。这可以为当地扶贫工作提供支持，并不断将扶贫工作推向深入，更好地完成精准扶贫任务。第一书记对精准扶贫工作的作用主要依靠发挥其自身的优势，获得多方面的支持，包括组织部门、扶贫办、各级党委和选派单位的支持。通过与乡镇党委和村"两委"干部密切合作，共同完成对贫困户的全方位帮助，实现全部脱贫的目标。由于我国于 2020 年全面建成小康社会，精准扶贫的任务已经完成，其后的重点工作是通过乡村振兴进一步巩固扩大脱贫攻坚成果，向农业农村现代化发展，第一书记驻村帮扶的任务也有了新的内容。

3.1.3 农业农村发展滞后

"三农"问题要从根本上解决，关键在于发展农业，壮大产业，增加农民收入，提高农民的生活水平和生活质量。农民的收入水平决定了乡村社会经济和文化发展水平，决定了乡村社会治理和环境治理状况，也决定了贫困人口实现稳定脱贫的质量。在乡村振兴背景下，第一书记驻村帮扶的一个主要抓手是发展乡村产业。

发展中国家的一个重要特征是二元经济结构，由此也导致了城乡差别、经济发展不平衡和"中等收入陷阱"问题。在过去很长一段时期内，由于采取了农村支援城市的发展策略，我国城乡发展差距过大，城乡公共服务极不平衡，因而我国社会经济发展中也存在城乡二元经济结构问题。城乡二元经济结构的显著表现是，广大农村地区在经济上相对落后，并由此导致教育、卫生、文化事业相对滞后；而城市处于高速发展状态，各种行业在市场经济体制下获得快速发展，城市的基础设施投资、产业投资不断推动城市社会经济文化的繁荣发展，这与农村的相对滞后形成鲜明的对比。随着城市发展对农产品需求的持续扩大，农村经济也出现了快速增长，但是，由于农村提供的初级产品处于产业链末端，附加价值较低，流通环节不畅，农业生产发展缓慢，多数农民的收入相对较低。当然，也有一些农业种养大户利用自己所掌握的生产技术、资本和独特的资源，依靠规模经营成为了收入很高的农民，他们是农业生产现代化、集约化、规模化、产业化的带头人，也是农村中首先富裕起来的一批新型农民。由于只有少数农民成为了这类先富者，而大多数农民依靠少量的土地等生产资料并不能获得较高的收入，因此，农村低收入家庭依然大量存在。在一些生产条件较差、距离城市较远的偏远地区，由于技术、资金、基础设施、劳动力素质等多方面原因，农业生产落后，经济发展水平较低，人们的收入普遍较低，这些地方往往也是相对贫困人口、经济落后村集中的地方。

二元经济结构理论源于荷兰社会学家 J.伯克的二元结构理论。伯克分析了摆脱荷兰殖民统治的印度尼西亚的社会情况，在 1953 年出版的《二元社会的经济学和经济政策》一书中提出了二元结构的概念和理论。他提出，一个社会及其特征由相互依存的社会精神、组织形式和生产技术共同决定。传统社会在引进西方工业化的同时，也引进了西方的社会精神、组织形式和生产技术。这使得具有同质性的传统社会开始分裂，变成二元结构。一边是相对发达的现代城市社会，以现代工业为主；另一边是相对落后的传统农村社会，以传统农业为主。他进一步提出，在二元结构的社会中，城市社会与农村社会存在两种不同文化的矛盾与冲突。美国经济学家、诺贝尔经济学奖获得者刘易斯（W. A.Lewis）对这一理论进行了发展，并完善了这一理论。他指出，由于工业、农业部门存在巨大的劳动生产率差异，二元经济结构的最终破解取决于城市经济的发展程度。刘易斯的二元经济结构模型被古斯塔夫·拉尼斯和费景汉加以发展，成为著名的刘易斯-拉尼斯-费景汉模型。该模型认为，加快农业发展和提高农业效率是促进工业进步和转移农业剩余劳动力的关键。著名的发展经济学家乔根森对这一模型进行了修改，提出了乔根森模型，强调发展农业经济和突出市场经济在缩小城乡差别中的作用。托达罗（Michael P.Todaro）是美国一位著名的发展经济学家，他也提出了与乔根森相类似的观点，认为大力发展农村经济是解决城市严重失业问题的根本途径，只有农村经济发展了，农民生活改善了，城乡差距才会缩小，城乡一体化目标才能实现。这一观点对发展中国家解决二元经济结构问题产生了巨大影响，为发展中国家实现城乡一体化提供了理论依据。

二元经济结构的产生不是偶然的，而是技术进步和社会化大生产的必然结果。同时，二元经济结构也对社会经济发展产生了有利和不利的影响。一方面，从有利的方面看，以现代工业为主的城市社会可以为传统农村社会的发展提供变革的动力，在资金、技术、进步的思想观念、市场等方面推动传统农村社会经济的变革、创新和发展。另一方面，二元经济结构的长期存在和不断扩大将产生极大的负面效应。首先，传统农业无论是生产规模、生产效率、技术水平还是农民的收入等都十分低下，农业产出效益不高，这也导致资金积累缓慢、农业资本流出加剧，农村人才流向城市，人力资源储备不足，进而导致农业现代化滞后和农业生产部门严重萎缩，城乡经济发展不平衡问题更加严重。其次，农业发展缓慢严重制约城市现代工业、服务业发展，因为落后的农业难以为工业发展提供所需的农产品，不利于现代经济的发展。同时，农村劳动力不断向城市转移，导致城市公用设施不足、就业困难、住房紧张等问题。

中国农村社会在产业发展、收入水平、教育卫生、生态环境、社会治理等方面还需要加大投入力度，谋取更大的发展，因为这些方面与城市社会相比，差距较大，城乡之间的不平衡问题较为严重。

农业是国民经济的基础，但是，我国农业发展水平还不高，农业生产力还处于中等偏下的水平，与发达国家的农业生产力相比，差距较大。这表现为农户生产规模小，机械化程度不高，小、散、低问题严重，农业生产成本高，农产品的结构需要优化，产品质量有待提高，农业产业化程度低，产业价值链短，所有这些给农村居民的收入提高造成较大困难。农村的教育、卫生条件较为落后，生态环境破坏严重，因此，需要加大力度解决"三农"问题。如果继续重城市投入、轻农村发展，那么我们就难以实现城乡协调发展，就可能像拉丁美洲一些发展中国家一样陷入"中等收入陷阱"。因为落后的农村不可能在长期内为发达的城市提供足够的农产品、人力资源和市场需求，使城市在高速发展后迎来难以跨越的发展停滞阶段。唯一的解决办法只能是加大"三农"建设力度，让农业、农村发展起来，尽快实现现代化，赶上城市发展的步伐。这就需要加大农业、农村投入，走乡村振兴之路。

3.1.4　乡村治理需要加强

农村作为一个社会最基本的社区，有其独特的自然环境和社会关系，因此，也有社会治理的特殊性。农村社会治理体系和治理能力决定农村社会的稳定和农民的幸福感，影响国家的稳定和发展。到2035年，我国人均国内生产总值要达到中等发达国家水平，建成现代化经济体系；到2049年，把我国建设成为富强民主文明和谐美丽的社会主义现代化强国。这些都必须建立在农村现代化和农业现代化的基础上。

农村社会治理也被称作乡村治理。治理和统治是不同的概念。统治强调的是国家对成员的控制、统辖和管理，是社会成员对统治者权威的服从。治理则强调一种互动关系，是社会成员中多元利益主体对于共同利益目标达成一致意见，反映了对多元利益主体诉求的尊重。乡村治理是国家、乡村基层组织和村民多元主体共同参与乡村社会治理实践的过程，目的在于增加乡村社会公共利益。现有的乡村社会治理基本结构是在长期的行政管理体制下形成的，具有一定的科学性和合理性，也发挥了较好的作用。

乡村治理涉及农村方方面面的事情。从乡村治理的内容看，它包括村民自治制度、发展经济、社会稳定、环境保护、教育卫生、为民服务等方面。其中，以建设村民自治制度为中心，开展对农村社会政治、经济、文化、环境等方面的综合管理。改革开放以来，在市场经济的冲击下，乡村社会在政治、经济、文化等层面发生了前所未有的变化，乡村治理也面临一系列新的问题等。

乡村的安定环境来自有效的乡村社会治理。乡村社会治理是我国一个十分复杂的社会问题，它涉及乡村政治、经济、历史、文化、传统习惯等多种因素，是一个系统管理工程。

根据目前"乡政村治"的现状，一些治理中的问题不容忽视，需要在乡村治理中加以解决。在体制上，乡镇政府是对农村实施直接管理的权力机构，也是实现国家对农村进行治理的直接责任机构。为了实现其管理职能，乡镇政府需要有与责任和职能对应的权力，但是，乡镇政府在财权和事权方面存在权责不对称的问题。上级政府给乡镇政府分配了各种管理任务，导致乡镇政府缺乏精力发展农村经济，也缺乏足够的动力发展农村经济，一些乡镇党委和政府干部把主要精力用来应付上级检查。对于村"两委"，乡镇政府要求其为完成上级分配的工作任务付出相应的努力，村"两委"成为乡镇政府完成上级任务的"执行机构"，这对于村民自治制度的有效运行产生了巨大影响。

在市场化、城市化、现代化的推动下，乡村社会结构发生了相应的积极变化，原来从事单一农业生产的农民，现在已经分化为具有多种职业特征的村民：农业劳动者、农民工、个体工商户、农场主、种养大户、私营企业主、农村干部等，职业异质性十分明显。他们的需求和行为具有独特性，很难用农民的一般需求及行为特征加以概括，乡村主体诉求多样化。同时，农村社区由于成员职业分化，乡村社会由原来的"熟人社会"向"半熟人社会"发展，人们之间的信任度降低，乡邻观念逐步淡化。在大量年轻劳动力流入城镇后，乡村的农民构成趋于老弱病残妇占主体。年轻劳动力，特别是年轻党员常年在外地工作和生活，对村委会选举漠不关心；而可以参加选举的老弱病残妇，很多人出于乡邻关系的考虑和熟人心理，对于选举工作也是随大流、搭便车。因此，这种本来为发挥村民民主权利而设计的村自治组织选举活动，成为少数人关心的事情。杨春娟（2016）研究了当前空心化背景下乡村治理的困境，发现农村精英的流失使得农业生产和乡村建设人才匮乏，并造成乡村治理主体缺失。她认为，乡村精英人士常年在外，无法参与村庄的公共事务，导致村民自治的民主机制流于形式。农村社会经济文化的发展需要有文化、有知识、有技能的人才，需要德才兼备的精英人士，人才缺乏是农村发展缓慢的主要因素。农村中青年劳动力不愿意待在农村，他们大多数前往城市发展，即使城市在居住、工作和生活方面存在很大的不确定性，他们也愿意在城市工作。农村人才流失严重是造成农村空心化、老龄化的主要因素。

提高乡村治理水平和治理能力，需要多方面的努力。杨春娟（2016）提出的多元主体协同共治、社区化治理、城乡一体化治理等措施，具有重要的参考价值。多元主体协同治理的核心是乡村治理主体的多元化，乡镇政府、村"两委"、村民是乡村治理的主体，各方以既定的规则参与乡村治理，实现乡村的稳定与发展。吉青（2013）认为，多元合作乡村治理需要做到治理主体多元化、参与治理主动化、参与主体地位平等化等。参与主体能够自愿、主动参与村公共事务管理，这是实现真正村民自治的根本。但是，如果没有制度保障，那么，村民自治还是难以有效执行。在很多农村，尽管也在乡镇政府等上级行政部门的监督下制定了相应的村民自治制度，例如"四议一审两公开"制度，但是，仍然难以在实际中得到认真贯彻执行，村民自治制度通常停留在墙上、说在嘴上、用在应付上级检查上。

在全面建成小康社会目标的指引下，农村居民的收入水平需要提高，住房、卫生、教育、环境等需要改善，从而更好地满足农民对美好生活的需要。党中央一贯把发展好、解决好人民的生活问题作为主要任务，因此，加强对农村社会经济的领导和管理，成为党和政府的工作重点。在这种历史背景下，自上而下制定了选派第一书记驻村工作制度，加强干部驻村帮扶，对强化党对农村社会的领导、提高乡村社会治理水平、促进农村各项工作的开展，产生了积极的社会意义。

3.2　第一书记驻村制度的形成历程

党中央历来重视干部下乡，干部下乡可以发动农民、帮扶农民和引导农民。在扶贫开发中，各地在贯彻执行党中央的政策中，不断进行扶贫工作创新，在干部包村的基础上创造性地选派机关干部驻村帮扶，取得了显著的成效。出于促进贫困地区和贫困人口脱贫的需要，党中央十分重视在扶贫开发工作中各地创造的对口扶贫实践经验，并对实践经验加以推广，逐步形成了第一书记驻村帮扶的政策和有关规定，在全国广泛推行。为了叙述和研究方便，我们将这些政策和规定统称为第一书记驻村制度。这一制度在扶贫开发和精准扶贫中形成，在乡村振兴中得到发展与完善。

3.2.1 干部下乡帮扶实践与第一书记制度初步形成

《通知》是中央组织部、国务院扶贫办等有关部门制定的一个促进和指导第一书记驻村帮扶的重要文件，对第一书记驻村工作做了总体要求。由于《通知》的规定和政策措施具有正式规则的一些本质特征，学术界通常把第一书记政策措施及有关规定统称为第一书记制度或第一书记驻村制度。为了统一，我们采用第一书记驻村制度作为研究中使用的基本概念。《通知》的制定和发布，标志着第一书记驻村制度经过长期的实践后正式确立，成为全国选派和管理第一书记驻村工作的基本政策依据。

第一书记驻村制度有一个逐渐形成和完善的过程。第一书记驻村制度是党政机关选派干部下乡帮扶制度的历史延续和传承，并在精准扶贫和乡村振兴战略的实施中得到进一步创新发展。

干部下乡帮扶是我国的历史传统。早在改革开放前的计划经济时期，干部包村、下乡帮扶已经存在，主要用来实现政府对农村管理和促进农业生产发展。改革开放以来，随着经济体制改革的深化，农村经济有了较大发展，但仍然有很多农村经济十分落后，尤其是老、少、边、远地区，即老革命根据地、少数民族居住区、边疆地区、偏远山区等。这些地区因为历史原因、地理环境和交通不便等，经济发展严重滞后，农村贫困问题十分突出。20世纪80年代中期，党中央开始提高对贫困地区脱贫问题的重视程度，有计划地开展农村扶贫工作，逐步形成了干部包村、下乡支农、包村指导的贫困治理模式。

第一书记驻村帮扶是干部下乡扶贫的延续和发展，是我国在脱贫攻坚和全面建成小康社会中，党政机关选派干部下乡扶贫和赋能乡村振兴的制度创新，与之前的干部下乡扶贫有相似之处，又有所创新。

选派干部驻村任第一书记的实践最早出现在安徽省。2001年，中共安徽省委组织部从党政机关中分批选派党员干部，到贫困村和经济落后村担任第一书记或者书记，开展全面的帮扶工作，取得了显著的成效，产生了广泛的影响。2010年1月3日，新华社报道，中共安徽省委、安徽省人民政府作出决定，在之前共3次选拔1.2万名优秀年轻党员干部到村任职的基础上，再次选派2 000名党员干部到村任职，担任党组织书记或第一书记，为农村基层组织注入新鲜血液，发展经济，锻炼干部。在驻村帮扶中，第一书记在强化村基层组织、引进资源、发展经济、为民服务等方面发挥了积极作用，促进了村基层组织建设和农村经济发展。安徽省这一做法受到了党中央的肯定。中共福建省委、福建省人民政府于2007年开展了选派第一书记扶贫工作，中共河南省委、河南省人民政府于2010年开展了选派第一书记扶贫工作，并且取得了良好效果。这些方面都为各个省（自治区、直辖市）从政府机关、国有企事业单位选派优秀年轻干部到村开展帮扶工作做了政策上的准备。据此，各省（自治区、直辖市）分别制定相应的十年扶贫规划，并在规划中制订选派第一书记驻村帮扶计划。此后，很多省（自治区、直辖市）在省（自治区、直辖市）党委领导下，开始选派驻村工作队和第一书记驻村工作，并制定相应的管理制度。

经过几年的试点，第一书记驻村帮扶初步取得了显著的成效。为了进一步加强干部驻村帮扶制度的开展，2014年国务院扶贫开发领导小组办公室公布《建立精准扶贫工作机制实施方案》（简称《方案》），并由国务院扶贫开发领导小组等七个部门联合发布《关于印发〈建立精准扶贫工作机制实施方案〉的通知》，要求各省（自治区、直辖市）加以贯彻实施。《方案》要求建立干部驻村帮扶工作制度，做好干部选派工作，建立健全驻村干部的选拔、培训、管理、考核、激励、保障等制度，同时要求"加强驻村工作队的规范管理，实现驻村干部帮扶长期化、制度化和规范化"。干部驻村制度化的要求适应了扶贫开发工作的需要，成为我国"三农"工作的一项有效措施。

2015年4月，中共中央组织部、中央农村工作领导小组办公室、国务院扶贫开发领导小组办公室联合制定发布了《关于做好选派机关优秀干部到村任第一书记工作的通知》，要求从政府机关、国有企事业单位、人民团体、中管金融企业中选派优秀干部，到党组织软弱涣散村、经济薄弱村、建档立卡贫困村任第一书记，实行第一书记驻村帮扶全覆盖。《通知》指出了选派干部的条件、主要职责和管理办法等。第一书记的主要职责是：建强基层组织、推动精准扶贫、为民办事服务和提升治理水平。第一书记驻村工作后，在乡镇党委领导和指导下，紧紧依靠村党组织，带领村"两委"成员开展工作，注意从派驻村实际出发，抓住主要矛盾、解决突出问题。《通知》还对第一书记任期、培训、考核、组织领导和支持等方面作了指导性规定。这些方面共同构成了第一书记驻村帮扶工作政策的基本内容，成为指导各地区开展选派第一书记驻村工作的指导性文件。至此，第一书记驻村开展帮扶的工作制度正式建立。

2015年11月29日，中共中央政治局召开会议，通过了《中共中央 国务院关于打赢脱贫攻坚战的决定》（以下简称《决定》），这是一项脱贫攻坚纲领性文件。《决定》分析了脱贫攻坚的使命感和紧迫感，提出打赢脱贫攻坚战的总要求。《决定》提出要发挥基层党组织战斗堡垒作用，抓好以村党组织为领导核心的村级组织配套建设，集中整顿软弱涣散村党组织，提高贫困村党组织的创造力、凝聚力、战斗力，同时，根据贫困村的实际需求，精准选配第一书记，精准选派驻村工作队，加大驻村干部考核力度，不稳定脱贫不撤队伍。

以上中央文件进一步丰富了第一书记驻村制度的体系和内容，为第一书记驻村工作提供了政策依据和制度规范。

3.2.2 第一书记驻村制度推广实施

在《通知》指导下，全国各个省（自治区、直辖市）普遍开展了选派优秀干部驻村工作。选派的驻村干部主要来自机关、事业单位、国有企业，他们一般是热爱乡村、有知识、有理想、敢担当的优秀干部，他们来到乡村，和农民生活在一起，深入基层，在乡镇党委的领导下，与村干部一起开展帮扶工作，建强基层组织，发展产业，为民服务，提升乡村治理水平。第一书记等帮扶力量，在乡镇党委的领导下，专职从事帮扶，宣传与落实党和国家的富农政策，坚决地贯彻各项扶贫政策，促进精准脱贫，为贫困村发展产业、促进脱贫攻坚提供了稀缺的人力资本和社会资源，尤其是在扶贫开发中，发挥了独特的作用。

统计资料表明，2015年4月，已经在全国5.7万个党组织软弱涣散村和12.8万个贫困村实现第一书记全覆盖。2016年年底，全国累计有20多万名优秀干部被选派到村任第一书记，在岗扶贫干部超过91.8万人。2020年年底，尚在乡村驻村开展脱贫攻坚和帮扶工作的第一书记有20.6万人，累计有45.9万名优秀干部到村任第一书记开展驻村工作。

贵州省早在2011年就已经开展了"四帮四促"驻村帮扶工作。驻村第一书记由县（市、区）、派驻单位及所派驻乡镇共同管理，选派第一书记工作与贵州同步小康驻村工作统筹安排，履行"双重职责"，第一书记以"绿色贵州"建设为中心，开展大扶贫战略。

"十二五"期间,山东省确定重点扶持的贫困乡镇200个、贫困村3 000个、贫困人口820万人,特别是老区、山区、黄河滩区、盐碱洼地区和库区,成为全省扶贫的主战场。消除贫困关系农民的切身利益,影响全面建成小康社会战略目标。2012年,中共山东省委组织部等部门发布了《关于从省直单位选派"第一书记"抓党建促脱贫的实施方案》,进行了扶贫开发组织创新。为了落实中央部署的"基层组织建设年",山东省选调2.6万名干部,到1.8万个乡村任第一书记抓党建、促脱贫,同时,市、县两级根据相关文件精神,相继选派了市直和县直第一书记。通过选派第一书记驻村帮扶,村党组织战斗力明显增强,村集体经济得到发展,脱贫致富步伐明显加快。2015年1月,中共山东省委、山东省人民政府决定,继续从省直单位、中央驻鲁单位选调第一书记,并把第一书记驻村帮扶周期由3年调整为2年。齐鲁网2015年7月31日报道的消息称:"从2012年3月开始,省直171个单位分三批选派了1 483名'第一书记'帮包584个贫困村。三年多来,圆满完成了帮包村的党建扶贫任务。"中共山东省委、山东省人民政府下发文件,明确指出第一书记要实现基层党建和扶贫开发的双重重要任务,通过构建"党支部+合作社",强化基层组织带动农村脱贫致富的能力,同时,积极开展"扶志、扶智"工作,从思想上激发贫困户脱贫致富的信心和勇气,通过组织技术培训,提升贫困村、贫困户内生发展动力。

中共河南省委、河南省人民政府2010年选派了19名处级党员干部担任驻村第一书记。自2015年起完成两轮选派第一书记驻村工作,到2017年,共有2.5万名优秀干部担任驻村第一书记。在各地各部门都建立起党委统一领导、组织部门牵头、有关部门共同参与的第一书记工作机制。

2020年是决胜脱贫攻坚的收官之年。自2015年起,5年来中共陕西省委、陕西省人民政府把脱贫攻坚作为首要政治任务和第一民生工程,把抓党建作为脱贫致富的重要经验,把选派机关优秀干部到村任第一书记作为精准扶贫的重要措施。从2010年到2020年10月,全省累计选派8万多名第一书记奔赴农村第一线,以知重负重、攻坚克难的实际行动,投身于脱贫攻坚,推动贫困村特色产业发展,壮大了贫困村集体经济,增加贫困村群众收入,助推了乡村振兴。

2016年,中共江苏省委根据因村派人的原则,选派了"愿意干、有能力干、作风硬"的优秀党员担任贫困村驻村工作队员并兼任经济薄弱村第一书记，在选派中优先选派农村工作经验丰富、有涉农专业特长的年轻干部到经济薄弱村任第一书记。在派驻安排中，总体上按照党群机关干部到组织涣散村、政法部门干部到治安"乱"村、经济部门干部到"穷"村，创造性地开展第一书记驻村帮扶工作。

到村任第一书记的人员由政府机关、事业单位、国有大型企业、中直金融机构、人民团体经过单位组织部门认真遴选而产生，再由单位派出到帮扶乡镇和村。县委组织部对来自省（自治区、直辖市）派和市直、县直选派干部进行培训、监督，乡镇党委负责统一安排生活所需及统一管理。对第一书记工作内容、责任要求和考核，乡镇党委在县委组织部有关规定指导下制定相应的制度和措施。

通过选派干部担任第一书记驻村帮扶，农村基本形成了第一书记、扶贫工作队、包村单位、村"两委"、帮扶责任人五大主体并存的帮扶结构。同其他主体相比，第一书记具有文化水平高、社会资源广泛等特点，而且，作为上级组织部门的委托人，他们任务明确，监督成本低，工作激励强，容易进行考核，具有积极性完成组织交给的任务。

3.2.3　第一书记驻村制度的功能与作用

制度的基本功能在于给成员提供行为规制及确定的预期，从而指导和制约成员的行为，使成员采取符合制度设计者预期的行为方式并实现其希望的结果。在全面建成小康社会这个关系中国未来的伟大目标和任务面前，急需社会各种力量采取协调一致的行动，集中社会资源攻克困扰了中国人民几千年的贫困问题，让所有的中国人都过上幸福生活。这是中国共产党的奋斗理想，也是中国人民的共同期盼。第一书记驻村帮扶正是实现这种理想和愿望的重要措施。从第一书记驻村制度的实践看，其发挥的重要作用及功能已经显现出来。结合《通知》精神，我们认为第一书记驻村制度发挥了巨大功能和作用。

1）统一认识，形成共识

在党中央集中统一领导下，我们建设新时期中国特色社会主义具有制度优势，可以集中社会资源解决最困难的问题。在长期重视"三农"工作的基础上，把所有贫困地区、贫困县、贫困村和所有贫困人口的脱贫任务作为全党的工作重点，彰显了中国共产党解决贫困问题的决心。在精准脱贫成为全党工作中心任务的情况下，把精准扶贫变为全社会的共识，在中央的统一领导和部署下，凝聚全社会的力量，按照脱贫攻坚的目标设置，协调各级政府，打赢脱贫攻坚战。第一书记驻村制度的设立发挥了这种凝聚作用，产生了强化协调的功能，这个举措能够使全党上下统一认识，共同奋斗。《通知》明确提出了选派优秀干部任村第一书记的具体要求、职责任务和管理考核规定，成为指导选派第一书记驻村工作的制度规范。《通知》的发布，表明了党中央对打赢脱贫攻坚战的高度重视和坚定决心，给精准扶贫精准脱贫工作提供了强劲的动力。在《通知》发布之后，各省（自治区、直辖市）党委组织部门在原来选派干部驻村帮扶的基础上，掀起了精准扶贫精准脱贫的新高潮，壮大了精准扶贫的队伍，增强了脱贫攻坚的力量。

2）促进加强基层党建

农村基层党组织在农村社会治理、发展经济和为民服务等方面具有重要作用。农民富不富，关键看支部。长期以来，农村基层组织在社会经济发展中发挥了重要作用。然而，农村基层组织需要加强建设。在一些农村基层组织中，部分村干部思想僵化，不重视党组织的学习生活，漠视群众的利益和正当诉求，与党中央制定的路线方针政策要求存在差距，不能带领群众脱贫致富；还有一些村干部以权谋私，干群关系紧张，损害了党在群众中的形象，削弱了党对农村的领导地位。还有的村党支部不能做到公平、客观、公正地发展新党员，不重视组织建设，导致村党组织发展缺乏后备人才。一些村干部存在形式主义、奢靡之风、脱离群众、弄虚作假等问题。这些问题的存在，使村党组织战斗力不强，领导群众脱贫致富的能力下降，农村社会经济发展缓慢。

第一书记通常具有较高的学历，他们大多数受到过高等教育，很多人还是党政机关、企业、事业单位的优秀干部，政治觉悟高，思想品质好，对党的事业忠诚，愿意为农村发展和农民富裕做贡献。因此，在驻村工作中受上级党组织和政府的委托，能够做到为民服务，给群众办事。第一书记的组织关系转入村党支部，使村组织获得了知识、能力、技术、政治等方面的增强，他们与村干部一起开展精准扶贫工作，协助村干部制定发展规划，利用自身优势，在国家政策支持下，整合资源，促进村集体经济发展，积极推动村党组织建设，努力开展"三会一课"，积极为民办事服务。在第一书记的努力下，大多数村基层组织的"三会一课"实现了正常开展，党员的觉悟得到了提升，群众对党的信任增强了，因此，增强了基层组织力量。这对于促进村党支部组织宣传、学习、执行党的惠民政策和治理理念，加快打赢脱贫攻坚战，更好地促进农村社会经济发展，产生了十分显著的推动作用。王洪鹏（2019）研究发现，第一书记进入基层组织，使得基层组织成员对照第一书记的做法，开展自我反思，在思想观念、行为方式、对待群众态度等方面都有一个大的改变，自觉地提高了为民服务意识。他认为，"第一书记的外在进入为基层党组织建设注入了新的动力和活力"，激发了基层党组织原有的内在潜能，增强了基层组织的活力。具体表现在改变了基层党组织的精神风貌，许多党员增强了党员责任感，提高了为民服务意识，群众对党的信任增强了。

3）推动精准扶贫，实现精准脱贫

精准扶贫是习近平总书记在2013年11月首次提出的，主要内容是：扶贫工作重在精准，精准识别、精准施策、精准脱贫。在扶贫开发中，重视精准发力，在摸清扶贫对象情况和贫困地区实际情况基础上，利用当地现有资源和可以利用的外部资源，采取有针对性的措施，开展有针对性的工作，杜绝大水漫灌，做到一村一品、一户一策，把粗放式扶贫化为精准扶贫，扶贫与扶志、扶智相结合。习近平总书记亲自抓精准扶贫，倡导全党把脱贫攻坚抓紧抓到位，坚持精准扶贫，做到目标明确、任务明确、责任明确、措施明确，坚持把钱用到刀刃上，起到拔穷根的作用。

贫困的根源很深，致贫原因很复杂，既有共性也有个性。只有做到精准识别、精准施策，才能做到精准脱贫。总体看来，致贫原因多数是贫困地区自然环境恶劣、自然资源匮乏、交通闭塞、外部资源难以输入、贫困户家庭有老弱病残人口、失去劳动力家庭和部分思想懒惰者，有因病致贫者，也有因学致贫者。第一书记驻村制度规定了选派优秀干部驻村任第一书记开展帮扶工作的具体办法。第一书记驻村帮扶有力地促进了精准脱贫。他们在精准扶贫上做的工作主要有以下方面：

第一，引进外部资源，进行资源整合，推动村产业发展，增加贫困户收入。《通知》对第一书记驻村工作中的资金支持有要求，规定贫困村所在的县（市、区、旗）等政府机关中的扶贫部门和财政部门，给予第一书记驻村帮扶相应的资金支持，加大扶贫资金支持力度。同时，第一书记来自机关、企事业单位，一些驻村干部具有一定的资源整合能力和条件，能够发挥引进资金发展产业的作用。一些具有资源整合能力的第一书记在驻村期间，利用自己的人脉关系和社会资源优势引进了社会资金建设扶贫产业，或者，在他们的努力下建成了扶贫产业链，使农产品获得销售渠道。

第二，帮助乡镇和村干部发现资源优势，制定产业发展规划，引进技术，开拓市场，促进村集体经济发展，增强集体经济实力。精准扶贫要求精准施策，发展适合乡村资源优势的产业。一些自然环境优美的乡村，拥有独特的旅游休闲环境，发展乡村旅游具有得天独厚的资源优势。因此，在第一书记的帮助下，一些乡村被规划发展出乡村文化娱乐、休闲旅游胜地，乡村特色产业获得了发展，极大地促进了村集体经济发展，增加了村民收入。

第三，深入调查贫困村和贫困户的实际情况，根据贫困户的致贫原因，开展有针对性的帮扶。对于有脱贫愿望但缺乏资金的贫困户，第一书记设法筹集帮扶资金；对于因病致贫者，第一书记设法争取社会救助，引导帮助他们就医治疗，以及帮助其得到医疗保险报销；对于那些缺乏脱贫愿望的，帮助其树立脱贫目标，提高其脱贫致富信心。课题组实地调查发现，第一书记驻村工作中，他们很多次进村入户调查摸底，了解掌握贫困户的情况，针对贫困户的实际开展一村一品、一户一策的帮扶。

第四，积极建设农村基础设施，改善农村环境。为村民修路、为贫困户修建房屋、提供安全饮用水。与村干部一起协调资金修建和改善农村道路，安装安全饮水设施，保障生产生活用电，架设通信网络等基础设施，让村民用上安全饮用水，改善村级道路和入户道路。对村环境卫生开展治理维护，争取资金，建立垃圾分类处理点，对村里的河道、水塘、坑道进行清理整治，积极实施厕所改造，努力建设美丽乡村，给村民创造一个优美的生活环境。

4）提高乡村治理水平

乡村治理是国家治理体系的重要组成部分。乡村治理的领导力量和核心力量是农村基层组织。乡村的全面发展既需要政治建设，也需要经济、文化、生态等方面建设。基层组织统领乡村全面建设，担负着农村社会发展与维护农村社会稳定的任务，是党和政府实现乡村治理的代理人。因此，建强基层组织才能提高农村社会治理水平。第一书记在乡镇党委的领导下，领导和推动村干部做好农村基层组织建设，在规范村党组织生活、建立完善的组织制度、开展"三会一课"、发展党员、为民服务等方面，取得了显著成效。同时，在组织建设不断加强的同时，还积极谋划农村特色产业，培育乡村优势产业，把农业、加工业、销售等环节有机地贯穿起来，为乡村经济发展提供了有力支持。

第一书记协助村干部、包村干部开展扫黑除恶专项活动，对乡村黑恶势力进行打击，为乡村居民提供一个安定的生活生产环境。此外，乡村不良习俗、宗教势力等对乡村居民产生一些消极影响，第一书记协助村干部，大力开展树立新风、提倡文明的生活习惯，加强社会主义精神文明教育，丰富村民的文化生活，这些都对乡村社会的乡风文明、和谐安定产生了积极影响。第一书记为基层组织注入活力后大大提升了基层组织的凝聚力、战斗力，基层组织的领导作用也大大加强。第一书记"嵌入"基层组织，也带来了其他乡村治理主体的自我提升和治理能力提升。事实表明，第一书记驻村开展帮扶后，农村的社会风气、社会面貌、生态环境、农民的思想观念都在迅速地改善。

3.3 第一书记驻村制度内容框架

纵观《通知》的内容，可以看到第一书记驻村制度主要内容有六个方面，这六个方面共同构成第一书记驻村制度的基本框架：制度宗旨、派驻对象和范围、人员选派条件、职责任务、管理考核和组织领导规定。

3.3.1 制度宗旨

《通知》指出，选派第一书记驻村工作，其宗旨是为了抓基层党组织建设，促进精准扶贫，推动科学发展，带领农民致富，密切联系群众，维护农村稳定。《通知》首先肯定了选派第一书记的积极作用，即"实践证明，选派机关优秀干部到村任第一书记，是加强农村基层组织建设、解决一些村'软、散、乱、穷'等突出问题的重要举措，是促进农村改革发展稳定和改进机关作风、培养锻炼干部的有效途径"。这说明了农村建设中存在的问题需要解决。一些农村"软、散、乱、穷"，基层组织软弱涣散，不能够做到带领群众、引导农民致富，因而需要加强基层组织建设；农村社会存在着管理混乱、农民贫困的状况，需要治理和改变，以及管理农村工作的干部作风不踏实，不关心群众利益，这些都需要通过加强基层组织建设来实现治理和改变。解决这些问题，不仅需要基层干部自身的努力，还需要补充力量加强基层组织的战斗力。因此，中央有关部门决定，在党政机关、企事业单位等机构选派优秀干部到村任第一书记，通过建强基层组织，巩固和拓展党的群众路线教育实践活动中取得的成果，特别是实现推动基层组织全面进步和全面过硬、精准脱贫、科学发展、农民致富及农村社会稳定的目的。

制度的宗旨，也就是制度的目的和要求、指导思想和原则，帮助制度的制定者按照目标设计制度，也让执行者了解制度的起因和要达到的效果。宗旨就像一个总的规划目标，是制度的灵魂。

实现上述目标的一个重要措施，是"坚持和运用选派第一书记等经验"，这些经验是经过实践证明有效的。多年以来，我国一些省份在中共省（自治区、直辖市）党委、省（自治区、直辖市）人民政府的组织领导下，不断探索选派机关优秀干部到村任第一书记，取得了显著成绩。因此，选派优秀干部驻村任第一书记的做法，得到了中共中央、国务院的高度重视，并加以肯定和推广，上升为国家层面的政策要求。

3.3.2　选派制度

第一书记选派的方式方法要求由两个方面组成：一是人员入选条件规定；二是派驻范围规定。通过人员入选条件规定，为派驻地（乡、镇）选派符合实际需要的优秀干部，因村选人，因地选人，使选派干部能够尽快地适应当地发展的需要。那么，选派人员应当具备什么条件呢？根据《通知》的要求，第一，第一书记人选要具备较高的政治素质，要对党的路线方针政策有比较全面的认识，并能够坚决贯彻执行党的路线方针政策。这是首要条件。只有在政治上对党的路线方针和政策坚决拥护，与党中央始终保持一致，对执行党的路线方针政策能够做到彻底，才能成为第一书记人选。因此，需要派出单位对备选人员严格审查，认真把关，确保入选人员政治坚定、思想觉悟高。因此，通常要选择党员和入党积极分子作为第一书记选派对象。非中共党员也可以自愿提出申请，经过组织部门考察合格后才能选派到村任第一书记。第二，热爱农村工作。对农村社会经济和文化事业存在着发自内心的热爱，愿意为发展农村产业、建设美丽乡村、促进农村社会经济文化的发展作出贡献，能够热心为村民服务，加强党群联系，把党的政策正确地向农民做宣传并执行党的政策。只有热爱农村，才能愿意为农村的发展作出不懈努力，才能够在农村不惧艰难环境，踏踏实实为农民做实事、谋发展，推动乡村振兴。第三，有较强工作能力，敢于担当，善于做工作。这是对入选人员个人能力上的要求。人与人的能力有差别，有较强工作能力的人能够不断开拓进取，充分利用各种有利的资源，开创性地开展驻村帮扶工作，从而真正发挥帮扶作用，做好为民服务，为民办事，贯彻党的方针政策，党的惠民政策才能落到实处，农民才能享受得到党和国家给予的惠农政策。只有敢于担当的人，才能不畏惧艰难，做别人不敢做、不能做的事情，也就是敢做事、会做事。只有工作能力强的人才能把党交给的任务担当起来，并努力圆满完成。第四，要求入选人员有两年工作经历，有事业心和责任感，不怕吃苦，敢于奉献。选派到农村特别是那些偏远地区的农村，交通不便，经济条件差，吃住都困难，除此之外，要长期驻村工作，这些要求入选第一书记驻村工作的人员有一定的工作经历，对于遇到的困难有能力克服，不怕苦，不怕累。第一书记是组织选出的优秀干部，是代表党和政府开展工作的，受组织的委托，在贫困地区、贫困村开展帮扶工作，推动精准扶贫精准脱贫，通过发挥自身的优势和资源，改变落后的村容村貌，因此，必须不怕困难，做到甘于奉献，为党牺牲。第五，入选第一书记的人员，还应当具备履行职责的身体条件。只有身体健康，才能在艰苦的农村开展帮扶工作。身体健康是选派第一书记必不可缺的重要因素。第六，还要把好品行关，入选人员要做到品行端正，廉洁奉公。这是对入选第一书记在品行道德方面的规定。只有品行端正、廉洁奉公、遵纪守法的人才能够成为代表党组织和国家利益履行职责的干部，才能树立起党的威信，完成党组织交给的任务。

除了上述对选派人员条件规定外，还对选派第一书记驻村的范围进行规定，具体地说，在第一书记派驻的范围上，《通知》指出主要有以下一些地区和农村：第一，党组织软、散、乱、穷村，主要是指那些党组织班子配备不齐全、支部书记长期空缺、工作处于停滞状态，以及党组织书记不胜任现职，工作不在状态，班子不团结、工作难以开展、组织形同虚设、不开展活动，以及村务财务不公开、民主管理混乱、治安问题和信访问题集中、宗教势力及涉及黑恶势力的村。第二，对建档立卡贫困村全覆盖，尤其是对一些老区、边远地区、少数民族地区做到全覆盖。

以上这些规定对选出合格的优秀干部和做好驻村帮扶工作具有十分重要的意义。第一书记作为科层制度下的干部，是上级组织部门为加强基层组织提供的外部资源，是党的政策执行者，其个人能力特质等直接决定了第一书记驻村帮扶的效果。2014年，国务院扶贫开发领导小组明确规定，驻村干部的入选条件中必须具备"有经验、有能力、懂扶贫、善于同农民打交道"。2015年，《中共中央　国务院关于打赢脱贫攻坚战的决定》进一步规定了选派人员必须符合"思想好、作风正、能力强"的标准。以上这些规定从人员具备的条件、选派单位、选派方式和派驻地区等方面，为第一书记列出了选派标准，从而指导派出单位做好人员选派工作。

3.3.3 职责任务

第一书记驻村工作有明确的职责和任务。作为由上级组织部门选派驻村帮扶的干部，第一书记要与村党支部书记共同负责各项工作，帮助村"两委"谋划经济发展，指导和推动组织建设，对村里的重大决策等工作给予协助，但是，不能包揽村里的事务。《通知》规定选派人员的职责和任务主要有以下方面：

1）建强基层组织

第一书记要在乡镇党委领导和指导下，紧紧依靠村党组织，带领村"两委"成员开展工作。建强基层组织，是《通知》对第一书记驻村工作规定的第一项职责任务。首先，第一书记在乡镇党委的领导下，"重点是对村'两委'班子不健全的要协助配齐"，解决村"两委"班子不团结、软弱涣散的问题。其次，严格落实"三会一课"制度（定期召开支部党员大会、支部委员会议、党小组会和党课），认真开展组织生活。再次，推动落实村级组织工作经费和服务群众专项经费，以及建设和完善村级组织活动场所、服务设施等。最后，还要培养农村后备干部。以上是第一书记驻村工作的基本职责和主要任务。概括地说，主要是配齐"两委"班子，解决组织软弱问题；严格落实组织生活制度，规范组织活动；完善组织活动场所，增强组织活动能力；发展党员，培养后备干部，增强组织战斗力。

村党支部是党在农村设立的基层组织，由党员和支部委员会组成。村党支部是农村的政治工作领导者，也是其他各项工作的组织者，负责宣传、贯彻党的路线方针及政策，带领群众发展经济，服务群众，加强党群联系，确保党对农村的领导地位。《中国共产党农村基层组织工作条例》（以下简称《条例》）是关于乡镇党组织建设的规定，对于加强党对农村工作的领导，建强农村基层组织，夯实党在农村的执政基础发挥着重要作用。《条例》规定，村党组织是党在农村的基层组织，是政权在农村的延伸，负责全面领导乡镇和村的各项工作。必须坚持党对农村的领导地位。因此，建设一个坚强的富有战斗力的基层党组织，是实现党在农村加强领导地位的需要。农村社会稳定、经济发展和文化事业兴旺，都离不开基层组织的领导。只有基层组织强大有力，农村社会才能成为国家稳定的基石，农民才能够过上更加幸福美好的生活。

2）推动精准扶贫

在脱贫攻坚的关键阶段，第一书记担负着推动精准扶贫的重要任务。扶贫开发是党中央、国务院长期以来十分重视的一项任务。在农村基层贯彻落实党的扶贫开发政策，需要加大扶贫政策的执行力度，切实做到"真扶贫、扶真贫"，因此，第一书记成为精准扶贫精准脱贫的坚强队伍，担负起推动精准扶贫的重任。《通知》明确规定了四点：第一，大力宣传党的扶贫开发和强农惠农富农政策。第一书记来自党政机关、国有企事业单位和人民团体，有较高的文化水平，对党的扶贫开发政策和惠农政策把握得准，理解得透，带着扶贫任务，肩负脱贫攻坚职责，有足够的动力和能力开展这项工作。第二，带领村干部开展贫困户识别和建档立卡工作，帮助村"两委"制订和实施脱贫计划。第一书记开展扶贫工作，一方面要对贫困户进行精准识别，对精准识别出的贫困户建档立卡；另一方面要开展帮扶工作，通过制定和实施促进脱贫的方案、措施，增加贫困户收入，发展乡村产业，推动贫困户脱贫并巩固脱贫成果。第三，组织落实扶贫项目，整合资金，促进贫困户脱贫、贫困村摘帽。第一书记需要对扶贫项目开展规划、实施，对项目资金开展整合，发挥自身整合资源的能力，提高贫困户的收入。第四，培育发展农村合作社，增加村集体收入。发展特色产业，培育和建立农村合作社组织，把农村的生产活动、农产品加工与销售统筹起来，提升在产业价值链上的位置，增加集体收入，为农村社会经济文化发展提供资金支持。

3）为民办事服务

第一书记驻村工作中，要做好为民办事服务。这项工作的主要内容和途径是：第一，带领村级组织联系服务群众。村级组织是村民的领导核心力量，必须加强服务观念和服务意识，要关心群众的利益，为村民办事服务，包括为民代理服务、民事村办服务，真正做到村民群众的服务者、领路人，村民遇到困难要得到村组织的及时帮助解决。第一书记在为民服务中，需要起到带领作用，带领党员、组织党员开展为民服务。第二，经常入户走访，深入群众，努力为群众办实事。第一书记不能只坐在办公室写汇报，要经常到群众中去听取群众意见，了解村民愿望，解决村民遇到的各种困难，想方设法帮助群众增加收入。第三，关心群众生活，积极帮助困难群体。关心关爱贫困户、五保户、残疾人、空巢老人等困难群众。农村老弱病残幼是群众中生产生活最困难的人，他们需要别人的帮助。第一书记需要发动和带领党员去帮助生活困难的村民，帮助他们解决生产中的难题,尤其是贫困户,第一书记更加应当给予关爱。

4)提升治理水平

乡村社会治理是国家治理的重点。它关系乡村社会稳定,反映乡村民主管理制度发展和管理水平高低。农民受到教育水平和文化程度的影响,也受到传统习惯和信息资源的限制,他们对于自身的民主权利通常认识不清,很难保护自身的权益。乡村还经常受到黑恶势力、宗教势力、不良习俗的影响,社会治安问题经常发生。提升治理水平是第一书记驻村工作的重要职责。

3.3.4　管理制度

做好对第一书记的日常管理和年终考核,是第一书记驻村工作制度的重要内容。为了做好第一书记管理,《通知》有四个方面的要求,构成第一书记管理中待遇规定、管辖制度、考核奖惩、保障制度。

1)待遇规定

《通知》规定,第一书记任职期间,不占村"两委"班子职数,原则上不承担派出单位工作任务,组织关系转到村里,但原人事关系、工资福利待遇不变。第一书记的人事关系仍然在原单位,工作福利仍由原单位给付,但组织关系要转到所驻村党支部。原有的工作原则上不再担负,因此,第一书记可以而且必须在所驻村专职帮扶,全身心地投入到村中各项工作。

2)管辖制度

第一书记选派和驻村工作,涉及派出单位、派驻村,这是与第一书记有直接关系的两个组织单位。第一书记在乡镇党委的直接领导下,按照党委的分工要求,努力完成各级党委赋予的任务,履行好职责,完成《通知》规定的工作任务。乡镇党委是第一书记的直接领导者,第一书记由县(市、区、旗)党委组织部、乡镇党委和派出单位共同管理。

3)考核奖惩

科学制定考核制度,对于加强第一书记管理、调动第一书记工作积极性、增强帮扶责任感和充分发挥第一书记驻村工作的作用,具有十分重要的意义。考核与奖惩制度是对第一书记的激励制度。考核制度是否完备、科学,决定着第一书记工作态度、工作积极性、工作绩效等方面能否得到如实反映，并直接影响到第一书记年度评价，同时，也对第一书记年度评价和最终评价起到决定作用。因此，考核制度的科学完备性具有十分重要的作用。奖惩制度则从第一书记切身利益的角度影响其工作努力程度和工作绩效大小。

4）保障制度

首先，基本保障。在生活上，给予第一书记关心爱护。在派驻乡村，乡镇党委要制定保障措施，为第一书记提供必要的条件，保障工作和生活需要。

其次，组织保障。《通知》指出，各级党委（党组）要高度重视选派机关优秀干部到村任第一书记工作。省（自治区、直辖市）党委组织部要统一部署，市（地、州、盟）、县（市、区、旗）党委组织部要具体组织实施。其他部门做好协调工作。

最后，经费保障。《通知》要求，各地财政、扶贫部门共同安排帮扶经费，保证第一书记工作经费。派出单位要与第一书记联村，加大支持帮扶力度。

4 乡村振兴战略与第一书记驻村帮扶

第一书记驻村制度是在解决"三农"问题及精准扶贫中形成的政策和制度，具有非常明显的时代性、特殊性和针对性，是我国"三农"工作和乡村振兴的制度创新。第一书记为实现精准脱贫和打赢脱贫攻坚战提供了人力资源供给，有力地推动了农村基层组织建设和精准扶贫，促进了农村集体经济发展，也为美丽乡村建设作出了重要贡献。这对于实施乡村振兴战略也起到了显著的推动作用。乡村振兴战略是巩固拓展脱贫攻坚成果和实现农业农村现代化的远景规划，为第一书记驻村帮扶提出了明确的目标和任务，指明了前进方向。本章在分析乡村振兴战略的基础上，研究第一书记赋能乡村振兴的任务方向与工作重点。

4.1 乡村振兴战略规划及重点

乡村振兴战略是党的十九大提出的决胜全面建成小康社会夺取新时代中国特色社会主义伟大胜利的一个重要战略。乡村振兴战略的提出具有独特的时代背景，具有丰富内蕴。研究第一书记赋能乡村振兴，需要明确乡村振兴战略的背景和规划，这对理解第一书记驻村制度具有积极作用。

4.1.1 乡村振兴战略的背景

实施乡村振兴战略是党中央新时代"三农"工作方针政策的继续和发展。我国是一个从以农业为主体发展而来的发展中大国，长期以来，农业、农村和农民问题即"三农"问题一直备受党中央和各界人士的关注。进入21世纪以来，我国农村的发展问题出现了新的特点，如何实现乡村振兴，进一步巩固农业的基础性地位，把农村建设成为推动全面建成小康社会的坚实力量，这是一个紧迫的现实问题。党的十九大报告提出，中国特色社会主义进入新时代，我国社会主要矛盾已经转化为人民日益增长的美好生活需要和不平衡不充分的发展之间的矛盾。解决这个矛盾，一个重要的方面在于发展乡村产业，全面振兴乡村，使乡村的社会、经济和文化与我国城市的发展相适应，从而实现乡村和城市融合发展，更好地推进我国社会主义现代化建设。

乡村振兴战略的形成与我国"三农"工作紧密联系。正是我国改革开放以来坚持不断地进行农村改革，建立和完善农村农业政策，推动农业发展，以及以习近平同志为核心的党中央对农业、农村和农民问题的高度重视，逐步形成了乡村振兴战略的远景规划。

"三农"问题是长期困扰我国社会经济发展的一个重要问题。我国的改革是从农村开始的。农村改革是从打破集体土地由集体统一经营体制，通过土地承包经营实现突破的。之后，农村土地家庭联产承包责任制得以建立。经过了包干到组、承包到户，放弃了集体统一核算和统一分配，并实现了土地承包制长期不变的政策。农村改革日益发展深入，从而在理论和制度上不断实现创新。农村改革的伟大实践和所取得的伟大成功，为推进我国社会主义现代化，提供了宝贵的经验。因此，我国改革开放的成功离不开农村改革实践。

城乡二元经济结构是我国长期存在的问题，它严重地制约着我国社会经济的发展，特别是户籍制度、社会保障、医疗保障、公共服务等，成为农村劳动力转移、城乡不再二元分割、农民脱贫致富的严重壁垒。改革户籍制度，打破城乡分割的体制壁垒，把国家投资的基础设施建设和社会事业发展重点放到农村，建立农村社会保障制度，推进城乡基本公共服务均等化，一系列的措施不断推行，加快了农村社会经济发展。正是这些改革措施的制度化和完善，使我国农村的面貌日新月异。实践表明，深化农村改革是实现农业发展、农村文明和农民富裕的必由之路。

经过四十多年的改革开放，我国农业获得了长足发展，现代化水平大幅度提高，农村面貌发生了天翻地覆的变化，取得的进步有目共睹。但是，农村社会经济的发展还远远不够，正如习近平总书记指出的那样：农村还是建设全面小康社会的短板，特别是随着我国城镇化进程不断加快，农村短板问题更加突出。

加强农业基础作用，实现农村和谐稳定，农民安居乐业，是全面建成小康社会的重要基础。为此，必须采取更加积极有效的措施推进农村发展，才能全面建成小康社会，才能取得新时代中国特色社会主义的伟大胜利。

4.1.2 乡村振兴战略的宏伟蓝图

乡村振兴战略的提出，是以习近平同志为核心的党中央，顺应亿万农民对美好生活的向往，对"三农"工作作出的重大战略部署，是决胜全面建成小康社会夺取新时代中国特色社会主义伟大胜利的重要战略，是新时代做好"三农"工作的总抓手。

《乡村振兴战略规划（2018—2022 年）》（以下简称《规划》）共分为十一篇三十七章。《规划》详细地说明了从 2018 年到 2049 年我国乡村发展的整体规划和远景目标，制定了系统的发展策略和基本要求。这是一个指导我国在新的历史时期"三农"工作的科学规划，具有全局性、指导性和战略性。其总体要求是"按照到 2020 年实现全面建成小康社会和分两个阶段实现第二个百年奋斗目标的战略部署，2018 年至 2022 年这 5 年间，既要在农村实现全面小康，又要为基本实现农业农村现代化开好局、起好步、打好基础"。

《规划》制定的蓝图中乡村振兴近期发展目标是：第一，到 2020 年，乡村振兴的制度框架和政策体系基本形成，各地区各部门乡村振兴的思路举措得以确立，全面建成小康社会的目标如期实现。第二，到 2022 年，乡村振兴的制度框架和政策体系初步健全。也就是要实现以下基本目标：（1）农业方面，现代农业体系初步构建，乡村产业加快发展，农村一二三产业融合发展格局初步形成，国家粮食安全保障水平进一步提高；（2）农民收入水平进一步提高，脱贫攻坚成果得到进一步巩固，农村基础设施条件持续改善，农村人居环境显著改善，农村基本公共服务水平进一步提升，生态宜居的美丽乡村建设扎实推进；（3）乡村优秀传统文化得以传承和发展，农民精神文化生活需求基本得到满足；（4）以党组织为核心的农村基层组织建设明显加强，现代乡村治理体系初步构建，乡村治理能力进一步提升。

《规划》制定的远景蓝图是：到 2035 年，乡村振兴取得决定性进展，农业农村现代化基本实现。农业结构得到根本性改善，农民就业质量显著提高，相对贫困进一步缓解，共同富裕迈出坚实步伐；城乡基本公共服务均等化基本实现，城乡融合发展体制机制更加完善；乡风文明达到新高度，乡村治理体系更加完善；农村生态环境根本好转，生态宜居的美丽乡村基本实现。

4.1.3　乡村振兴战略的实施重点

《规划》以习近平总书记关于"三农"工作的重要论述为指导，按照"产业兴旺、生态宜居、乡风文明、治理有效、生活富裕"的总要求，对实施乡村振兴战略作出了总体擘画，细化了工作重点，指出了乡村振兴的发展方向和途径。根据《规划》，我们认为乡村振兴战略实施重点是：

1）以形成城乡融合发展的空间格局为目标，统筹城乡发展空间

在空间上进行统筹谋划，科学划定生态、农业、城镇等空间，统筹自然资源开发利用、保护和修复。完善城乡布局结构，加快中小城市发展，推动农业转移人口就地城镇化，建设以乡镇政府为中心的农民生活圈，推动镇村联动发展。建设美丽乡村，传承乡村文化。推进城乡统一规划，形成田园乡村与现代城镇交相辉映的城乡发展形态。这些将为我国农业农村现代化提供科学、合理的发展空间。

2）优化乡村发展布局，打赢脱贫攻坚战，实现农村美、农民富

在乡村振兴中，乡村的生产空间、生活空间布局具有重要作用。优化乡村发展布局，就要坚持人口资源环境相均衡、经济社会生态相统一的指导思想，通过统筹利用生产空间、合理布局生活空间，以及保护生态环境，打造集约高效的生产空间，营造美丽宜居的生活空间，延续人和自然有机融合的乡村空间关系，实现农村美。通过深入实施精准扶贫精准脱贫，解决我国长期存在的贫困问题，在此基础上，推动脱贫攻坚与乡村振兴有机结合，相互促进。加大产业扶贫力度，健全驻村帮扶机制，增强贫困户发展能力，培育壮大集体经济，确保深度贫困地区和贫困群众一道进入全面小康社会。

3）构建现代农业产业体系，加快农业现代化

农业是国民经济的基础。农业强则国强。为持续提高农业创新力、竞争力和全要素生产力，需要从建立现代农业经营体系、强化农业科技支撑、完善农业支撑保护制度和推动农村产业深度融合发展等方面着手，把我国农业现代化推向新的高度。通过推动农

村产业深度融合发展和完善紧密型利益联结机制、激发农村创新活力，进一步推动农业现代化水平的提升。

4）转变生产方式，建设生态宜居美丽乡村

建设生态宜居的美丽乡村是实现农村美的基本内涵。基本途径是，第一，推进农村清洁生产、集中治理农业环境突出问题，推进农业绿色发展；第二，通过加快农村生活垃圾治理，开展农村环境治理，提升村容村貌，建立健全整治长效机制，来持续改善农村人居环境；第三，通过生态系统保护和修复，健全生态保护机制，健全生态保护补偿机制，发挥自然资源多重效益，加强乡村生态保护与修复。

5）培育文明乡风，推动乡村文化振兴

发展特色乡村文化产业，大力弘扬优秀传统文化；通过健全公共文化服务体系、增加公共文化产品和服务供给、开展群众文化活动，丰富乡村文化生活。

6）推进建立健全现代乡村治理体系，推动乡村善治

乡村治理是国家治理的重要基础。建设现代治理体系，提高乡村治理能力，是国家实现治理现代化的重要内涵。在乡村基层党组织的领导下，实现乡村治理有效，是乡村振兴的重要保障。健全现代乡村治理体系，主要抓好三个方面：一是加强农村基层党组织对乡村振兴的全面领导；二是促进自治、法治、德治有机结合；三是夯实基层政权。要强化法治权威地位，以德治涵养自治，让德治贯穿乡村治理全过程。

7）完善基础设施，提升乡村劳动力就业质量，增加公共服务供给

加快补齐乡村民生短板，让农民有更多的获得感、幸福感和安全感。通过改善农村交通物流设施条件、加强乡村设施网络建设、构建乡村现代能源体系和信息网络基础，提升乡村基础设施水平。通过拓宽就业渠道、强化乡村就业服务等措施，提升农村劳动力就业质量。通过优先发展乡村教育事业、推进健康乡村建设、加强社会保障体系建设，提高乡村公共服务水平。

8）顺应城乡融合发展趋势，重塑城乡关系，推动资源要素双向流动

推进户籍制度改革，促进农业转移人口有序实现市民化。通过有效的人才政策，推动乡村人才振兴。完善政府投资体制，加快形成财政优先保障、社会积极参与的多元投入格局。创新金融支农服务方式，完善金融支农激励政策。

4.2　第一书记赋能乡村振兴的实质、特点及意义

4.2.1　第一书记赋能乡村振兴的实质与特点

与以往相比，在实现精准脱贫和实施乡村振兴战略中，第一书记驻村帮扶的有关制度安排，是我国在新时代中国特色社会主义建设中"三农"工作的新举措和制度创新。它的实质和主要特点是：

1）第一书记赋能乡村振兴的实质

回顾"三农"工作的历史，以土地经营制度、农业税收、户籍制度、社会保障、扶贫政策为主要依据，可以将农业农村的发展划分为四个阶段：第一阶段，农业社会主义改造后到改革开放以前。这一阶段农业农村实行的主要政策是：土地等生产资料归集体所有，生产以队为基础，对土地等资源进行集体经营和管理，在村民中平均分配农业生产剩余产品，农民按照上级下达的指标缴纳公粮等农产品作为农业税；农民居住在农村，拥有农业户口，不能随便迁徙；农村没有建立社会保障和医疗保险制度，只有赈灾救济制度而没有扶贫制度。第二阶段，改革开放后，农村实行家庭联产承包责任制。土地归集体所有，农民承包经营，按照合同约定缴纳农业税，剩余归农民个人所有；开始打破户籍制度限制，符合条件的农业户口可以转为城镇户口。这个阶段农村社会保障和医疗保险制度尚未建立。第三阶段，继续深化土地制度改革。在这个阶段，土地制度继续完善，农业税被取消，国家给予农业生产补贴；户籍制度的制约进一步被打破；社会保障制度开始惠及农民，农村医疗合作制度开始建立。国家大力开展社会主义新农村建设。第四阶段，继续深化土地制度改革和乡村振兴阶段。在这个阶段，完善农村土地制度；开展精准扶贫，脱贫攻坚，实施乡村振兴战略，建立新型农业产业，向现代化农业发展。第一书记驻村帮扶是在我国继续深化农业农村管理制度改革中加强"三农"工作的新举措，实质是新时代新型干部驻村帮扶。

第一书记驻村帮扶精准扶贫和赋能乡村振兴，不同于20世纪60年代和70年代的知青下乡，也不同于以往的工作组派驻农村。简单地说，第一书记驻村帮扶具有明确的政

治、经济、社会治理等任务。20世纪60年代，大批知青响应党的号召，到农村接受再教育，到农村、农场和偏远山区与农民同吃同住同劳动，把青春奉献在农村这片土地上。这种大规模的知青上山下乡运动，是一种以知识青年下乡接受再教育为目标的运动。第一书记驻村帮扶也与干部下乡驻队（生产队）有一定的差别。20世纪70—80年代，我国各地都有许多机关干部和技术骨干被派到农村驻队工作，工作的目的也有差异，有的是开展政策指导的，有的是帮助群众抓生产技术的，有的是做调研的，有的是协助完成阶段性工作的。他们在农村社会经济发展中起到了一定的促进作用，但是没有形成全国性的干部驻村帮扶制度。因此，这些阶段的驻队干部政策和今天的第一书记驻村工作制度存在着显著的差异。有人把当下第一书记驻村工作制度与20世纪80年代前的干部驻队指导农村工作相提并论，这是对当下脱贫攻坚和乡村振兴战略背景下驻村干部制度理解不深入、认识上产生的偏差。第一书记驻村制度无论是政策的背景还是第一书记驻村工作的任务，无论驻村第一书记选派条件还是工作环境，与之前的制度相比都是迥异的。

第一书记是在一些农村出现基层组织涣散、乡村治理出现不力、集体经济薄弱、生态环境恶化背景下，由上级组织部门在国家机关和企事业单位的干部中选派优秀人员，到经济薄弱村、组织涣散村做帮扶工作，他们执行建强基层组织、推动精准扶贫、为民办事服务、提升治理水平等任务，在精准扶贫精准脱贫中积极推动乡村振兴。

2）第一书记驻村帮扶赋能乡村振兴的任务艰巨

第一书记在乡村振兴战略指导下，与乡村干部共同谋划发展，积极赋能乡村振兴，其主要特点是担负的责任大、面临的任务艰巨。

第一，脱贫攻坚任务艰巨。脱贫攻坚为全面建成小康社会扫除障碍，也为乡村振兴战略的开展奠定坚实基础。虽然我国在20世纪末已经解决了温饱问题，但是，在广大落后的农村还存在着大量的贫困人口，他们的基本生活水平还处于十分低下的状态，有的在基本生活需要方面还得不到保障。这与全面建成小康社会的目标要求相差甚远。在全国政府机关和企事业单位选派优秀的干部到乡村担任第一书记，正是为了加强精准扶贫，切实贯彻落实党的精准脱贫政策，努力做到在我国全面建成小康社会的道路上不落下一个人。

第二，建强基层组织与实现治理有效存在巨大困难。改革开放以来，市场经济迅速发展，一方面给农村经济发展带来了动力和活力，另一方面一些错误的思想观念也腐蚀侵害了部分干部群众，造成了基层组织软弱涣散，乡村治理能力弱化。一些村的党组织没有凝聚力，组织生活制度不健全，不能发挥乡村治理和经济发展等方面的领导作用，降低了人民群众对党的信任和支持，部分基层组织的乡村治理能力也几乎丧失。第一书记驻村帮扶需要解决基层组织涣散薄弱问题。第一书记被委以重任，加强基层组织制度建设，促进产业发展和乡村治理，加强服务群众。作为一种科层组织嵌入，第一书记被寄予期望通过嵌入基层组织来建强基层组织和提升乡村治理水平。第一书记在建强基层组织和提升乡村社会治理水平中，必然遇到诸多严峻的困难。

第三，第一书记发展产业的巨大挑战。乡村振兴战略的基础是产业兴旺。精准扶贫离不开产业扶贫。巩固脱贫成果需要产业兴旺作支撑。这表明了第一书记需要通过产业发展壮大农村集体经济。乡村产业振兴带动经济振兴，经济振兴可以让乡村人民获得更多的收入，可以让农民分享到更多的发展红利，进而增强人民群众对党和政府的信任，密切党群关系，使其更加坚定地跟党走，在党的领导下奔向小康社会。但是，发展产业需要科学规划产业项目，需要投入资金和大量人力资源，这些对第一书记来说都是巨大挑战。

第四，第一书记治理生态环境存在着巨大困难。壮大集体经济是当前乡村经济发展的一项重要工作。由于资源、人才、资金、技术管理等方面的制约，集体经济力量薄弱，严重影响了乡村其他社会事业的发展，也使得乡村生态环境治理缺乏资金支持，由于乡村居民住宅的分散性，乡村环境治理遇到资金、技术和环境的制约，乡村环境治理难度大，生态保护任务重，治理效果不明显。加之地方政府为了追求经济快速增长，对生态环境治理投入不足，很多农村集体经济自身缺乏财力。改变这种状况的一条基本途径就是振兴乡村产业，以产业发展带动经济、文化发展和生态环境治理进而实现乡村全面振兴。

4.2.2　第一书记赋能乡村振兴的意义

实施乡村振兴战略，是解决新时代我国社会主要矛盾、实现"两个一百年"奋斗目标和中华民族伟大复兴的必然要求。第一书记赋能乡村振兴主要有以下四个方面的重大意义：

第一，有利于建设现代化经济体系，促进农业农村现代化。农业，包括农、林、牧、渔，为国民经济生产体系提供农产品等基本生活资料和生产资料，是其他产业发展之基础，国家安定之本，人民幸福之源，是国家现代化经济体系的主要组成部分。在现代化经济体系中，产业体系决定着经济结构体系，对于经济高质量发展具有决定性意义。只有建立农业产业现代化，才能提高农业生产效率，才能牢牢把握住农业基础。为此，需要深化农业供给侧结构性改革，构建现代化农业产业体系，实现一二三产业深度融合发展。乡村振兴战略是我国实现第二个百年奋斗目标、建成现代化强国的战略规划之一，对于实现国家富强、民族复兴梦具有十分关键的作用。一个富强民主文明和谐美丽的现代化国家，离不开现代化的乡村，只有乡村与城市协调发展，才能实现国家的现代化。落后、衰败、贫穷的乡村，不可能培育出现代化的农业，在落后的乡村也产生不了现代文明社会，农业不发达也就不能为现代化工业和城市提供必要的物质基础。第一书记赋能乡村振兴，正是适应了农业农村现代化的需要。因此，对于促进我国"三农"工作和实现第二个百年奋斗目标意义重大。

第二，第一书记赋能乡村振兴有利于建设美丽中国。美丽中国建设以生态美为基础，构建集物质文明、政治文明、精神文明、社会文明和生态文明于一体的美丽国家。其中，生态文明是一个关键因素。建设美丽中国，离不开建设生态文明。而生态涵养基础在乡村，生态系统主要存在于乡村，乡村是生态环境保护的主战场。因此，保护生态环境重点是保护乡村生态环境。乡村振兴中，把建设生态宜居作为核心，也是生态系统保护的必然要求。第一书记驻村帮扶，加快推行绿色发展，深入开展环境整治，努力构建人与自然和谐共生的乡村发展新格局，实现乡村百姓富与生态美的和谐统一。

第三，第一书记赋能乡村振兴有利于传承中华优秀传统文化。传承中华文明的优秀传统文化，关键在于深挖乡村优秀思想观念、道德规范和人文精神，并在新时代中国特色社会主义建设中创新发展。其集中体现为乡风文明。文明的乡风，良好的乡风，具有引领向善、民风淳朴、行为规范、安定人心、凝聚力量等方面的积极作用，是美丽乡村的一面镜子，是乡村振兴的动力源泉，也是乡土社会的文化内核。实现乡村振兴，不仅要让乡村农民富起来，还要让农民精神生活丰富起来，让农民真正地成为人们向往的面貌一新的职业。事实说明，乡风文明建设好的地方，乡村建设做得好，乡村就比较发达。

第一书记驻村帮扶推动乡风文明建设，除了保护和发扬优秀民间文化，使优秀民间文化活起来、传下去，让良好的优秀传统发扬光大，还要对陈规陋习、落后观念、不良习惯、错误思想进行教育、改造，做到移风易俗，革除陋俗。在乡风文明建设中，积极推动传承良好家风、古朴民风，发扬尊老爱幼、邻里友善、互助互敬、淳朴厚道等优秀传统，在社会主义核心价值观的指导下对乡村优秀传统文化加以创新和发展，与时俱进，建设适应现代化社会的乡村风貌。

第四，第一书记赋能乡村振兴有利于健全现代社会治理体系。乡村社会是我国重要的治理领域，受到多种因素的影响，它仍然是社会治理薄弱的环节。由于乡村社会人数众多，关系复杂，各种利益矛盾相互交织，加上乡村社会地域广阔，贫富差距大，宗族势力宗教思想影响深广，往往会产生一系列的社会问题。乡村社会治理是实施乡村振兴战略的一个重要方面，其内容主要是基层组织建设、乡村公共服务、环境治理、平安乡村建设、民主自治、乡风文明建设等多个方面。

目前，第一书记驻村帮扶下的基层党组织建设取得了显著成效，基层党组织的领导作用加强，村民自治程度显著提高，村级议事协商制度得到完善，广大乡村治理能力和治理水平取得了显著的提高。

4.3　第一书记驻村帮扶的任务与重点

精准扶贫和脱贫攻坚是乡村振兴战略中的一个十分重要的内容。党中央指出，在2020年完成脱贫攻坚任务后，要做好巩固拓展脱贫攻坚成果同乡村振兴有效衔接，解决农村相对贫困和促进乡村全面振兴成为一项紧迫的任务。第一书记作为一支拥有外部资源的有知识、有能力的高层次队伍，被赋予了促进乡村全面振兴的历史使命和职责任务。结合乡村振兴战略规划，第一书记的职责任务在脱贫攻坚任务完成后，继续驻村帮扶赋能乡村振兴，因而其职责任务与精准扶贫时期相比既有相同之处又有所区别。

4.3.1　乡村振兴中第一书记驻村帮扶任务

脱贫攻坚取得胜利后，我国全面建成小康社会，乡村振兴战略全面展开。根据乡村振兴战略规划和要求，第一书记在驻村帮扶中一方面接续承担以前的部分主要职责任务，另一方面还要强化乡村振兴引领，围绕乡村振兴战略负起帮扶职责。一个重要的变化是，第一书记在精准扶贫精准脱贫中以精准脱贫打赢脱贫攻坚战为首要任务，脱贫攻坚任务完成后，要积极推进全面乡村振兴战略。

1）推动全面实现乡村振兴

长期以来，贫困问题是困扰中国人民的一个严峻问题。新中国成立之初，贫困与落后是我国的基本国情。从那时起，我国就开始了反贫困、实现共同富裕的艰苦探索。到20世纪80年代至90年代末，我国进入大规模开发式扶贫阶段。进入21世纪后，在党中央、国务院的部署下，顺应时代发展和经济腾飞的步伐，国务院印发《中国农村扶贫开发纲要（2001—2010年）》，中共中央、国务院印发《中国农村扶贫开发纲要（2011—2020年）》，进一步完善农村立体化扶贫系统，推动扶贫事业的发展。党的十八大以来，我国进入精准扶贫精准脱贫的攻坚阶段。2013年，习近平总书记首次提出精准扶贫新理念。2015年11月29日，中共中央、国务院通过了《关于打赢脱贫攻坚战的决定》，这是一个指导脱贫攻坚的纲领性文件，它把精准扶贫、精准脱贫作为基本策略，提出了到2020年，确保我国现行标准下农村贫困人口实现脱贫、贫困县全部摘帽。2018年6月发布《关于打赢脱贫攻坚战三年行动的指导意见》，部署未来三年脱贫攻坚的方案。这些文件和政策都强调了精准扶贫和脱贫攻坚问题，成为指导各方面工作的纲领。因此，在全面建成小康社会之前，围绕精准扶贫精准脱贫，第一书记驻村帮扶应当而且必须把打赢脱贫攻坚战作为重点，抓党建促脱贫，发展产业促脱贫。在打赢脱贫攻坚战的过程中，精准扶贫精准脱贫是第一书记的首要职责任务。

2020年，我国如期打赢脱贫攻坚战。但是，脱贫人口因为自身的原因和不可预期的因素存在着返贫风险。贫困户在脱贫后，收入从贫困线下走出来，成为脱贫户，但大部分人的收入处于相对低收入水平，收入增长缓慢，需要增加收入，稳定收入增长，实现长期稳定脱贫。提高低收入家庭的收入水平，建立巩固拓展脱贫攻坚成果的长效机制，是今后我国"三农"工作的一项长期任务。在巩固拓展脱贫攻坚成果中，第一书记负有重要的责任。

打赢脱贫攻坚战后，实现脱贫攻坚和乡村振兴的有效衔接，巩固脱贫攻坚成果和促进乡村振兴，是第一书记的重要职责任务。脱贫攻坚与乡村振兴是我国"三农"工作的两个有内在联系的阶段性战略任务，乡村振兴战略统领全局，脱贫攻坚统一于乡村振兴战略中。在脱贫攻坚阶段精准扶贫精准脱贫工作具有突出的阶段性、紧迫性，因为它关系到我国到 2020 年实现全面建成小康社会的战略目标。乡村振兴是将我国全面小康社会推向新的战略目标和彻底解决"三农"问题的根本途径。

为了巩固脱贫攻坚取得的成果，在打赢脱贫攻坚战后，贫困户摆脱了贫困成为脱贫户，一些脱贫户实现了脱贫致富，但是，一些脱贫户存在返贫风险。脱贫户能否避免返贫，还要看干部帮扶效果。因此，第一书记驻村帮扶任务是实现巩固拓展脱贫攻坚成果同乡村振兴有效衔接。

2）构建现代农业体系

我国农业发展水平总体上较低，现代化农业发展不足，现代农业体系还没有建立，农村经济薄弱地区广泛存在，农民收入水平总体不高。农业不强会危及我国粮食安全。农民不富会影响广大农民对美好生活的需要和愿望，影响广大农民对党的信任，妨碍党同人民群众之间的密切联系。这些问题也是党中央十分重视"三农"问题的主要原因。

根据《乡村振兴战略规划（2018—2022 年）》对于农业发展近期和远期目标规划，促进现代农业体系和现代化农业发展是今后一段时间内农业产业发展的主要任务。第一书记必须把推进现代农业体系建设和加快农业现代化的步伐作为中心任务，紧紧围绕产业振兴，发挥自身在知识、社会资源等方面的优势，围绕发展现代农业开展相应的工作。

实施乡村振兴战略，重点是产业振兴，首要的任务是以产业兴旺为目标，建设高质量、高效益、生态化、现代化的农业。产业兴旺则百业兴旺，一荣俱荣，具有拉动作用和辐射功能。这就需要面向新需求、创造新供给、培育新业态，继续开展农业供给侧结构性改革，创造农业发展新动能。

建立现代农业体系，要以高科技发展农业，采用信息化、集约化的方式，把农业打造成为集高科技、集约化、高效率的农业生产体系，充分实现一二三产业融合。第一书记在发展现代农业生产体系中可以利用自身的资源和知识优势，积极推进农业现代化，促进农村产业兴旺。例如，嘉善县马家桥村第一书记利用电商平台，在邮政系统和农商银行的支持下，使该村生产的滞销农产品通过电商平台销售，取得巨大成效。该村年产甜瓜 10 000 多吨，但是，由于销售渠道少，瓜农不会利用电商平台，导致产品大量滞销。该村第一书记到任后，举办农村电商培训，提升销售技能，大大促进了销售。该村第一书记还发挥派出单位优势，通过"高端农业项目招引""党建+电商"方式帮助村里拓宽发展思路。2018年该村实现网上销售8 000多吨，线下销售3 000多吨。

推动和促进农村产业振兴，是第一书记在乡村振兴战略实践中的任务和使命。在振兴产业中，以富民强村为目标，帮助村委深入调查资源优势，盘活农村资源，制定发展规划，培育"一乡一品"富农产业，力争推动建设一个乡镇经济发展项目或村致富产业项目。对于集体经济薄弱村，驻村第一书记工作重点是做好产业规划，积极争取项目资金，运用好有关政策，发挥本地资源优势，推进乡村特色产业项目建设，科学规划集体产业，推进现代农业产业发展，增强村集体经济"造血功能"。农村要振兴，必须振兴产业。只有发展高效农业、特色农业、现代农业，才能够增强农村集体经济实力，增强农业保障国家粮食安全的能力。

壮大集体经济是发展现代农业的结果，也是建设美丽乡村、富饶乡村的基础。集体经济强不强，关键看乡村产业发展的情况。第一书记在驻村工作中，紧紧抓住农村集体产权制度改革契机，充分利用土地确权成果和各级财政扶持补助资金，通过创办实体、合作开发、参股经营、租赁承包和服务"飞地经济"等多种方式，发展壮大村集体经济，帮助村级集体实现稳定的集体经济收入，把集体经济建强建壮，进一步增强村集体经济实力和提升服务群众的能力。

3）完善基础设施，建设宜居宜业和美乡村

建设美丽乡村是美丽中国的重要组成部分。所谓美丽乡村，是指我国正在建设的以提高乡村居民生活质量、提升乡村居民幸福感、缩小城乡差距、推进美丽中国建设的新型乡村，它具有生态与环境美（生态宜居）、生产美（产业兴旺）、精神美（乡风文明）、生活美（生活富裕）、和谐美（治理有效）的特征。美丽乡村建设是集产业、生态、乡风、治理和生活多方面建设于一体的综合过程。由于生态文明在美丽乡村建设中的核心作用，通常可以把美丽乡村建设理解为以生态宜居为特征的美丽乡村建设，简称为生态宜居美丽乡村建设。美丽乡村的本质也是在产业兴旺发达基础上的生态美好乡村。党的二十大提出全面推进乡村振兴，着力建设宜居宜业和美乡村，进一步深化和明确了美丽乡村建设目标，为乡村振兴作出新的战略部署。

中国要美，乡村必须美；中国要富，农民必须富。我国农村地区和农村人口占我国疆土和人口的绝大部分，即使在城市化获得高度发展的情况下，农村人口仍然占40%

以上的比例，因此，把我国建设成为美丽中国，离开美丽乡村建设是不可能实现的。党的十九大报告中，中央提出的"紧扣我国社会主要矛盾变化……坚定实施科教兴国战略、人才强国战略、创新驱动发展战略、乡村振兴战略、区域协调发展战略、可持续发展战略、军民融合发展战略"，其中，乡村振兴战略把生态宜居作为乡村振兴的重要目标，为建设美丽乡村提供了政策依据。第一书记要以乡村振兴战略为指导，加强美丽乡村建设规划和实施，努力把农村建设成为宜居宜业的社会主义富裕、和谐、美丽的现代化农村。

党的十八大以来，我国开展美丽乡村建设取得了许多巨大的成就，一些落后地区，已经建设成为环境优美、产业发达、特色突出、美丽富裕的乡村，涌现了浙江安吉、福建长泰、贵州余庆等美丽乡村建设先进典型，农村公共服务水平得到提高，农民生产生活条件得到改善，取得了成功的经验。但是，也存在着一些问题，例如，农村公共服务资源配置效率不高、管理水平不高等问题，很多乡村需要继续加快和拓展美丽乡村建设。为了加快美丽乡村建设，需要对既有的成功经验进行总结，对存在的问题进行分析，探索更加适合各地建设美丽乡村的模式和路径。开展美丽乡村创建活动，需要在建设习近平生态文明思想指导下，以生态宜居为核心，构建生态宜居、宜业、和谐幸福的美丽乡村，为农村居民营造生态美、环境美、社会和谐美的富裕乡村，使农民热爱乡村，市民向往乡村，社会共建乡村。

党的十九大报告中提出"五位一体"的乡村振兴战略，为美丽乡村建设提出了目标要求。建设美丽中国，既包含建设美丽城市，也包含建设美丽乡村。由于城市具有的政治、经济、文化、环境投入等方面的优势，城市可以获得由政府和民间大量投入的建设资金用于城市发展，因此，城市更加容易获得建设资金，更加容易变成美丽城市。但在乡村，由于村庄分散，大部分村民从事农业种植养殖，如果没有政府规划和投入资金，那么在农村建设宜居宜业和美乡村是一件十分困难的事情。一个美丽的中国不可能只有美丽的城市而没有美丽的乡村。城市和乡村协调发展才能够为中国经济可持续发展提供永续动力。

推动宜居宜业和美乡村建设，是第一书记推进实施乡村振兴战略的重要抓手，也是第一书记在驻村工作中的重要任务。紧紧围绕生态宜居的要求，把落后的乡村、环境差的乡村建设成为宜业宜居的乡村，第一书记需要整合资源，争取资金，加大基础设施建设投入，加强环境污染整治，做好乡村生态环境的治理保护。

第一书记配合村委干部，谋划宜居宜业和美乡村建设途径，寻求财政建设资金和社会资源，促进乡村基础设施的不断完善。第一书记促进乡村基础设施建设，主要从几个方面着手：一是农村道路交通。争取财政建设资金，对农村道路进行改造和建设，硬化路面，实现"村村通"和"户户通"。二是水利设施建设。对于农田水利设施开展修建完善，修建农村饮用水管道，使村民喝上无污染的安全水。对农村的水塘沟渠进行污染整治，确保水质优良。三是修建农村文化娱乐设施，给村民提供良好的文化活动和娱乐活动场所。四是电力、网络通信等基础设施建设，推动农村信息化、网络化，为村民提供优良的电力供应网络，推进信息网络畅通。

4）开展讲文明树新风活动，建设与美丽乡村协调一致的乡风文明

乡风文明建设在美丽乡村建设中具有十分重要的地位，是乡村美的一个重要体现。美丽乡村既包含生态环境美、产业兴旺美、生活富裕美，又包含乡风文明美和社会和谐美。党的十六届五中全会提出社会主义新农村建设的要求："生产发展、生活宽裕、乡风文明、村容整洁、管理民主"，把乡风文明作为其中一个重要任务。党的十九大提出乡村振兴战略的实施要求："产业兴旺、生态宜居、乡风文明、治理有效、生活富裕"，继续把乡风文明作为乡村振兴的一个重要方面。可见，乡风文明在美丽乡村建设中的重要性。

乡风文明是对乡村社会风俗习惯、道德观念、思想品质、理想信念等精神文明的具体体现，是构成乡村社会文明的一个基本要素。它反映了一个乡村地域人们的精神风貌，不能够用金钱来衡量，具有不可估量的社会价值。在美丽乡村建设中，乡风文明建设是农村精神文明建设的核心。乡风文明建设本质在于乡村精神文明建设，包含了文化、习俗、道德、信念、理想等方面的价值提升。在新时代中国特色社会主义建设中，乡风文明建设必然是在社会主义精神文明主导下，把社会主义核心价值观融入乡风文明建设中，成为人们的情感认同和行为习惯。

强化乡风文明建设，主要通过教育引导、实践养成、制度约束等方式，使乡村居民自觉地继承并发扬具有新时代意义的文化传统、良好的风俗习惯、高尚的道德品质、崇高的理想信念、端正的行为品德，做到爱国爱党、尊老爱幼、遵纪守法、睦邻友好、家庭和谐、遵守公德、公正公平、守礼谦让、爱护公物等。

建设乡风文明，第一书记肩负重要职责，这是第一书记在乡村振兴中不可忽视的任务。第一书记具有较高的文化知识水平，因此，其要成为乡风文明的宣讲员、引领者和推动者。

5）建强农村基层组织，努力把村党组织建设成为坚强的战斗堡垒

农民富不富，关键看支部。农村基层组织在乡村振兴中的作用在于它是农村各项工作的组织者、领头雁、管理者。农村基层党组织是由农村党员干部群众组成的一个有远大理想追求、先进思想和奉献精神的优秀队伍。这支队伍的思想状况和行为作风，对党在农村群众心中的地位、威望和影响具有关键作用，也对乡村振兴战略的成败具有十分重要的影响。农村社会经济发展和文化教育、生态环境保护，都要在基层党组织的领导下进行。一个优秀的强健的村党组织才能治理好发展好乡村，才能把党和国家的"三农"政策宣传好、落实好。正是因为村党组织在国家治理中具有的独特地位和作用，党中央一直十分重视村党组织建设。为了建强基层党组织，党中央决定选派优秀干部到村任第一书记，加强基层组织建设，完善基层组织各项制度，目的只有一个，就是要把基层党组织建设成为一个坚强的战斗堡垒。

6）完善乡村治理体系，推进乡村治理效能

在我国，城市化发展迅速，农村人口加速向城镇人口转化。对于乡村来说，乡村治理制度完善与否，关系到群众的生产生活各个方面，是他们能否实现对美好生活需要的关键因素。第一书记在驻村工作中，与乡村干部一起共同加强对农村社区的治理。具体要求：一是强化党的领导为根本，帮助健全村"两委"运行机制，完善并推行"四议一审两公开"制度，积极推进村务财务公开，规范村级组织权力运行，推行村级事务阳光工程。二是全面建立村务监督机制，依法完善村党组织领导下村务监督机制。三是围绕开展"千村美丽、万村整洁"行动，推动农村人居环境明显改善，积极推进美丽乡村建设。四是结合扫黑除恶专项斗争，充分发挥农村基层党组织和党员在整治黑恶势力、宗族势力、村霸干扰、邪教侵蚀等问题中的作用。五是完善村规民约，打造新时代乡村思想道德建设阵地，推动形成安居乐业、安定和谐的良好局面。

7）提高为民服务能力和服务水平

为民办事服务是党和政府服务乡村群众的需要，是加强党群联系和实现群众路线的基础。农村社区群众在生活中遇到各种各样的事情，面临种种困难，如户口迁移、建房

审批、幼儿入托入园、养老、大病医疗保险报销、出行、教育、就业、用水用电等，都是群众最关心、最直接、最急盼的事情。第一书记驻村工作除了做好党建、扶贫、发展产业和乡村治理外，还要对群众的基本生活需要提供帮助，做好群众民生事项服务。加强对低收入群众、留守儿童和妇女、老年人、残疾人、五保户等人群的关爱，帮助他们解决生产生活中的突出问题。

4.3.2　乡村振兴中第一书记驻村帮扶重点

第一书记驻村制度从实践探索到确立经历了十余年，取得的成绩显著。在以精准扶贫和精准脱贫为基本目标的指导下，广大驻村第一书记在当地乡镇党委的率领下，积极开展了一系列脱贫攻坚行动，为打赢脱贫攻坚战做出了突出贡献。进入 2021 年以后，根据中央的部署，第一书记驻村帮扶工作重点具有以下几个方面：

第一，第一书记在各级党委领导下积极开展巩固拓展脱贫攻坚成果同乡村振兴有效衔接，在支持政策不变和支持力度不减的要求下，积极实施乡村振兴战略，通过强化外部支持和激活乡村内生动力，营造乡村振兴的基本环境。

第二，发展乡村产业，推进产业振兴和产业兴旺。在乡村振兴战略中，产业振兴是基础，处于核心和关键地位，是其他四个方面的龙头。因此，第一书记需要把打造高质量农业、发展现代农业、推进生态农业作为乡村全面振兴的重要抓手，作为巩固脱贫攻坚成果的有力举措。在实施乡村振兴战略中，为解决我国农村发展中的"三农"问题，第一书记要积极推进城乡融合发展，解决城乡发展不平衡问题，实现产业兴旺和生活富裕。同时，要围绕乡村治理有效这个目标，建立健全党委领导、政府负责、社会协同、公众参与、法治保障的现代乡村社会治理体制，实现乡风文明、治理有效。

第三，建立现代农业体系，要把农业绿色发展作为主要任务。发展生态农业、绿色农业作为农业绿色发展的主要途径。同时，促进一二三产业融合发展，跨越产业原有的界限，把农业发展成为集农业生产、产品加工和网络市场营销于一体的现代农业体系。这是第一书记在乡村振兴战略中一个十分重要的任务。

第四，推进生态文明建设，完善基础设施。第一书记加强对乡村资源环境的调查分析，找到资源优势，与乡村干部共同谋划发展，将农村的自然环境保护与生态农业发展有机结合起来。以生态宜居为目标，开展农村人居环境整治，扎实推进美丽乡村建设。

协调和整合基础设施投资资金，完善农村基础设施条件，加快道路硬化，打通乡村道路"最后一公里"，实现"村村通""户户通"。完善乡村网络设施，实现互联网全覆盖、无死角。加强乡村规划，实现村容整洁、生态美观。

　　第五，第一书记继续加强基层党组织建设，提高为民服务能力。推进基层组织建设，加强社会治理体系和治理能力现代化，为乡村社会创造良好的和谐的营商环境。完善公共服务体系，提高乡村教育、医疗、养老、卫生保健服务、乡村公共服务水平。发扬乡村优秀传统文化，满足农民对精神文化生活需求，从而满足其对美好生活的追求。

5 嵌入治理视角下第一书记赋能乡村振兴的实践困境

在我国精准扶贫过程中，第一书记驻村帮扶从部分省的实践创新到形成全国普遍推行的政策与制度。随着实践的不断扩大和深入，第一书记驻村制度所产生的社会影响和作用也越来越显著。许多学者认为第一书记驻村帮扶实践是一个嵌入式的治理过程。在脱贫攻坚的过程中和在乡村振兴战略的实施中，第一书记通过嵌入治理与驻村帮扶实践，对乡村振兴产生了积极影响，促进了精准脱贫和乡村振兴。本章主要以嵌入治理为视角，分析嵌入治理理论和第一书记驻村帮扶嵌入治理实践路径，并对第一书记驻村帮扶嵌入治理实践的困境进行研究。

5.1 嵌入治理

嵌入治理理论在分析社会经济行为中具有重要的意义，自从该理论提出以来受到了学术界的广泛关注，并被运用到社会经济行为分析中。嵌入治理理论是嵌入理论与治理理论结合的产物。以嵌入理论为出发点，分析第一书记驻村帮扶中嵌入实践问题，对于解释第一书记驻村帮扶实践具有重要价值。

5.1.1 嵌入理论及第一书记嵌入问题的研究

嵌入理论主要是由马克·格兰诺维特提出和推广的。格兰诺维特在其著作《经济行动与社会结构：嵌入性问题》一书中，对"嵌入"概念内涵作了分析。他认为，行为和制度是嵌入社会关系中的。他提出了一个嵌入性分析框架，把嵌入分为结构嵌入和关系嵌入。他认为，结构嵌入体现了行为主体之间关系结构特征，比如主体在网络结构中的中心性和联结性，受来自社会整体文化、价值观等因素的影响，由多个经济主体组成的关系网络嵌入更加广泛的社会结构中。结构嵌入关注的是关系网络中主体之间关系的整体结构。关系嵌入描述的是行动者之间的相互关系的性质，行动者嵌入到其所在的关系网络中，并受其影响和决定。他们的有目的行动的尝试是嵌入于具体的、持续运作的社会关系体系中的。

研究者把嵌入理论应用到社会科学领域，发展出政治嵌入、文化嵌入、认知嵌入等理论。嵌入理论改变了分散割裂型模块的分析方法，提倡在社会科学的各个领域之间互相嵌入，也为分析社会问题、治理问题提供了有用的工具。

基于嵌入理论在社会治理上的价值，我国学术界一些研究者在研究中运用格兰诺维特提出的"嵌入"概念和理论分析第一书记驻村帮扶问题。谢玉梅、杨阳和刘震（2019）借用"嵌入"概念，研究江苏宿迁市宿豫区第一书记制度选派落实、帮扶机制及存在的现实问题，认为在实践中，通过政治嵌入和社会关系嵌入实现贫困有效治理。政治嵌入为第一书记提供了制度保障，增强组织凝聚力；社会关系嵌入则通过整合社会网络资源，搭建贫困村的社会网络，提升发展的内生动力。谢小芹（2019）用格兰诺维特的"嵌入"理论，尝试提出了"嵌入式治理"概念，认为国家力量通过第一书记嵌入到村级扶贫实践中，与村党支部书记互相配合，共同实施扶贫。陈国申和唐京华（2015）认为，第一书记介入到基层组织，作为外来帮扶力量，与乡村干部交汇于扶贫领域，相互支持，形成乡村社会发展的"双轨"力量，提升了扶贫绩效。王弢、马雪雁和梁鸿斌（2019）基于北京市农村第一书记培训的实践，研究了嵌入性村干部的知识共同体建构问题，认为第一书记群体普遍存在着群众工作知识薄弱和农村工作技能缺乏的现象，为此，以知识共同体理论和情境学习理论为基础，构建适合第一书记知识更新和技能提升的锥形课程体系，以此指导第一书记培训实践活动。此外，李利宏和郑甜甜（2018）对第一书记驻村扶贫政治行为的嵌入逻辑进行分析，认为党和国家与第一书记之间存在政策嵌入和利益嵌入，第一书记与贫困村之间存在关系嵌入。每种嵌入都对扶贫效果产生影响。可见，学术界很多人以嵌入理论为基础，对第一书记驻村扶贫和帮扶行为进行研究，从而拓展了第一书记制度研究，并取得了一些成果。

5.1.2 嵌入治理理论

嵌入理论为分析治理问题提供了有用的工具。嵌入治理是嵌入和治理的结合，有的研究者称之为"嵌入性治理"或"嵌入式治理"。

1）治理的含义

治理（governance），原意是控制、引导和管理的行动或方式。治理不同于统治。20世纪90年代，西方学者将"治理"与"统治"区别开来，并形成治理理论。学者罗西瑙（2001）比较了"治理"与"统治"概念上的不同，认为与统治相比，治理是个人或组织实行的管理，并以此实现各自的愿望和目标。只有被多数人接受，或者至少被它所影响的少数有权威的人接受，才能产生效果。

治理的权威定义来自全球治理委员会，该委员会于1995年发表《我们的全球伙伴关系》，其中对治理一词作的定义是：治理是相互冲突的或者不同利益开展调和，并采取联合行动实现共同利益的持续过程，其主要特征是协调，不是控制。治理过程涉及治理的主体、主体之间的关系和效果。按照治理的定义，治理意味着国家的权力向社会及公民转移，又称回归，还政于民。政府和公民在公共事务上开展良好合作，共同对公共生活合作管理。治理的目的在于最大限度地实现公共利益，因此，要依靠制度来引导、规范、控制公民的各种活动。

2）治理理论的基本内容

根据已有的研究，可以把治理理论的主要内容归纳为三个方面：（1）治理主体多样化。国家不是唯一的治理主体。这意味着在为社会和经济寻求解决方案中，国家正在把原有的由其独立承担的重任转给公民社会，社会团体和公民正在承担更多的公共利益方面的责任。（2）治理主体之间存在着一定程度上的权力依赖。在涉及集体行为的各个公共机构之间存在着权力依赖。多元主体之间在运行机制上，表现为权力依赖和合作关系，在共同目标下相互信任，共同承担风险。（3）治理的目标和结果是"善治"，即

"良好的治理"，也就是达到公共利益最大化，即通过政府、公民和非政府组织等对社会事务合作治理，以促进公共利益最大化。在公共事务管理中，除了政府发号施令和运用权威外，还存在着其他管理方法，办好公共事务的途径是多样的，不限于政府的权力。但政府有责任对公共事务进行更好的引导。

关于善治的本质，俞可平（2014）认为，善治是一个国家权力向社会公众转移的体现，是政府与公民对公共事务的合作管理。它有六个基本要素：（1）合法性（legitimacy）；（2）透明性（transparency）；（3）责任性（accountability）；（4）法治（rule of law）；（5）回应（responsiveness）；（6）有效（effectiveness）。俞可平认为，善治需要公民对权威的认可及自愿合作。没有公民的自觉参与，没有公民的合作，就不会有善治。也就是说，一个参与度高、合作积极、发达的公民社会是善治的基础。否则，就不可能有真正的善治。

3）嵌入治理及其治理方式

嵌入治理是指一个组织的元素在另一个组织中被有计划地植入，在多元治理主体的协作努力下，从而实现治理的行为及过程。由于嵌入的内容和影响不同，可以把嵌入式治理分为以下几类：正式嵌入治理、非正式嵌入治理；直接嵌入治理、间接嵌入治理；持续性长期嵌入治理、暂时性短期嵌入治理。在嵌入治理中，对于嵌入治理的政治经济和社会领域，主要方式有政治嵌入、关系嵌入、功能嵌入、主体嵌入、制度嵌入等方面。

政治嵌入是指把政府的价值观和目标嵌入到某个特定组织中，通过渗透和影响被嵌入组织的行为实现预定的效果。具有政治权威的组织将价值观和目标嵌入到特定组织时，必然具有政治的权威性，能够有效地影响特定组织并保证其按照政府的意图和要求行动。郝慧慧（2017）研究了社会组织的嵌入性治理问题，认为在政府、社会组织和企业之间存在彼此依赖、互相嵌入关系。政治嵌入通过某些项目合作，达到政府权威的唯一性，消除社会组织对其造成的权威挑战。关系嵌入是指有嵌入关系的两个组织为达成共识，实现某种功能，双方不断地沟通和互动，从而形成了相互依赖的关系。通过这种关系建立起信任合作关系，满足双方需求，促成共赢的结果和局面。功能嵌入是指政府转移某种功能给某个特定组织，将特定组织或团体纳入政府的整个功能服务网络，由特定组织完成公共服务职能，或者解决相应的问题。功能嵌入有利于政府功能转移和角色转换，提高公共服务效率，实现政府所关注的目标。功能嵌入可以促使特定组织参与到社会治理中，是特定组织参与社会治理的有效方式。主体嵌入是指将政府、社会、公众等主体共同嵌入到特定组织或团体的管理中，通过强调政府的组织领导权威，在各个主体相互作用和影响中，实现社会共同治理。制度嵌入是指完善组织的相关制度，嵌入科学合理的制度。制度嵌入对于完善组织管理和发展组织具有十分积极的影响。技术嵌入是指在现代信息技术普及社会各个领域的情况下，将互联网技术、物联网技术、云计算技术、电子监控技术、网络服务技术等，融入社会经济文化活动中，实现社会治理现代化。当前信息技术发展迅速，网络通信遍布各个领域，互联网进入千家万户，在社会治理上，采用现代信息技术发展经济，实现动态化、精准化治理，从而实现治理能力现代化。人才嵌入是指通过人力资源整合，将人才输送到某个部门、单位或者组织机构，所输送的人才通过某种方式代替上级或者原来单位负责某项工作，接受委托开展工作，成为此项工作的代理人。人才嵌入是一种非常有效的嵌入治理方式，不仅为嵌入单位提供了具有一定才能的人力资源，而且会将其社会关系资源带到嵌入单位或组织机构，从而壮大了嵌入单位或组织机构的人才队伍，为提高治理效率和实现某个目标提供了保障。结构嵌入是指政府对社会组织或机构，进行制度设计和结构安排，形成对组织或机构有效的制度约束，确保组织或机构在上级组织的领导下开展活动，实现上级组织的价值偏好和治理规划。例如，规定组织的人员结构、活动规则、会议制度、党建工作制度等，使组织或机构在结构上与政府职能紧密契合。一方面，政府提供结构嵌入实现对组织的有效管理和领导；另一方面，组织或机构由于结构嵌入打破了原来状态，在政府规定的指导和有关制度制约下，与政府达成信任合作关系，因此，也形成了动态的契合关系。

由于嵌入会引起制度、结构等方面的变化，组织机构或单位必然在思想、认知、行为、效果等方面发生相应的变革。其最终结果必然是社会治理体系和治理能力的提升，使社会治理更加趋向于现代化目标。

嵌入治理理论框架如图5-1所示。

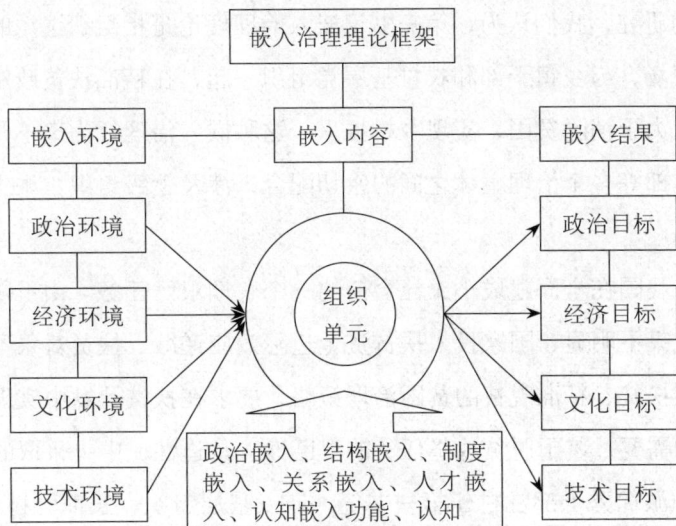

图5-1 嵌入治理理论框架

5.2 第一书记嵌入治理的逻辑与实践

5.2.1 第一书记嵌入治理的理论逻辑

从20世纪80年代开始至今，我国贫困治理已经历40多年，并在2020年即中国共产党建党一百年之际，全部贫困人口脱贫，实现了全面建成小康社会目标。自2013年习近平总书记提出"精准扶贫"重要思想后，扶贫绩效日益提升。源于扶贫开发实践创新的第一书记驻村帮扶，经过长期的实践成为正式的制度。在第一书记驻村帮扶的理论研究中，学术界以嵌入理论为视角取得了重要的成果。谢小芹（2019）在分析20世纪下半期西方新公共管理运动中提出的合作治理概念后，也认为存在国家与社会的二元性问题，并引入"嵌入式治理"概念，从理论上解释扶贫场域中第一书记驻村工作实践路线。陈国申等（2017）在对包村干部、第一书记、大学生村官驻村帮扶工作的分析中，使用"嵌入型村干部"概念，分析了他们作为一种新的外部力量对村民自治产生的直接影响，提出他治与自治内在逻辑冲突问题，并认为避免外来力量与村民自治的冲突是下乡干部所面临的关键问题。

　　结合已有的研究，我们认为，第一书记嵌入治理理论是指组织选派的第一书记直接进入乡村扶贫现场，与乡镇干部和农村基层党组织一起，在精准扶贫政策的指导下，互相配合，共同致力于消除贫困，实现乡村振兴。这种嵌入治理行为离不开上级组织、乡镇党委和村党支部等多个治理主体之间的密切配合，涉及上级组织、派出单位、乡镇党委和村"两委"。

　　扶贫开发是我国在全面建成小康社会前的一个长期艰巨任务。由于以往在扶贫开发中出现了扶贫效果不明显、国家投入扶贫资金边际效应递减、扶贫对象不准等问题，党中央提出了精准扶贫、精准脱贫的贫困治理策略，要求在扶贫开发中实现"六个精准"。适应精准扶贫的需要，鉴于脱贫攻坚任务的艰巨性、紧迫性，中央采取的一个有效措施是从机关单位选派优秀干部驻村任第一书记，嵌入基层组织，长期驻村开展帮扶工作。扶贫开发队伍中有了代表上级组织的"国家队员"。脱贫攻坚实践也证明了第一书记在精准扶贫中发挥了显著的作用。代表上级组织的"国家队员"加入扶贫队伍，成为精准扶贫的准队员，这是一个具有重大意义的举措。而加入扶贫队伍的方式，被很多学者表述为"嵌入"，第一书记驻村帮扶参加乡村治理的行为，被概括为"嵌入式治理"或"嵌入性治理"，我们在此简称"嵌入治理"。在嵌入治理的分析思路及框架下，可以看到嵌入治理的实践路线。

　　第一书记嵌入治理的理论逻辑，首先是基于"国家—社会"关系理论。国家与社会的关系是当今分析社会治理问题绕不开的环节。长久以来，国家与社会被认为是二元对立关系，国家具有治理社会的责任，社会基于国家而存在。国家治理社会常常以二元对立关系存在，只有统一起来才能实现国家的稳定与发展。这种二元对立关系因治理政策的缺陷及其他现实问题的存在一直未能得到有效解决。嵌入治理理论的提出，为解决上述矛盾问题开辟了途径。

　　嵌入治理离不开合作，并通过合作实现治理的目标。因此，嵌入治理被提出的同时，合作治理也被学界加以研究，并且将二者交替使用，可见其含义相当。在某种意义上，嵌入治理更加强调参与主体的聚合方式。20世纪下半叶，合作治理被作为新的概念提出，其主要思想是社会力量作为国家力量的一个补充，对国家政策起到纠偏的作用。这就肯定了在国家治理之外存在着社会力量参与治理的合理性。合作治理也就是协同治理。

在扶贫场域，国家作为贫困治理的主导力量，掌握着扶贫开发战略规划、政策设计和步骤，以及实施中投入资源的制高点，以往的扶贫开发忽视社会力量或者至多把社会力量作为一种补充性的力量，其结果影响了扶贫治理的进度和效力。发挥合作治理的作用，在扶贫场域是一个有意义的举措。蒲文胜（2016）认为，社会的转型要求贫困治理模式由以前的政府主导向多元主体合作治理模式转变，提出了政府、市场、社会组织三方合作模式。在以往的研究中，很少将贫困治理置于国家与社会双重视角下进行思考，难以找到贫困治理的"治根"之策。中国在贫困治理中，一方面扶贫开发自始至终发挥了国家主导作用，这表明了扶贫治贫离不开国家的扶持；另一方面把社会力量融入扶贫治理中，特别是发挥社会自治的作用，社会力量功不可没。谢小芹（2019）认为，只有实现政府与社会的有效合作，贫困治理才能取得更好的效果。基于此，她认为第一书记制度在基层的扶贫实践，是国家与社会二重性而非二元性对立关系的体现。

第一书记嵌入治理的社会基础有四个方面：一是国家自主性。二是农村基层组织的配合，要求乡村组织接纳和包容第一书记，并采取开放的信任的态度配合第一书记开展精准扶贫和乡村振兴的行动。三是需要乡镇党组织的指导和支持，也就是乡镇党组织在处理第一书记与村级组织的关系中，给予他们帮助和指导。四是群众基础，需要村民的积极参与，在村民的有效配合和深度参与下，国家精准扶贫和乡振兴政策才能取得良好效果。

国家将精准扶贫和乡村振兴政策落实到基层，关键在于相应的组织保障，政策经过组织之间有序地逐级传递，最终到达乡村贫困治理和乡村振兴现场。精准扶贫政策的有效落实，需要建立一个畅通的信息网络，在中央和地方之间实现信息在扶贫主体之间流动。扶贫主体有政府各级扶贫工作人员、第一书记、村"两委"干部，扶贫对象是贫困户。作为执行国家扶贫政策的代理人，扶贫主体掌握着扶贫资源分配权，掌握着政策的解释权和上级对下级扶贫工作的监督权。驻村干部或第一书记的角色，是作为上级组织嵌入基层组织的代表，是被嵌入到扶贫场域中的主体。村民自治制度和乡土关系逻辑会使乡村干部在一定程度上对国家选派干部嵌入村级社会治理产生抵制情绪，因而对第一书记嵌入乡村社会治理的效果会产生不利因素。以往扶贫资源到了乡村后，由于多方利益博弈，国家扶贫政策资源常常被"精英"俘获。第一书记嵌入后可能使这种"精英"

俘获国家扶贫政策资源的现象受到遏制，因而，基层干部对于第一书记嵌入行为有某些抵触。为了提高扶贫资金的使用效率，需要在基层政府与乡村社会之间建立嵌入性的协商治理机制，建立起政府与乡村社会的互动接点，通过自上而下、由外而内的科层组织体系嵌入、人才嵌入等，实现政府对乡村社会的有效干预。精准脱贫任务需要通过不断地嵌入组织、关系、政策、人才等才能顺利实现。

5.2.2　第一书记嵌入治理方式与效果

在嵌入方式上，国家有关部门制定发布的《通知》，成为各地开展选派干部驻村帮扶的政策依据。省、市、县委组织部门经过层层把关和严格筛选，将优秀干部派到组织涣散村、经济薄弱村、建档立卡贫困村。按照《通知》要求，选派干部务必与村民同吃住，切实与村民打成一片，融为一体，他们的人事关系仍然在派出单位，但是，组织关系必须转到乡镇，成为村党支部的一员。第一书记来自派出单位，被上级组织安排到乡镇或村，这种外部力量进入一个组织单位的嵌入方式之所以能够行得通，关键在于国家制度优势和组织体系保障的作用，特别是党的领导作用。

1）第一书记嵌入治理方式

第一书记驻村帮扶的出发点在于通过组织嵌入和人才嵌入，加强乡村基层组织建设，把基层党组织建设成能够坚定执行强农惠农富农和乡村振兴政策的乡村领导组织，解决乡村基层组织存在的"软弱涣散"的问题，重拾群众路线，密切党群联系，强化党和国家的乡村根基。第一书记肩负这样的职责使命从党政机关和企事业单位来到脱贫攻坚和乡村振兴现场，全面开展驻村帮扶。第一书记在精准扶贫和乡村振兴中形成的嵌入方式和途径主要有：

组织嵌入。第一书记将组织关系转到所在帮扶乡村，成为村党组织的一名党员，履行党员义务和职责，在村级党支部过组织生活，有的担任村党支部书记，这种在组织上加入村党支部的行为，强化了基层组织队伍，壮大了基层党组织。第一书记与村里的干部群众是帮扶关系，在帮扶中第一书记给村党员干部带来思想观念、工作作风的影响，村党员干部在思想觉悟、认识水平、群众观念、服务意识等方面得以提升。

关系嵌入。第一书记驻村后，由于第一书记加入村党支部，村基层组织结构发生了一些变化。在村基层组织中，第一书记与村"两委"之间既是合作共治的关系，又是指导与被指导、帮助与被帮助和相互协作的关系，以及村基层组织为主和第一书记为次的关系。作为上级组织的代表，肩负着上级赋予的各项职责任务，尤其是建强村党组织、发展产业、精准扶贫、服务群众等，不仅要积极落实各项任务，而且要发挥重要的协助、指导、监督作用，抓党建促进脱贫，把基层党支部制度建设落实到实处。在精准扶贫中，做到认真负责地开展精准识别、精准施策、精准脱贫，严格执行中央的有关政策。这对于村干部的思想观念和工作作风产生了巨大的影响。

资源嵌入。一方面，为了配合和支持第一书记驻村帮扶工作，市、县有关部门和机构例如扶贫办（现为乡村振兴局）设立了配套资金，用于发展扶贫项目，促进扶贫产业发展，推动美丽乡村建设，对基础设施加大投入规模，以及开展环境整治等；另一方面，第一书记利用派出单位的资源和个人社会关系，给乡村引来项目资金，有的开展教育扶贫，有的开展文化扶贫，这些都从社会扶贫的角度给所驻乡村带来了资源输入，有效地促进了精准扶贫和乡村振兴。

人才嵌入。乡村大部分年轻的劳动力纷纷到城市就业，他们到了城市就业后就很少返回乡村居住，回乡创业的年轻人数量较少，农村老龄化、空壳化、妇幼化趋势明显。第一书记大多数是从事行政管理的人员，也有很多人是来自企事业单位的优秀干部。他们到村任第一书记，给乡村注入了人力资源，也给乡村社会经济发展带来了各种资源。第一书记作为国家干部的一个代表，以一名"特殊村民"身份——驻村干部参加乡村治理，是乡村治理的组织者和参与者，在强化乡村治理的同时，积极谋划村经济发展，为民办事。

2）嵌入治理效果

嵌入治理对扶贫工作和乡村振兴具有非常大的作用，也对村级组织产生较大影响。课题组实地调研发现，第一书记、驻村工作队等驻村干部努力协助村"两委"干部，争取国家惠农资金，协调基础设施建设资金，推动公共服务设施投资，很多公共设施和公共服务从无到有，公共卫生得到改善，村容村貌得到提升，农民的生活环境得到了极大改观。在第一书记嵌入村组织后，地方政府和村级组织的思想认识和行为模式也发生了显著的变化，为民服务意识增强，群众路线得到贯彻。

课题组对S县T镇13个村实地调查发现，在2018—2020年年底第一书记驻村帮扶中，工作做得比较多的事项，一是精准扶贫，二是党建工作，三是为民服务，四是乡村治理。在精准扶贫这个高于其他方面的政治任务主导下，第一书记经过很多次的入户调查，彻底摸清实际情况，为扶贫资源的下沉和扶贫政策的落实，提供了精准的信息，从而有力地推动了精准脱贫任务的实现。在艰苦细致的扶贫工作中，第一书记责任心强，耐心认真，不畏辛苦，心系群众，想方设法帮助贫困户，帮助村里建设各项事业，给乡村干部带来了榜样的力量，促使他们转变作风，提高思想认识水平，重拾群众路线，给群众特别是困难群众更多的关心，这些都极大地树立了党和政府在群众中的威望，提高了人民群众心中的政治认同度。

5.2.3　第一书记嵌入治理实践保障体系

在以精准扶贫和乡村振兴为目标的制度设计下，第一书记嵌入治理具有显著的政治性、实践性和系统协调性。它使第一书记能够在多方支持和协调下，开展与自己以前工作缺乏联系的精准扶贫，并完成精准扶贫任务和推进乡村振兴。嵌入治理在组织保障、制度规范、政策支持下，在乡村社会治理中形成一个协同治理系统的实践机制，并由此产生"蝴蝶效应"，为完成脱贫攻坚任务保驾护航，同时也为乡村全面振兴战略奠定基础。

1）科层权威下的组织保障

迈克尔·曼在1984年发表的论文中提出两个重要观点：一是国家具有专制性权力，即对国家管理的统治力量；二是国家具有基础性权力。前者表现为国家可以不与社会各集团进行讨价还价自行决策和行动；后者表现为国家通过渗透社会，在其管辖的领域内有效贯彻其对社会的政治决策。实践表明，作为自主性国家，我国具有强大的制度优势，政府对于社会政策具有强大而有效的执行力。贫困治理是国家一项具有远大影响的政治任务，对于实现"两个一百年"奋斗目标的意义深远宏大。在这场关系到国家前途和人民幸福的扶贫开发事业中，第一书记嵌入治理成为一个有效途径。在精准扶贫政策实施过程中，国家通过嵌入机制设计，依靠组织的核心作用，确保扶贫资源真正落实到扶贫对象，努力实现公平、精准。然而，在扶贫场域中时常出现与中央要求反差巨大的情况，扶贫资源使用效率不高甚至错配，导致国家资源流失。穆全军和方建斌（2018）认为，在精准扶贫中组织动员干部驻村和项目下乡，提升了国家自主性和防止扶贫政策瞄准性偏差。在他们看来，精准扶贫是国家通过扶贫资源再分配有效融入基层社会，提升农村社会治理能力的过程。

组织动员和组织协调在第一书记驻村制度实践中具有关键作用。第一书记驻村制度实行以前的扶贫开发场域，国家为了顺利完成脱贫攻坚任务，在组织上进行了有利于扶贫行动的结构安排。一是建立纵横联合的组织嵌套机制。在纵向组织层面，从中央到地方，建立了一个系统庞大的扶贫体系，从中央到地方各级党组织书记抓扶贫（即"五级书记抓扶贫"）；1986 年 5 月 16 日，国务院设立专门的扶贫工作协调机构——国务院扶贫开发领导小组办公室，省（自治区、直辖市）、市、县、乡镇设立相应的扶贫领导机构，乡镇政府设立扶贫专干，整体联动，专员负责，责任明确，政策落实到村到户。在横向层面，加强横向组织间协调合作。各层级扶贫机构负责拟定扶贫措施，协调扶贫开发中出现的问题，及时协调沟通及解决问题。在组织协调机制的作用下，形成一个相互协调的组织结构，在很大程度上保障精准扶贫中需要的人、财、物等资源。第一书记驻村帮扶受到各级组织的支持。各级组织部门共同发力，协同治理，为精准扶贫和乡村振兴提供支持。这种以组织方式层层下达任务的科层制度，对于基层组织服从上级和第一书记嵌入治理提供了组织上的保障。

2）顶层设计下制度保障

从实践上看，第一书记驻村帮扶是国家对基层组织和乡村社会输送人才和资源，以便加强农村基层组织，发展产业，提高社会治理能力，实现精准脱贫和乡村全面振兴。第一书记实现了国家权力与地方社会的有效对接。中央有关部门从国家发展规划和总的战略部署出发，对实施乡村振兴战略作出具体的规划和制定相关政策。这些由中共中央、国务院等有关部门制定的政策和措施，具有对全国农村工作和第一书记驻村帮扶高度统一的指导意义。从制度视角看，它们是正式制度的一个重要形式。它对于地方政府在制定精准扶贫、乡村振兴政策和指导第一书记驻村帮扶实践来说，是总的规范性要求，是根本的政策依据。中共中央、国务院有关部门制定的第一书记驻村政策，在《通知》发布以后，就具有了制度效力，省（市、区）、县、乡镇各级党委和政府务必严格执行，从组织上确保第一书记制度及政策的实施，并在精准扶贫和乡村振兴中发挥推动作用。在第一书记驻村帮扶实践中，省、市、县、乡镇党委对第一书记驻村具有总的规划和管理责任。因此，在中共中央组织部、国务院扶贫办等有关部门的总体规划下，基层党委要做的是执行好《通知》的政策规定，并按照要求完成规定的任务。

5.2.4　第一书记嵌入治理的实践策略

1）代表国家力量全程在场

精准扶贫旨在精准脱贫，乡村振兴重点在产业兴旺。第一书记驻村弥补了国家在村级组织和乡村治理中领导力量不足，实现了国家权力在精准扶贫和乡村振兴场域的全程在场。谢小芹（2019）研究了嵌入式治理问题，发现在中央进行扶贫资源的大量下送过程中，出现了扶贫绩效递减效应问题。国家在扶贫中似乎在"远远招手"，不是"全程在场"，而是"半程在场"。这也是导致以往扶贫绩效递减的因素。选派第一书记驻村，实现了国家力量全程在场，扭转了扶贫边际效应递减趋势，从而极大地推动了脱贫攻坚的进程。

第一书记队伍（含驻村工作队）是精准扶贫的主力军，他们奔走在脱贫攻坚第一线，用全部的心思和精力做好精准扶贫，为实现精准脱贫，他们反复多次入户核对查验贫困户收入，针对贫困户的情况和贫困村的资源，规划脱贫路线，体现了国家在扶贫场域的意志和决心，坚决执行党和国家扶贫政策和惠农政策。国家通过第一书记驻村帮扶实现了对贫困治理的直接参与。国家力量的扶贫措施，构建了自上而下的治贫网络，也形成了自下而上的信息沟通机制，为治理贫困提供了常态化的体制内资源支持体系。

在乡村社会治理中，我国实行的是党领导下的村民自治制度。乡村自治水平和能力取决于村民自治组织和村干部，基层组织和村干部对于村事务具有裁量权，如何使用裁量权并使其发挥作用，村干部起决定作用。由于人力资源外流导致的村庄空壳化和老龄化严重，村民自治制度正常发挥作用遭遇某些困难。集体经济薄弱，加上农业生产活动分散性，导致村基层组织几乎丧失召集农民的能力，进而导致乡村自治中的合作困境。农村年轻劳动力大量外出，优秀人才流失，使得村干部年龄普遍偏大，学历层次普遍偏低，结构不合理，断层明显。虽然村民自治制度增强了村民的民主意识，在村"两委"选举中提高了村民的民主选举、民主决策、民主管理和民主监督意识，但是，领导力不足和人力资源匮乏使得乡村公共事务的集体协商积极性不高，基层民主制度的运行存在着诸多困难，基层组织软弱涣散。基层民主监督不足和乡村社会封闭特性的存在，也会使基层干部的政策寻租行为存在大量机会。这些方面表明了国家加强基层组织建设和提高乡村社会治理能力的紧迫性。国家在实施第一书记制度中，因村选派干部，把优秀干部派驻到帮扶村，从组织上嵌入到基层组织，把党的意志和群众路线贯彻到基层组织，以足够的能动性弥补国家在乡村社会的缺位。第一书记在某种程度上，承担了代表国家参加乡村社会治理的角色，在精准扶贫成为一项国家政治任务的大政方针情况下，作为来自上级政府层面的力量，对于乡村社会治理具有重要的影响力，同时，组织制度也保障了这种影响力得以发挥。

嵌入基层组织的第一书记，代表了国家权力，获得国家赋权，具有国家权威。适应第一书记嵌入基层组织和驻村帮扶，不仅国家有计划投入资源，而且在组织上赋予第一书记一定程度上的职权，使其能够灵活组织社会资源并推动乡村振兴。在脱贫攻坚和乡村振兴中，第一书记在乡村社会与村干部和村民朝夕相处，能够掌握乡村社会的发展态势，对国家惠农政策进行科学解读，监督村干部认真执行党的政策，更好地服务村民。在长期的共同努力和合作中，第一书记与村干部、村民形成一种情感联系，助推了脱贫攻坚任务的完成，也为乡村振兴战略的实施创造良好的环境。

2）机动灵活的行动策略

在扶贫场域和乡村振兴中，第一书记与村干部尤其是村支书之间存在着在权力、职责、工作内容等方面的协同关系，由此产生了相互依存和相互合作问题。他们有共同的任务和目标，即精准脱贫和乡村振兴。第一书记受上级党组织派遣委托，受命于脱贫攻坚之际，以外部资源的形式嵌入村级组织开展帮扶，担负着强化软弱涣散村和对经济薄弱村组织建设的责任。村干部则负责领导本村的各项工作，包括组织建设、乡村治理、经济发展等，具有制定发展规划和集体土地、村经济资产、资源分配处置等职权，具有对村事务的裁决权。第一书记的职责比较清晰，但职权受到限制，多数第一书记有职无权。在此情况下，第一书记在扶贫场域采取的行动策略通常是与村干部密切合作，求大同存小异，在精准扶贫和精准脱贫问题上保持一致的行动，从而避免了与村干部的权力之争，顺利推进扶贫工作并完成脱贫任务。

作为第一书记的直接管理者的乡镇党委，负责对第一书记的管理、监督和考核，负责对村干部在扶贫场域的行动进行监督和领导，指导其与第一书记在脱贫攻坚和乡村振兴中密切合作，协调二者之间的矛盾。村干部与第一书记在扶贫场域通过村级组织彼此融合，形成合力，组成权力边界清晰的共同体，共同完成脱贫攻坚任务并推进乡村振兴。

第一书记在村级组织的支持下，可以积极参与村中事务的处理，以及努力推动乡村社会自治制度的建立和完善。第一书记精准扶贫和乡村振兴中的行动，依赖政策支持、法律保护和上级组织协调的同时，更多的是靠自身的素质、能力、经验，通过动员外部资源、利用人际关系来开展工作。

第一书记与村干部具有密切合作的政治基础。村干部是村中有威望的精英，具有深厚的群众基础和较高的基层认可度。在乡村治理场域，村干部与第一书记既有共同目标和任务，又有一些利益诉求差别。村干部需要第一书记为发展村集体经济带来项目资源，提供资金支持，甚至提供社会关系支持，毕竟第一书记来自上级组织的委派，有较多的社会关系资源，因而受到村干部的更多期待。村干部也希望通过第一书记驻村帮扶，获得更多社会资源，在精准扶贫上做得更好，在产业发展上获得支持，从而提升集体经济实力。通过集体经济的提升，他们可以得到乡镇政府的更多支持，获得群众的认可，为后续担任村干部取得村民的信任和支持创造条件。这些方面都是村干部与第一书记合作的政治基础。由于第一书记对村中的关系和事务了解较少，在处理村务和村民矛盾方面也缺少村干部的权威和工作经验，因此，第一书记驻村帮扶的最好行动策略是积极配合村"两委"干部工作。轻视村干部的能力，不与村干部合作，自己另搞一套，这种做法很难成功。第一书记要顺利完成驻村帮扶任务，首先要给自己做好定位，明确自己在乡村社会治理中的位置是辅助而不是主导，主要职责是帮扶而不是领导，在村发展规划和各项决策中应当做到"引导而不领导、建议而不决议、帮助而不主导"。

面对上级政府频繁而且十分严格的检查工作，村干部希望第一书记担负起责任，减轻自己在工作中的压力。但同时也不希望第一书记过多地参与村中事务，特别是涉及利益关系的项目规划和建设。第一书记在很多事关利益方面的产业项目及其分配问题时，一般不主动参与，有时会尽量避免参与，只是在乡镇政府的要求下才做些辅助性、帮扶性的工作。

5.3　第一书记嵌入治理主体关系及实践困境

第一书记被选派驻村帮扶精准扶贫和赋能乡村振兴，肩负着上级组织部门交给的职责任务，需要作出相应的努力并付出艰巨的劳动。要其担负起职责并完成其任务，必须具备相应的主客观条件。上级组织经过认真考察选出思想进步、信念坚定、热爱农村、事业心责任心强的年轻干部，这些干部愿意再到乡村发挥作用，响应党中央的号召，积极投身到乡村振兴和精准扶贫事业。但是，工作热情只是完成职责任务的主观条件和基础，在实际工作中第一书记要面对复杂的环境。复杂环境和制约因素产生的帮扶困难，严重影响第一书记的帮扶绩效，我们称之"第一书记困境"，即第一书记希望通过努力作出巨大成绩，然而往往难以取得较好成绩，付出的努力和取得的绩效难以相当。为了分析第一书记困境，我们首先分析第一书记驻村帮扶中各个主体之间的相互关系及其影响。

5.3.1　第一书记嵌入治理实践中的主体关系

第一书记驻村后要面对新的环境和各种复杂关系。在新的环境和复杂关系中，既需要第一书记本身具备应对和处理各种复杂关系及解决矛盾的能力，又需要上级组织和有关部门给予支持。第一书记一般是省（区、市）、市、县所属机关、企事业单位选派的人员，相对于所派驻的乡镇和村干部来说是外来干部，由于与派驻乡村的干部群众不存在着直接的利益关系，他们不占村"两委"的名额，在工资待遇上是派出单位给予的，他们是带着帮扶责任和帮扶任务而来的，一般来说并不会受到村干部和群众的敌意，不仅如此，他们还会受到热切期待和欢迎。但是，他们仍然存在着绕不开的各种关系，进而产生驻村帮扶困难，这些困难影响其有效地从事驻村帮扶。参考许汉泽和李小云（2017）的研究，我们认为第一书记驻村工作要面对和处理的主体关系如图5-2所示。

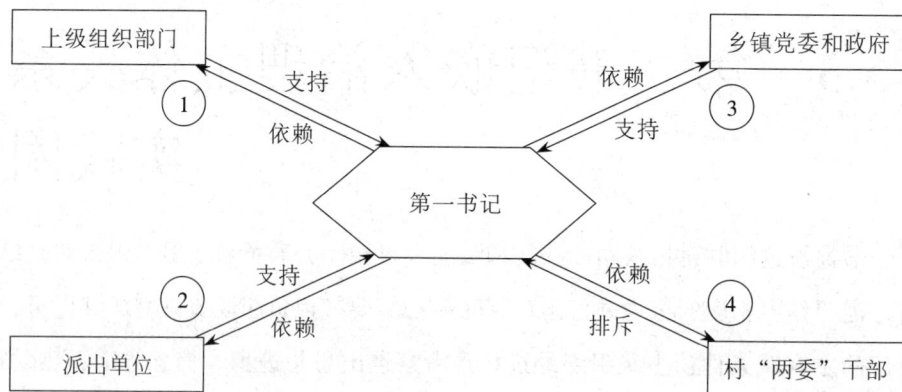

图5-2 第一书记驻村帮扶中的主体关系

在图5-2中，第一书记驻村帮扶主要面临的主体关系有四个层面：第一书记与上级组织部门之间的关系；第一书记与派出单位之间的关系；第一书记与乡镇党委和政府之间的关系；第一书记与村"两委"干部之间的关系。

第一，第一书记与上级组织部门之间的关系。第一书记由机关及企事业单位选派产生，其具体的选派工作是由省（区、市）、市、县组织部门领导和组织的，由此形成了第一书记与省（区、市）、市、县组织部门的关系。科层权力结构表明，组织部门的级别越高，其职权越大，这是科层制度产生的效应。科层制度规定了上级领导下级，下级服从上级，因此，处于基层的组织部门要服从上级组织部门的领导。本书把县（市、区、旗）以上的组织部门（含派出单位）统称上级组织部门。下级组织部门特指乡镇党委等基层组织。上级组织部门赋予第一书记职权，使其在基层组织工作中有相应的工作职责任务；上级组织部门要求下级组织部门负责第一书记管理，选派单位给予第一书记用于脱贫攻坚所需要的资源，并对第一书记进行管理，与乡镇党委一起管理第一书记。因此，第一书记与上级组织部门存在依赖和被扶持的关系。可以说，第一书记受上级组织部门派遣和委托，到乡村与基层党组织密切合作，共同开展组织建设、精准扶贫、乡村治理等乡村振兴工作。如果按照这种依赖和被扶持的关系，上级组织部门应当对其所委托的第一书记在职权和资金上进行支持。这些方面是第一书记在开展工作时最需要的，如果没有这些方面的支持，那么第一书记的作用和影响将大大降低，甚至消失。因为乡村基层干部很难对既无实权又无资源的第一书记驻村工作给予大力支持。在精准扶贫和乡村振兴中，第一书记驻村被上级组织赋予了四项基本职责任务，这些职责任务几乎涵盖了农村工作的方方面面。要完成这些职责任务，就需要相应的职权和资源。但是，受制于各种因素和现实考虑，上级组织部门赋予第一书记的职权和基层组织部门提供的资源并不十分确定，模糊性较强。在管理上，第一书记属于"多重管理"，不仅受到上级组织部门包括省（市、区）、市、县组织部门，而且直接受到乡镇党委和派出单位的管理，其中，县（市、区）、乡镇党委对第一书记进行日常管理。县（市、区）委组织部门、乡镇党委对第一书记直接管理，对第一书记进行工作安排和监督考核。派出单位须定期听取第一书记工作汇报，定期对第一书记进行考核，考核的结果以驻村工作中基层组织考核结果为标准，同时对第一书记进行工作的指导并解决其在实际工作中遇到的困难。从第一书记驻村实践看，第一书记存在权责不匹配的问题，这与很多研究者的研究结论相同。

第二，第一书记与派出单位之间的关系。二者之间是支持和依赖关系。具体地讲，派出单位不仅负责选派优秀干部任驻村第一书记，还要对第一书记进行管理，并具提供资金支持的责任。管理的内容是选派、考核与绩效运用、保障支持等。派出单位应当给予选派的驻村干部资金支持，作为驻村工作和精准扶贫的资源。同时，派出单位要与贫困村建立结对帮扶关系。派出单位对所派干部担负工作指导、监督和考核的责任。因此，第一书记和派出单位之间存在依赖和支持的关系：第一书记依赖派出单位，派出单位支持第一书记驻村帮扶。第一书记需要依托派出单位，从事乡村基层组织建设，开展精准扶贫，促进乡村振兴。事实上，由于派出单位的情况不同，对于第一书记的支持力度大不相同，一些来自政府实权部门的第一书记，可以从派出单位获得充足的专项资金用于驻村帮扶，但是，很多派出单位并没有足够的资金用于对第一书记进行驻村帮扶。有的派出单位甚至存在着疏于支持的现象。有的派出单位还把第一书记驻村工作当作负担，甚至没有给予第一书记应有的待遇，这种做法极大地挫伤了第一书记驻村工作的积极性。对于第一书记驻村工作支持不足，第一书记因资金缺乏难以积极有效地开展帮扶工作，应有的作用难以发挥。一般来说，派出单位支持力度与第一书记驻村工作绩效是对应的。那些来自经济实力雄厚部门的第一书记，不仅有较多的社会关系资源，而且拥有较多的资金支持，有的还能利用自己所在单位的社会关系争取到一些项目，极大地促进了驻村帮扶工作，受到地方政府及帮扶村庄的好评。但是，大多数第一书记不具备这样的条件，派出单位只能解决第一书记驻村期间的工资待遇不变和交通住宿补助，几乎没有任何资金支持。这些问题在我们实地考察和调研中得到了证实。一些学者的研究也证实了这种事实大量存在。许汉泽和李小云（2017）在对豫中J县王村第一书记驻村工作中遇到的困难做了研究，调查发现，该村驻村第一书记张某，为了给困难户解决困难向派出单位提出资金和物质方面的申请，但是都因单位缺乏相应的专项资金被拒绝。事实上，很多第一书记即使遇到有困难的群众需要帮助，并不向派出单位求助，而是用自身的社会资源甚至拿出自己的收入捐赠困难户，帮助困难户发展产业。

　　第三，第一书记与乡镇党委政府之间的关系。不论是省、市选派的第一书记还是县、区选派的第一书记，都要由乡镇党委统一管理，在乡镇党委统一领导和管理下开展工作。乡镇党委与第一书记是一种科层制度下的领导与被领导、管理与被管理的上下级关系，存在着命令—响应、领导—执行、监督—考核等科层关系，存在依赖—支持关系，同时也会存在着一些弱排斥关系。第一书记作为上级组织选派驻村工作的干部，乡镇党委必须给予其工作支持和生活上的妥善安排。有的驻村干部被选派担任乡镇第一副书记，进入乡镇党委班子，参与乡镇政府工作，其他选派驻村的第一书记在村党支部，因此，乡镇党委要对第一书记工作进行分配，领导、监督和考核第一书记。第一书记的到来，也为乡镇党委开展各方面的工作提供了人力资源，第一书记成为乡镇党委开展基层组织工作的又一个执行者。精准扶贫和乡村振兴作为一项国家政治任务，取得的成效直接关系到乡镇干部的政治前途，他们更加愿意支持第一书记驻村帮扶，以便能够顺利完成上级交给的任务。他们积极指导并帮助第一书记开展精准扶贫和乡村振兴工作。这说明乡镇领导干部与第一书记有共同的任务目标，有密切合作的动力。第一书记要在乡镇党委的规划下开展驻村工作，并按照党委的要求，努力加强和完善村基层组织，而不是抛开乡镇党委领导去开展工作。因此，第一书记必须接受乡镇党委的工作分配。对于乡镇党委和政府的干部来说，第一书记通常被认为是外来人员、下派干部，虽然只是工作上的关系，不存在着权利上的竞争关系，但是其工作可能在一定程度上影响到乡镇干部某些方面的利益。第一书记不是乡镇组织的正式成员，在分配工作任务时也多有顾虑。由此可见，第一书记作用的发挥受科层制度的影响，一方面因为乡镇党委和政府支持而得到帮助，另一方面也会因为非本乡镇干部而在工作中受到影响，即弱排斥。事实上，这种在乡镇党委统一领导下开展驻村工作，既是组织管理的需要，也对第一书记工作具有促进作用。总体来讲，第一书记和乡镇干部的关系是依赖关系，乡镇干部对第一书记来说是领导和支持者，二者之间存在弱排斥关系。没有乡镇党委的领导和支持，第一书记驻村帮扶得不到组织帮助，很难得到村干部的热情协助和有力支持，更难以取得满意的工作效果。从工作内容上看，第一书记与乡镇政府的包村干部有很大的重合，都有加强党建、发展产业、为民服务和乡村治理等内容。包村干部在乡村工作时间长，是科层体制内的干部，对村庄的事情熟悉，对村干部的情况了解多，因此，第一书记与包村干部合作得好，就容易得到包村干部的支持，更好地处理好村中事务，更容易与村干部协商共事，从而共同实现帮扶任务。乡镇党委和政府为了完成上级组织交给的扶贫任务，实现乡村振兴，也会努力支持第一书记驻村工作，要求村干部积极配合村第一书记工作需要，积极谋划产业项目，努力按照时间和质量要求完成精准脱贫和乡村振兴工作任务。第一书记要做好驻村帮扶工作，务必得到乡镇党委和政府的大力支持。因此，乡镇党委和政府对第一书记是领导、支持、帮助和弱排斥的关系。

第四，第一书记与村"两委"干部之间的关系。村干部在长期的工作中与乡镇包村干部之间形成了密切的合作关系。对于村干部和包村干部来说，第一书记就是外来干部。第一书记的到来可能使一些村干部的既有工作环境或既得利益受到影响，因此，在不能带来项目和帮扶资金的情况下，一些村干部通常并不是真心欢迎第一书记驻村工作，只是迫于政治形势和乡镇党委的要求才不得不接受第一书记驻村帮扶。第一书记嵌入基层组织后，大多数村干部能够做到积极配合第一书记驻村工作，但是，也存在少数村干部排斥第一书记的现象，甚至遇事将其搁置一边，不予理睬。课题组在 S 县 C 乡调研发现，第一书记 Z 某在驻村工作中，由于得不到 C 乡某村村干部的支持，第一书记工作开展得十分困难。由于对扶贫项目建设缺乏经验，第一书记 Z 某在利用自己的关系引进产业项目后，没有得到村干部的大力协作，导致引进的项目在施工建设中遇到建造质量问题，引进的资金受到损失。这现实中，存在着这样一些村干部，他们希望上级组织部门选派有作为的第一书记带来项目和资金帮助其发展产业，但在具体的项目建设中并不希望第一书记参与。处理好与包村干部和村干部的关系，是第一书记在驻村工作中自身的一项重要修炼，也成为第一书记驻村工作期间首先要做好的功课；否则，第一书记可能被排斥，被束之高阁，其工作也就难以开展，作用难以正常发挥。许汉泽和李小云（2017）在实地调查中也发现类似的问题。例如，在 J 县李村，第一书记 L 某驻村后，由于村干部对其采取的是不理睬、不配合的态度，不仅居住环境较差，而且在开展党员学习活动上也得不到支持。村干部借口村党员不愿意开会、召集党员困难，经常阻挠村党支部开展"三会一课"活动。

虽然第一书记受到上级组织部门、乡镇党委、派出单位的支持，但是，在农村第一书记必须与村干部经常合作才能完成职责任务。由于村"两委"干部是由村党员和村民选举出产生，在没有政策激励和制度约束情况下，很多村"两委"干部对第一书记驻村工作并不完全配合，对于第一书记工作给予的支持较少，第一书记所起到的作用大为减弱。因此，发挥好第一书记的作用还需进一步完善相关政策和实践机制。

在扶贫场域和乡村振兴中，乡镇政府和村基层组织面临艰巨的扶贫任务，脱贫攻坚使其产生巨大的压力。这使乡镇政府和村基层组织具有接纳和支持第一书记驻村工作的动力。在精准扶贫的艰巨任务下，乡镇政府和村基层组织存在着对驻村干部的帮扶需求，希望驻村干部能够给当地带来产业项目和帮扶资金，推动乡镇经济发展和壮大村集体经济。同时，他们也存在着某种程度的排斥心理。作为国家力量的代表及由上级组织选派的干部，第一书记的到来将带来相应的信息、资金和关系资源，这是乡镇政府和村基层干部群众所希望的事情。但是，第一书记也可能给这个长期固化的组织结构带来冲击，甚至打破原来的利益格局。这是他们所不希望又不得不面对的问题。同时，这也是第一书记和村干部关系相对复杂的症结所在。

村干部认为，第一书记是上级组织部门选派的干部，可以给村里带来项目资源，可以帮助村里申请到更多资金支持。那些来自政府、财政部门等有丰富人脉资源和资金支配权部门的第一书记备受欢迎。但是，乡村社会的利益关系可能导致村干部对第一书记的排斥和戒备，一般不容许第一书记介入到核心利益领域，只能在核心利益领域外围做一些辅助工作。一旦出现第一书记对村级干部权力监督，或者其他因素影响到其利益，一些乡村干部不仅不配合第一书记工作，而且会设法排挤他们。第一书记要做好驻村工作，履行职责，就要依赖村干部，配合村干部，甚至迫不得已在某些方面与村干部共同努力应对上级的频繁检查。

5.3.2　第一书记嵌入治理实践困境

在村庄空心化严重、缺乏内生领导力和精准扶贫、乡村振兴任务艰巨的情况下，选派第一书记作为帮扶力量嵌入基层组织，精准扶贫和乡村振兴的队伍有了文化程度较高的优秀干部加入，从而有力推动了精准扶贫和乡村振兴。这也是我国脱贫攻坚取得彻底胜利的重要因素。然而，在看到这些成绩的同时，我们还应当看到第一书记驻村帮扶在实践中遇到的困境，以便帮助第一书记在乡村振兴中继续发挥其独特的作用。

第一书记驻村制度实践困境是一个引人关注的问题。许汉泽和李小云（2017）研究了豫中J县驻村第一书记扶贫工作存在的困境，他们认为，第一书记开展扶贫不仅受到上级政府目标设置不明确、权责不匹配、原单位有限资源的限制，而且遇到乡镇干部与村干部之间的"共谋"及"乡—村"关系闭合结构的制约，影响了第一书记扶贫工作效果。他们提出了"结构性排斥"概念，说明第一书记在扶贫场域中受到的不同行动主体支持程度的制约和由此产生的不利影响，分析了"驻村帮扶"政策的实施所涉及的多个行为主体的行为，认为需要引入多元利益主体之间的交互作用机制，从而提高扶贫工作效果。他们发现，学术界对第一书记制度实践机制的研究比较缺乏。其他学者也持有这种观点。彭涵（2020）研究了江西省某市Y区驻村第一书记的角色困境，认为第一书记作为一支外部力量，面对复杂的村庄环境和人际交往，在实际工作中既有身份转化困境，又存在多方主体之间的关系问题和政策不完善问题。他通过对多元主体之间的关系分析，特别是第一书记与派出单位、乡镇党委和村委干部之间的关系分析，研究了第一书记角色在履职时的困境，并提出了一些政策建议。

结合已有的研究成果，课题组成员经过田野调查发现，第一书记嵌入治理实践中存在的困境主要有以下几个方面：

1）"结构性排斥"与"选择性合作"

第一书记首先要面对村干部和村民。在驻村帮扶工作中，他们在通常情况下不能越过村干部直接找村民，村干部是第一书记的合作对象，合作得好，可以促进驻村帮扶工作；合作得不好，会降低驻村帮扶绩效，甚至第一书记会被孤立被排斥。第一书记接受上级组织的派遣和任命，在乡镇党委组织的领导下开展驻村帮扶，代表了国家力量和上级组织部门，他们一般都有较高的学历，一般说来在原单位也担任一定的职务或者具有一定的职级。但是，如何处理好与村干部的关系，对他们来说可能是新问题，很多人缺乏经验。在通常情况下，村干部是由村里名望大、地位高、家境富裕、社会背景好以及有能力的村民担任，他们久居乡里，对村里人际关系和人情世故特别熟悉，能够在村民出现矛盾时出面斡旋调解，在遇到关系村民利益的事情时敢于决策，能够做主。他们通常是致富能人，其收入除了来自担任村干部获得的工资报酬外，通常还有其他途径，例如大面积农业种植、开办企业、农产品交易代理，或者有其他经营项目等。随着中央惩治腐败、全面从严治党力度的加大和法治社会的发展，村干部利用职权之便为自己谋不当利益的现象大大减少，以权谋私受到遏制。但是，村干部存在着经济人的行为，有利于自身利益的事情积极干，出力多收效慢的事情躲着干，对自身不利的事情不去干，甚至对群众有利对自身利益少的事情也不干，这种现象时有发生。

从第一书记和村干部的关系看，一方面，第一书记工作离不开村干部的协作，村干部在一些自己难以做好的事情上让第一书记参与，甚至让其分担一些责任；另一方面，村干部为了自己的利益通常会抛开第一书记，甚至有意排斥第一书记。这种现象在第一书记驻村期间会经常发生。有的村干部会形成一个独立小圈子，将第一书记排斥在外，这种现象虽然只出现在某些村、某些领域的事情上，但对第一书记驻村帮扶产生极大的不利影响。这种现象被部分研究者称为"结构性排斥"，我们也可以称之为"选择性合作"。

2）权责不匹配问题

一般来说，权责匹配才能更好地提高工作绩效。第一书记驻村帮扶任务艰巨，需要帮扶的事情多，而上级组织和派出单位给予的帮扶资源有限。许汉泽和李小云（2017）认为，不仅存在乡镇包村干部与村干部排斥第一书记的现象，而且存在上级组织部门给第一书记的资源支持不足问题，而上级组织部门为第一书记设置的职责任务较重，因而造成第一书记权责不匹配。由于权责不匹配，一些第一书记很难能够真正参与扶贫项目的全部过程，最多也就是帮助村干部做些简单的事情，填写表格，很难真正去建设组织、带领群众发展产业。在没有资源支持的情况下，第一书记要花费很大精力处理与乡村干部之间的关系，以便避免造成关系紧张而出现被动。第一书记权责不匹配，也造成了第一书记代表国家力量参与乡村治理的能力不足。国家对农村社会经济发展的惠农政策很多，大量的资源不断地输入到乡村，但是，由于信息资源受到控制，一些惠农政策红利会被农村"精英"俘获，农民最终享受到的政策红利大大减少，对此问题第一书记无能为力。

3）驻村任期时间限制

第一书记驻村工作时间一般是2~3年，较短的驻村帮扶时间限制了第一书记驻村帮扶效果。以扶贫项目为例，第一书记、乡镇政府和村"两委"共同规划的扶贫产业，通常需要数年的发展才能产生效益，当年投入当年见效的扶贫产业项目比较少，即使有这样的项目，通常帮扶效果也不高。例如，课题组调查发现，S县T镇13个村在2019年规划建设了14个蔬菜大棚项目，每个项目投资金额在30万~50万元，建成后由村委承包给农户，每个大棚收取年租金2万~3万元，分给所在村庄贫困户每人每年平均不足300元。而一些投资较多的大项目，由于需要市场拓展，投资当年没有产生利润，需要经过几年的发展才能对稳定脱贫起到帮扶作用。第一书记驻村的时间只有3年，这就限制了他们发展产业的动力和影响。一些有资源的第一书记驻村伊始，获得了社会资金的支持，在与乡镇干部及村干部的迅速磨合后，开展了一些项目建设，但是，要实现项目盈利并给贫困户带来收益，往往还需要等待2年时间甚至更长，当年见效的很少。如果从锻炼干部的角度，很多人认为第一书记驻村1~2年就足够了，因为其在这样短的时间内已经获得了驻村工作经历，对基层有了感性认识。但是，要实现较高的产业帮扶效益，可能需要3~5年，甚至更长时间。王森浩（2019）研究发现，第一书记驻村以后，首先是了解村内基本情况，掌握村民信息，之后形成发展思路，而这些过程就要占用驻村后的较长一段时间，通常是半年到1年，而多数第一书记驻村工作任期为2年，因此，留给第一书记真正用于强化组织建设、发展产业和项目的时间较短。一些第一书记虽然也想给村里带来项目投入资金，但是因为自身对村中的情况不了解，对市场不了解，担心会因此造成矛盾，往往推迟发展产业项目。等到把村中的情况了解透了，与村干部处得融洽了，才可以放开手脚做些产业项目，这时已经到了驻村时间将要结束的阶段，因此，也就基本放弃了发展产业项目的计划。特别是在一些村干部不重视第一书记工作的情况下，开展项目建设更加困难。一些项目难以按期完工，难以形成对项目建设的有效监督管理，不利于产业的发展壮大。为了降低这种情况对产业项目的不利影响，需要有关部门设计驻村干部工作长效机制，才能更好地在驻村帮扶中发挥第一书记的作用。

4）基层组织建设困境

强化基层组织是第一书记驻村的首要职责任务。《通知》中这个规定抓住了农村社会治理和经济建设的关键，具有很强的指导作用。然而，对于外来的第一书记而言，在现有的制度机制下做好农村基层党组织建设并不顺利。农村基层组织是农村各项事业发展及农村社会治理的领导机构。建强农村基层组织，增强党支部战斗力，是实现党和国家乡村振兴战略的保障。第一书记受上级组织的委托和派遣，以精准扶贫和乡村振兴为目标，狠抓基层党建，增强党组织的战斗力，进而带领村"两委"班子积极贯彻党和国家的强农惠农富农政策，促进农村社会经济和文化事业发展，推动精准扶贫和乡村振兴战略。第一书记一般是作为协助者、监督者，参与村"两委"换届的，在协调村"两委"时处于超然状态，这对于促进村"两委"建设具有特殊的优势。

第一书记在建设基层组织的过程中并不是一帆风顺的，存在大量困难。首先，第一书记是外来干部，对村里的各种关系并不十分清楚，做党建工作首先需要村党支部书记的支持，如果得不到村党支部书记的支持，那么，第一书记根本无法开展工作。因此，第一书记驻村开展组织建设工作，必须与村党支部书记密切合作。如果村党支部书记对开展党的组织生活、"三会一课"不热情、不主动、不配合，那么，这些有利于强化村党组织的措施就不可能落实。课题组对 S 县的三个乡镇部分村的调查发现，只有一部分村党支部严格按照上级党委的要求和规定开展了组织生活和学习活动，一些村党支部因为农村的特殊情况没有按照规定去做，即使按照规定时间开展"三会一课"，在组织活动上也是形式大于内容。组织生活不正常的一个原因是村党支部书记对组织生活不感兴趣，他们当中的一部分人文化程度相对较低，对于党组织活动的重要性认识不足，对于党和国家选派第一书记驻村帮扶中强化组织建设的意义认识模糊，看不到加强农村基层党组织建设对于精准扶贫和乡村振兴战略的重要作用。此外，对于许多村干部来说，组织党员开展组织生活和召开党员大会是一件比较麻烦的事情。在"多一事不如少一事"的思想支配下，村党支部书记通常选择减少甚至放弃村党支部正常的组织生活。为了应对上级检查，村干部会按照上级检查的项目准备好相应的材料供检查人员验收。上级组织检查的通常是"三会一课"记录是否完整，不去查看实际情况，也无法到场监督执行，这就为村党组织的应对行为提供了便利。其次，村党员的年龄结构不利于顺利召开党员大会，不利于党支部严格地开展"三会一课"等组织生活。随着农村中青年劳动力大量外出务工，大批中青年党员离开村庄，村中呈现老龄化、空心化、妇幼化的现象。老龄化成为当下农村最为普遍的现象。村党支部为了顺利召开"三会一课"，一般来说，只能通知一些老党员参加会议，老党员参加党课的积极性较高，但是，他们身体健康状况堪忧，有的行动困难，存在着潜在的安全风险。因此，每次召开"三会一课"，都要充分考虑老党员的安全问题。这些问题给村党支部开展组织生活带来了巨大的困难。村干部为了避免这些问题，一般情况下，不支持第一书记严格执行"三会一课"规定。最后，农村党员活动场所设施不足的问题较为普遍，也制约了村级组织的正常活动。很多村党支部开展组织活动的环境条件参差不齐，有的设施陈旧落后，不具备开展组织生活的条件。课题组在辽宁省S县的一些乡村调研发现，很多党员活动室的取暖设施缺乏，冬天寒冷异常，不适宜集体学习活动。这也是很多村党支部不能正常开展组织生活的重要原因。

建强农村基层组织，需要发展年轻的优秀村民加入党组织，需要补充中青年到村"两委"。在农村社会经济不断发展壮大的过程中，涌现出一些政治觉悟高、德才兼备、具有奉献精神和一心为民服务的积极分子。按照规定，这些农村中成长起来的中青年农村人才应当在村党组织的培养下成为村党支部组织的一员。然而，一些村党支部书记把亲疏远近和裙带关系作为发展党员的条件，致使一些农村优秀青年群众无缘加入党的组织。这就造成了农村党员队伍发展缓慢，组织战斗力被削弱，带领群众脱贫致富和乡村治理能力提升缓慢，也影响了乡村振兴的实现步伐。

为了克服基层组织开展"三会一课"所遇到的种种困难，多数第一书记采取引导、说服和变通的方式推进党组织开展活动。即使在开展组织活动比较困难的情况下，第一书记仍然在强化组织建设方面作出了很大努力，并取得了显著成绩。在第一书记的努力下，很多村党支部的"三会一课"活动从无到有，从不规范到规范化，各种制度基本得到执行，很多村的党员活动室设施及环境得到改善。党员通过党课学习提高了思想认识，服务群众意识得到加强，村基层组织面貌有了显著改变，党群关系更加密切。

5）资源整合压力大

发展农村特色产业，实现产业兴旺，是很多第一书记驻村帮扶的首要愿望。上级组织和派出单位在考核第一书记业绩时，往往是以是否引进资金发展产业项目为主要指标，把第一书记引资建设的产业项目和给群众带来的经济收入作为评判标准，而忽视第一书记在基层组织建设、乡风文明、乡村治理等方面取得的成效，因为这些方面的成果不容易被考察，多数属于"潜在绩效"。

第一书记整合社会资源方面的能力存在显著差异。来自财力雄厚的部门或单位，特别是来自拥有资源分配实权部门的第一书记，其整合社会资源和带来项目资金的能力明显高于那些来自没有实权部门的第一书记。派出单位对第一书记驻村工作支持力度大，给第一书记提供了专项资金，第一书记更容易取得优异成绩。在派出单位和帮扶村庄所在县、市、区帮扶资金的共同支持下，帮扶村庄的面貌会发生更大的变化。

然而，大多数驻村第一书记获得的资金支持主要是所在县、市、区投入的专项资金，主要用于扶贫产业项目建设、基础设施建设、环境整治等。这些资金是为了促进贫困村摘帽、贫困户脱贫，以及公共设施建设而配合第一书记驻村帮扶的专项资金。虽然这些资金投入属于配套资金，但是并非第一书记引进的资金，取得成果与第一书记有一些关系，但关系有限。而第一书记通过自己的社会资源带来的项目资金往往是乡镇党委及上级组织考核第一书记工作绩效时的主要依据，因而受到第一书记高度重视。这种过于强调第一书记整合社会资源发展产业项目的做法使第一书记产生了巨大压力，他们不得不投入大量精力跑项目、找资金。

6）农村工作经验制约

第一书记具有较高的文化水平和政治觉悟，对党和国家的政策把握较准，独立于村"两委"班子成员又务必融入其中，这为发挥其在组织建设、产业发展和乡村治理等方面的作用奠定了基础。驻村帮扶的对象是村民，协助的主体是村干部。因此，第一书记要具备与村干部融洽相处的能力，具备与群众沟通和解决村民遇到的具体问题的能力。第一书记一般缺乏农村工作经验，因此，遇到村民之间的矛盾纠纷和问题时，往往力不从心，常常需要村干部来处理。第一书记驻村帮扶的一个重要任务是发展产业，壮大集体经济。第一书记大部分没有从事农业生产的经验，在产业帮扶方面，主要的作用在于整合社会资源，引进项目，培育和发展特色产业。但是，大部分第一书记对于特色产业项目也不具备相关的经验和管理能力，而且驻村帮扶时间短，引进的项目短期内很难见成效。

7）考核困难与激励不足

严格的考核制度和有效的激励措施是实现有效管理的基础。对于第一书记的考核内容和标准没有作出具体的规定，这就给第一书记考核工作带来了难度，造成了考核标准不统一的后果。由于没有具体的标准，对第一书记的年终考核采取乡镇党委评议的方式，主要依据是出勤情况、帮扶效果、产业项目、为民服务等方面。在对第一书记考核方面，存在着一些困难，考核指标难以确定，即使考核指标确定了，还存在着考核指标计量困难，难以确定准确的考核结果等问题。从激励方面看，对于第一书记的激励主要是在任职期满后，对于评级优秀的第一书记，优先提拔使用和晋升职务职称。然而，如何处理年度考核与期满考核的关系，如何对考核结果科学运用，很多派出单位和上级组织并没有科学有效的办法。对于第一书记来说，驻村工作能否取得优秀的评级，除了个人因素外，还受到帮扶村资源、县乡组织部门的支持、派出单位的重视程度等因素影响。

6 第一书记驻村帮扶成效与调查分析

第一书记驻村制度为选派优秀干部任驻村第一书记提供了制度和政策保障。但是，在驻村帮扶中，第一书记面临着很多困境和不确定因素。他们在精准扶贫和乡村振兴过程中，在各级组织的密切配合和支持下，取得了显著的帮扶绩效。对第一书记驻村在精准扶贫和乡村振兴中的帮扶绩效进行总体分析和实地调查，有利于认清第一书记驻村制度的实践取得的效果和存在的问题，为进一步完善实践机制和政策提供依据。为此，本章通过对第一书记驻村帮扶的实践绩效进行总体分析和个案研究，以及对第一书记开展田野研究和问卷调查，对第一书记取得的成果和存在的问题作进一步研究，以期为第一书记赋能乡村振兴提供政策参考。

6.1 第一书记驻村帮扶成效总览

驻村第一书记在精准扶贫场域积极响应中央关于坚决打赢脱贫攻坚战的号召，与乡镇党委和村干部密切配合，开展了建强基层组织、发展扶贫产业、加强社会治理、为群众服务等工作，取得的成果成效有目共睹，为全面建成小康社会和实施乡村振兴战略作出了显著贡献。

6.1.1 打赢脱贫攻坚战，顺利实现精准脱贫

"三农"问题中的一个重要问题是农民问题，农民问题中最重要的是收入问题。随着我国不断推进农业现代化，农业产业化水平也在提高，现代农业的发展也给农民提高

收入水平创造了条件。在2020年农村全部实现脱贫以前，精准扶贫是我国在贫困治理问题上采取的有效策略。实现精准扶贫就要做到扶贫对象精准、项目安排精准、资金使用精准、措施到户精准、责任到人精准和脱贫成效精准。第一书记帮助乡村干部精准扶贫，有效促进了精准脱贫，也有力推动了实施乡村振兴战略。第一书记由此也成为在乡村振兴战略背景下开展精准扶贫的有力队伍。随着2020年最后一批贫困户实现脱贫，我国也顺利实现了打赢脱贫攻坚战的目标，进入全面建成小康社会决胜阶段。

综合《人民日报》、《新华每日电讯》、中国网等媒体报道的数据，从2001年开始，各级政府和组织选派到村担任第一书记的人数不断增加。至2021年8月底累计近50万名干部担任驻村第一书记，加上驻村工作队成员，大约300万名干部战斗在脱贫攻坚和乡村振兴第一线，每年有20多万名第一书记在乡村驻村帮扶，从事精准扶贫和乡村振兴帮扶工作。

在第一书记的艰苦努力和各级政府、各种社会力量的共同奋斗下，农村绝对贫困人口逐年下降并最终清零。我国扶贫开发过程中，采取过三种农村贫困标准，分别为低水平生存标准、基本温饱标准和结合"两不愁三保障"的现行贫困标准。在现行贫困标准下，贫困人口在2012年为9 899万人，在2020年年底全部脱贫，同时，832个贫困县全部出列，12.8万个贫困村全部摘帽，从而完成了消除绝对贫困的艰巨任务。在农村贫困人口收入不断提高的同时，贫困地区的基本生产条件得到改善，社会治理能力增强，为推进乡村振兴和全面建成小康社会奠定了坚实基础。我国绝对贫困人口脱贫出列的趋势如图6-1所示。

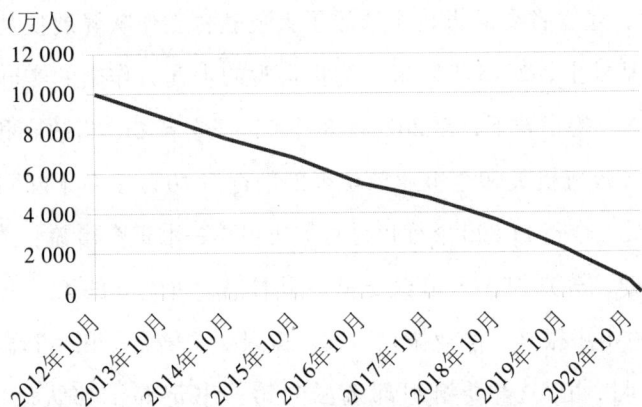

图6-1　2012—2020年我国农村绝对贫困人口逐年减少趋势

资料来源：根据我国新闻媒体公开报道的数据整理。

6.1.2　推动了乡村全面振兴

第一书记驻村帮扶有力地推动了乡村振兴战略的实施。农村产业振兴是乡村振兴的基础，也是全面振兴的关键。第一书记在乡镇党委的领导下，与村干部一起规划乡村产业，发展特色产业，使集体经济的壮大有了产业基础，为农村各项工作的开展奠定了经济基础，也为打赢脱贫攻坚战、实现精准脱贫创造了物质基础。乡村振兴是一个系统工程，需要在组织振兴、社会治理、产业发展、环境优化和文化建设等方面都取得巨大进步。第一书记在脱贫攻坚战中已经发挥了积极的促进作用，同时，也在乡村产业、文化、生态、环境、社会治理等方面发挥了巨大的推动作用。

6.2　第一书记驻村帮扶田野调查 ——以辽宁为例

为了得到第一书记驻村帮扶的实际数据，课题组对辽宁省驻村第一书记的选派和取得的成果进行了调查，并运用田野实验的方法实地考察了 H 市 S 县 T 镇的第一书记驻村帮扶情况，取得的材料成为研究的主要依据。

6.2.1　辽宁省第一书记驻村帮扶概况

进入21世纪，辽宁省委、省政府选派了大批驻村工作队开展扶贫工作，取得了显著的成效。在此基础上，2018年以来，为贯彻党的十九大作出的实施乡村振兴战略决策部署，在《通知》的指导下，至2021年8月底，辽宁省委、省政府和有关部门先后分四批从省、市、县政府机关和企事业单位等部门选派10万多名干部到乡村担任第一书记和驻村工作队员，全省11 823个行政村基本实现第一书记全覆盖。选派到乡村的干部按照乡村实际需要，分别担任乡镇党委第一副书记、村党支部第一书记、驻村工作队员，负责推进乡村组织振兴、产业振兴、人才振兴、文化振兴和生态振兴。

统计数据表明，辽宁省委组织部选派的第一书记等干部队伍中，中共党员占94.3%，党外人士占5.7%。第一书记队伍整体上政治素质很高，文化程度较高，工作能力较强。此外，一些党外人士和预备党员也踊跃参加。在前两批（2018年3月份和5月份两次选派干部驻村）省委组织部选派干部（简称"省派干部"）12 297人中，中共党员11 596人，约占全部省派干部的94%；女性干部有1 491人，约占全部人数的12%；60岁以上的退休干部有124人，35岁以下年轻干部3 087人。在学历层次上，本科及以上学历的选派驻村干部有9 391人，约占76%，其中，硕士及以上学历的1 417人，约占11.5%，如图6-2所示。

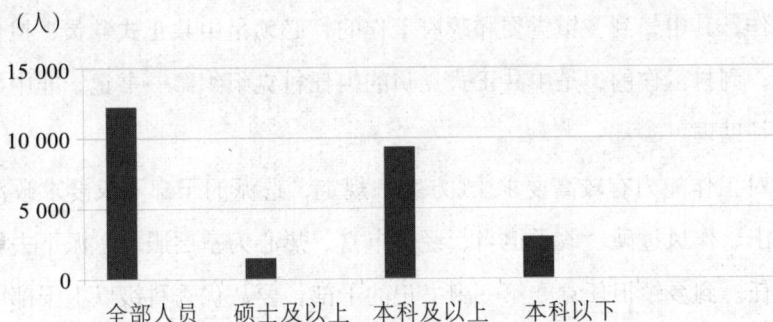

图6-2　辽宁省前两批省派干部的学历结构

　　除了省委组织部选派大批干部驻村任第一书记外，各市、县也同时选派优秀年轻干部，到所在市、县的经济薄弱村、组织软弱涣散村担任第一书记或者任乡镇长助理，推进乡村精准脱贫和乡村振兴战略。

6.2.2　H市S县第一书记驻村帮扶实践概况

　　辽宁省H市S县的整体经济发展水平居于全省各个县区的中间，相比一些偏远的西部和北部的县区，有较强的经济实力。2010年我国制定了年人均纯收入2 100元为贫困标准线。据此，2015年S县制定农村年人均纯收入3 300元为贫困标准线。统计结果表明，该年S县尚有36个省级和市级贫困村，大约1万多名贫困人口，脱贫攻坚任务十分艰巨。为了精准脱贫和推动乡村振兴，配合省委、省政府作出选派第一书记驻村规划，2018年县委县政府决定在全县大规模选派干部到乡镇和村任第一书记驻村帮扶和推动乡村振兴。

　　S县在2020年12月共有省、市、县选派干部300余人，在全县24个乡镇的282个行政村担任第一书记或者乡镇长助理。其中，第一书记或乡镇长助理人员中，省级选派干部15名，派驻15个行政村；市级选派干部88名，派驻88个行政村；县级选派干部169名，派驻169个行政村。同时，各乡镇所属行政村共选派34名干部，任行政村党支部第一书记，实现了选派干部对24个涉农乡镇和所有行政村全覆盖。

S县选派驻村第一书记有四个特点：

第一，选派的干部政治素质高。该县2018年5月10日制定发布的《关于全县大规模选派干部到乡镇和村工作推动乡村振兴的实施方案》（简称《方案》）对选派干部政治素质作出的要求是：在省、市选派的基础上，从县直部门选派干部，到乡镇和集体经济薄弱村工作，其中，到乡镇党委和政府工作的，必须是中共正式党员，担任乡镇党委第一副书记；到村工作的，是中共正式党员的担任村党组织第一书记，非中共正式党员的担任乡镇长助理。

第二，对工作能力有较高要求。《方案》规定，选派的干部不仅要求政治坚定，还要求能力突出、作风过硬、敢于担当、经验丰富、热心为基层服务，派下去就能进入角色、担当重任。到乡镇担任党委第一副书记的干部，要从优秀科级以上干部中选派；到乡镇任乡镇长助理的驻村干部和到村任党支部第一书记的干部，要从各单位优秀年轻干部中选派。

第三，注意衔接。《方案》要求，本次选派工作要与原驻村扶贫工作相衔接，已经派出的驻村工作队，原则上不撤离，并按照此次干部选派条件对驻村工作队进行必要调整，统一纳入选派干部管理。在具体实施上，做到第一书记担任驻村工作队队长，领导驻村工作队其他成员开展精准扶贫和乡村振兴工作。

第四，职责任务分工明确。他们的主要职责和任务，是抓党建促脱贫，同时，担负发展产业增强集体经济，提高乡村治理水平和为民服务等任务。对第一书记驻村帮扶的规定和要求是，驻村干部在乡镇党委领导下，抓党建，开展精准扶贫工作，围绕发展集体经济发展农村产业，为民办事，促进贫困户脱贫致富，增强集体经济实力。《方案》指出，选派到乡镇工作的干部，推动地区产业发展。整合各种资源，搞好一二三产业融合发展。搞好农村环境整治，打赢扫黑除恶专项斗争。配合乡镇党委书记，抓好农村基层组织建设。

加强领导、组织和管理，是做好第一书记驻村帮扶工作的首要条件。为加强各级选派到乡村工作干部的管理监督，辽宁省在2018年4月18日发布了由省委组织部、省财政厅、省人力资源和社会保障厅、省审计厅和省扶贫开发领导小组联合制定的《辽宁省选派到乡村工作干部管理办法（试行）》。为了落实中央和省委、省政府的政策要求，

2018年5月10日，S县委县政府印发了《关于全县大规模选派干部到乡镇和村工作推动乡村振兴的实施方案》，决定在省、市选派干部的基础上，从县直部门选派干部，到乡镇和集体经济薄弱村工作。实现24个涉农乡镇和282个行政村选派干部全覆盖，推动壮大村集体经济、振兴乡镇经济、发展县域经济，为全县如期实现全面建成小康社会奋斗目标提供坚实组织保障。

S县36个贫困村及其他行政村的贫困人口，主要致贫原因是老弱病残学，也就是因为年老体弱、疾病伤残和因学致贫者较多，有劳动能力而好逸恶劳致贫者数量较少。S县针对上述特点，开展有针对性的扶贫工作，建立扶贫工作办公室协调推进全县扶贫工作，签订扶贫责任书，在组织上贯彻落实"五级书记抓扶贫"，重点抓好省、市、县级贫困村摘帽，发展扶贫产业，建立乡镇干部包村、村干部和第一书记包户的制度，结对帮扶，并积极引导社会资本参与扶贫，形成乡镇党委领导、政府主导、干部落实、社会支援、群众努力的联动帮扶合力。

6.2.3　S县T镇第一书记驻村帮扶乡村振兴实践

T镇位于S县的东南部，濒临渤海，有海岸线7.8公里，面积73.38平方千米，人口3.05万人，经济实力位于S县各乡镇的前列。2018年，该镇有13个行政村，其中，1个省级贫困村，10个经济薄弱村和2个组织软弱涣散村。T镇产业以种植、养殖和渔业为主，并有少量的工业企业，农业生产以大棚蔬菜和生姜、大蒜、花生、土豆种植为主，养殖业以养殖生猪、牛羊为主。另外，还种植水稻、玉米等农作物。工业主要以泳装加工和机械焊接为主。该镇党委和政府重视发展"两高一优"农业，形成了水稻种植、高密度大棚养猪、大棚蔬菜和海洋捕捞四大产业。近年来，该镇积极调整农业内部产业结构，大力推动农村土地流转和集约化经营，积极发展第二产业，努力改善投资环境，不断吸引投资，农民收入增加明显。

2018年5月，S县从县直机关选派13名优秀年轻干部，分别到T镇的12个行政村和镇政府担任第一书记、镇长助理和镇党委第一副书记，加上省委组织部选派的1名干部和驻村工作队成员2人，共计16人。2020年10月，省委组织部分别从省属高校、市和县直机关选派第三批3名驻乡镇干部。这样，在2020年12月，T镇共有19名选派干部担任第一书记、镇长助理和驻村工作队员。

　　T镇驻村第一书记等驻村干部的成员中，多为30岁左右的年轻干部，40岁以上的仅有3人。女性驻村干部3人，男性驻村干部16人。具有大专及以上学历的16人，研究生学历的2人，博士学位的1人。由于大部分人员来自县直机关，在职务级别上多为科员，仅有1人为专业技术人员，职称为高级。除了1人因为健康原因退出驻村干部队伍和1人因考上外地公务员需要到外地工作外，其他人员都正常开展了驻村工作（见表6-1）。

表6-1   　　　　　　　　　　T镇驻村第一书记一览表

姓名	性别	年龄	学历	派驻行政村	派驻单位特征及职务	派出单位	职务或职称
白某宇	男	30	大专	丁家村	经济薄弱村第一书记	县卫生健康局	职员
孙某放	女	31	研究生	梁家村	组织软弱涣散村第一书记	县商务局	职员
朱某东	男	42	中专	潘家村	经济薄弱村第一书记	县水利局	职员
丁某达	男	29	大专	西王村	经济薄弱村第一书记	县自然资源局	职员
张某骞	男	30	中专	许家村	组织软弱涣散村第一书记	县自然资源局	职员
吴某南	男	28	大专	白龙滩村	经济薄弱村第一书记	县住建局	职员
李某浩	男	28	大专	大南堡村	经济薄弱村第一书记	县农业农村局	职员
刘某月	女	29	本科	大施堡村	经济薄弱村第一书记	县自然资源局	职员
韩某远	男	33	中专	大钟鼓村	省级贫困村第一书记	县人民医院	科长
刘某帅	男	26	大专	大钟鼓村	省级贫困村第一书记	县委组织部	职员
张某美	女	28	大专	大钟鼓村	省级贫困村第一书记	县委组织部	职员
路某健	男	31	大专	东白村	经济薄弱村第一书记	县海洋与渔业局	职员
王某勇	男	32	本科	塔山屯村	经济薄弱村第一书记	县委组织部	职员
董某广	男	29	大专	张白谷村	经济薄弱村第一书记	县农业农村局	职员
孟某耀	男	52	研究生	香宝村	经济薄弱村第一书记	东北财经大学	副教授
周某航	男	29	大专	镇政府	镇党委第一副书记	市场监督管理局	副科长
李某洋	男	33	大专	镇政府	镇长助理	市财政局	职员
康某凡	男	51	本科	镇政府	镇长助理	辽宁铁路职业技术学院	副教授
赵某川	男	30	大专	镇政府	镇长助理	县市场监督管理局	职员

　　注：第一书记姓名略作修改，非原名。

T镇13个行政村虽然整体经济发展情况较好，人均纯收入每年11 000元以上，但是，每个行政村都有一些贫困户，也存在着村基层组织涣散、村"两委"不团结、党组织战斗力弱、发展经济能力不足等方面的问题。因此，要全面建成小康社会和实施乡村振兴战略，还需要加强村党组织建设，提高村干部带领群众脱贫致富的能力，加强发展集体经济的责任心和战斗力。派驻到村的第一书记和驻村工作队员，在镇党委的统一领导下，按照上级党组织的要求，紧紧依靠镇党委和村党组织，聚焦加强农村基层党建和乡村振兴，积极开展了一系列工作。

概括地说，T镇第一书记和驻村工作队的驻村帮扶工作成效主要体现在以下几个方面：

第一，抓好村"两委"班子和党员队伍建设，提升基层组织的组织力。火车跑得快，全靠车头带。村民富不富，关键看支部。村"两委"是党和国家在乡村基层设立的管理组织，代表党和国家管理乡村，并肩负着一系列责任，他们要贯彻执行好党和国家在乡村的各项政策，把党和国家的惠农政策、发展规划落实到实处，让农民获得国家政策的支持，切切实实体会到中国特色社会主义制度的优越性。他们要带领村民发展集体经济，促进脱贫致富，因而要有能力根据村里的资源状况谋划产业发展，建设特色产业，推进农业现代化。村"两委"要负责村里的环境治理，带领村党员干部和群众对村里受污染的水塘、沟渠、水源、垃圾进行治理，对村里的道路、照明、通信等进行建设并加以维护，努力建设一个生态宜居的美丽乡村。开展扫黑除恶、移风易俗、防范邪恶势力侵扰，为村民构建一个和谐幸福的生活环境。因此，村"两委"务必是一个团结的坚强的战斗堡垒。

T镇13个村的驻村干部在镇党委的指导和帮助下，先后开展了一系列的抓村基层组织建设的活动。一是建立健全村党支部各项工作制度，按照上级和有关规定，统一制定村党支部的建设规划，制度上墙，规范党员活动场所，使得党支部活动场所得到规范和改善，党员活动有了仪式感、规范性。在第一书记等驻村干部的帮助和指导下，13个行政村的党员活动场所，经过统一规范，达到了制度上墙、活动规范、设施统一的标准要求。二是严格执行"三会一课"等制度。镇党委统一部署村党支部"三会一课"活动，第一书记负责指导、协调和监督执行"三会一课"活动。在第一书记的指导、帮助和监督下，村党支部规范了各项工作，完成了"三会一课"所要求的活动内容，即：支部党员大会每季度召开一次，全体党员参加，学习党的有关文件，讨论一些重大问题；党支部委员会每月召开一次，对党支部工作进行讨论，对重要事情作出决策；党小组会议每月召开一次，组织党员参加教育学习，与党员谈心谈话，提高党员责任意识，并开展批评与自我批评；每月召开一次党课，又称党日学习活动，根据不同时期的形势和任务，结合实际，开展有针对性的学习教育活动。每次党课，镇党委都指派镇领导干部到村党支部作为主讲，对党员和干部进行学习教育，第一书记一般担任活动的组织者或主持人。三是指导帮助和监督村党支部、村委会换届选举，确保村"两委"组织换届选举的合法性、公正性、有效性。第一书记在村"两委"组织换届选举中发挥了指导、组织和监督的作用，为顺利开展村"两委"换届起到了积极的推动和保障作用。在 T 镇，2019 年年底和 2020 年年初，各个行政村开展了村党支部书记和村委主任"一肩挑"选举活动。2020 年年底和 2021 年年初，T 镇 13 个行政村全部开展了"两委"换届选举工作。每次村"两委"换届选举，第一书记都全员上岗，奔赴选举活动现场，指导、组织和监督选举活动，使换届选举活动有序、公正、合法、合规。到 2021 年 3 月底，全镇 13 个行政村"两委"换届选举全部完成，保证了村各项工作的顺利进行。

第二，帮助村"两委"研究制定发展规划，培育新型农业经营主体，增强了村集体经济，推进了富民强村进程。实施乡村振兴战略最重要的一项是产业振兴。产业振兴位于乡村各项振兴之首，是乡村全面振兴的关键。实现产业振兴，就要科学规划，重点突破，走产业绿色高端、产品生态安全、农商文旅融合发展之路，形成农工科贸一体化、一二三产业深度融合、新产业新业态创新发展新局面。按照产业兴旺的要求，推动质量兴农、绿色兴农，加快构建现代农业产业体系，促进农业高质量发展、乡村产业融合发展、农业绿色发展，推动农业产业规模经营，做大做强农业龙头企业，发挥农民合作社纽带作用。在产业振兴中，第一书记与村干部共同谋划产业项目，充分利用本村的特色资源优势，与市场紧密联系，促进了特色产业的发展。13 个行政村的第一书记和驻村工作队，2018 年年底帮助村"两委"规划和协调资金 200 余万元，建成了采摘园、泳装厂、大棚蔬菜项目 4 个；2019 年协调资金 500 余万元建成扶贫产业项目 10 个，建成农民合作社组织 1 个；2020 年建成扶贫产业项目及特色产业项目 6 个。村产业项目投入在 3 年期间累计达到 1 500 万元。农业产业的发展，不仅壮大了集体经济，而且在脱贫攻坚战中发挥了积极的促进作用，推动了贫困户增加收入，加快了脱贫攻坚进程，对巩固脱贫攻坚成果也产生了积极影响。

第三，指导帮助落实党内法规和村规民约，实行"四议一审两公开"，提升乡村治理水平。提升乡村治理水平，实现农村社会稳定，给群众创造一个和谐安定的生产生活环境，这是建设美好中国的重要内容。农村社会有自身的特点，在长期的共同环境下生活，村民重视和谐相处及相安无事，并在正式的村规民约和不成文的习俗传统中，处理他们之间的矛盾和关系。对于农村事务来说，存在着民主管理的要求。第一书记驻村工作中一项重要工作是帮助落实党内法规和村规民约，认真执行"四议一审两公开"。因此，在制定村规民约的基础上，不仅制度上墙公示，更重要的是落实。很多乡村在落实村规民约方面做得很好，但是，在执行"四议一审两公开"制度方面做得不彻底，群众有意见。第一书记驻村后帮助村干部提高认识，加强了"四议一审两公开"制度的实施。第一书记在实行该制度中的作用主要是领导、组织和监督，切实落实该项制度，发挥第一书记的指导作用。T镇13个村的第一书记在有关村务事项的决策中，对于村里涉及村民重大利益的事务都积极参与其中，确保了涉及村民重大利益事务的决策公开公正。

第四，指导落实强农惠农富农政策，打通联系服务群众"最后一公里"。为了促进农业发展和农民富裕，国家制定了大量的强农惠农富农政策，包括农业生产补贴政策、农业无息贷款政策以及其他优惠政策，这些政策有很多是针对农业生产需要制定的，但是，有一些乡村并不能真正地落实这些政策，导致这些政策停留在文件上。第一书记驻村帮扶中，需要指导村干部把这些强农惠农富农政策真正落实到农业生产、农民致富上，使农民得到政策的支持。S县T镇13个行政村驻村第一书记认真研究国家制定的强农惠农富农政策，在入户调查中核查这些政策的落实情况，对于尚未得到落实的及时加以指导和监督，农民由此得到了更多的政策支持。同时，第一书记帮助村民解决长期遗留的困难，民事村办，开展为民全程代理服务，为民解忧，得到了村民群众的高度信赖。有的第一书记来自县医院，给村民解决了看病难和医疗保险报销难的问题。有的第一书记利用自身的社会资源，帮助村民解决生产用电的困难。这些都密切了党群关系，增强了群众对国家的热爱和政府的信任，加强了国家在基层社会的领导力。S县T镇第一书记驻村帮扶情况见表6-2。

表6-2 **S县T镇第一书记驻村帮扶情况**

年份	规范组织活动和村规民约制度（项）	发展产业，增强集体经济		提升乡村治理水平			精准扶贫脱贫攻坚		为民服务，联系群众	
		协调资金（万元）	产业项目（个）	化解纠纷（次）	社会稳定（次）	落实村规民约制度（项）	帮助贫困户数（户）	累计实现脱贫人口数量（人）	修建村路（km）	落实惠农政策、民事村办（次）
2018	32	247	2	20	48	15	412	723	27.23	27
2019	24	840	10	31	52	17	412	802	5.75	35
2020	17	570	8	27	47	13	412	847	10.15	42
2021	13	100	5	15	22	17	—	—	—	—

数据来源：课题组实地调查数据。根据T镇2018—2020年第一书记年终工作汇报资料统计计算。计算时，2021年完整资料尚未提供，部分数据空缺。

6.3　问卷调查与结果分析

为了获得各地驻村第一书记的准确信息，促进对第一书记赋能乡村振兴的帮扶实践进行研究，课题组通过问卷星对第一书记赋能乡村振兴实践进行调查，向工作在乡村的第一书记发送调查问卷350份，收回有效问卷265份，调查对象是2021年8月正在驻村帮扶的第一书记或者驻村工作队员，他们是在组织的分配下正在省、市、县级贫困村或者基层组织相对薄弱村开展帮扶工作的驻村干部，对驻村工作具有切实的体会和经历。调查的地域范围有山东省、辽宁省、河南省、陕西省和江苏省，其中以辽宁省为主。以下是我们所作的问卷调查结果及统计分析。

6.3.1　驻村第一书记的基本概况

调查统计显示，在驻村第一书记人员的年龄结构上，30岁以下的干部较少，占全部人员的3.86%，30~40岁人员比例占42.08%，40岁以上的人员占56.05%，可见，40岁左右的人是选派干部的主力。总体上看，选派的驻村第一书记在年龄上处于年富力强阶段，30~50岁的干部居多。从选派干部的性别比例上看，男性干部占89.43%，女性干部占10.57%，见表6-3。这说明第一书记以男性干部为主力。分析其原因，可能是男性干部尤其是中青年干部有更多的时间离开家庭去驻村工作，而女性干部则需要在家庭中照顾孩子，相对来说，女性干部选择驻村工作将会占用照顾孩子的时间。也有其他方面的原因，比如，男性干部更容易适应艰苦地方的环境，并担负起更多的社会责任。

表6-3　　　　　　　　　　　　　驻村第一书记的性别比例

性　别	人　数（人）	比　例（%）
男	237	89.43
女	28	10.57
合　计	265	100

在驻村干部的学历方面，调查数据表明，主要以本科学历为主，占全部选派干部的55.85%；同时，具有研究生学历的干部比例也较高，占26.79%，大专及以下学历的选派干部占17.36%。选派干部的学历程度大部分在本科及以上，只有1.13%的人在大专以下，保证了选派干部具备胜任村工作所需要的文化知识。而不到1.2%的选派干部虽然学历程度在大专以下，但是他们或者是军队转业干部，或者是有丰富工作经验的干部，如图6-3所示。

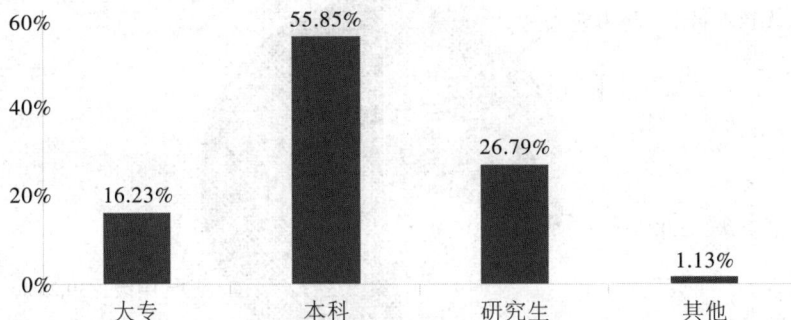

图6-3　驻村第一书记的学历结构

从第一书记的来源单位看，来自事业单位的干部占80.38%，来自政府机关的干部占 11.32%，来自国有企业的干部占 6.42%，来自科研单位、民营企业等单位的占 1.89%。需要说明的是，由于样本的范围偏差，调查问卷可能主要发给了来自事业单位的第一书记，导致来自事业单位的干部比例非常高。但从已有的公开资料可知，第一书记主要来自政府机关和国有企事业单位，这是不争的事实。由于政府机关和企业事业单位存在着技术职称与行政职务级别的差异，因此，我们分别按照职务级别和技术职称两个系列设计了调查问卷。问卷统计结果表明，在行政级别中，科员占 47.17%，副科级占 13.58，正科级占 21.89%，副处级及以上占 17.36%。因此，选派干部担任驻村第一书记，正科级及以下的人员居多，合计占 82.64%。因为机关单位的人员必须走职级晋升道路，从理论上讲，他们存在着晋升职级的强烈要求。对于来自事业单位的驻村第一书记来说，既有从事行政工作的干部，也有从事技术专业的干部。统计数据表明，在第一书记中，具有初级技术职称的占 12.83%，中级技术职称的占 39.25%，副高级技术职称的占 18.49%，正高级技术职称的占 3.02%，无技术职称的占 26.42%，如图 6-4 所示。分析表明，具有正高级技术职称的人员较少的原因，可能是这些人不需要为职称晋升而选择驻村帮扶，部分干部选择驻村帮扶主要的动机是为了响应组织的号召、提升人生价值等。理论上，大多数人选择驻村帮扶，存在着晋升技术职称或者提升职务的愿望，因为这是一个人在工作中通常关心的事情，职称的晋升快慢在一定程度上体现了一个人的工作努力程度高低和能力大小。当然，也有其他方面的考虑，如增加对农村的了解并为乡村振兴作出贡献等因素。

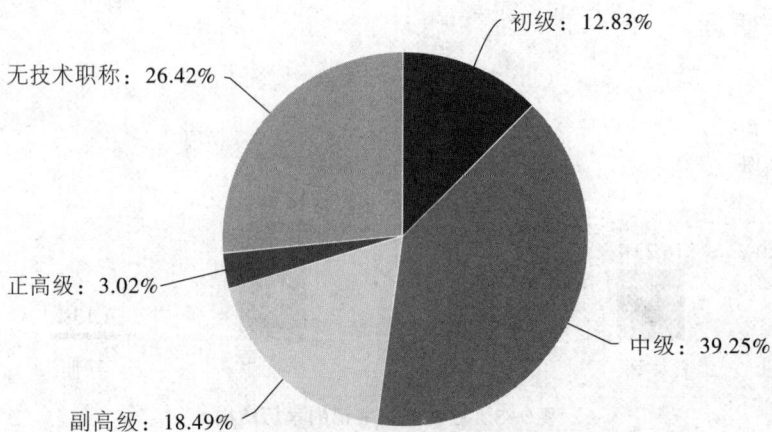

图6-4　驻村第一书记技术职称结构

从驻村工作时间看，调查对象大部分超过了3年，小部分不到2年，较多的情况是在2到3年。在驻村期间，一些驻村干部的职务级别和技术职称，在派出单位得到提升，一些驻村干部没有改变。但是，大部分干部的职务或职称没有提升，有些派出单位承诺在驻村工作结束后给予提升。这一点从调查问卷中可以看到。调查问卷中我们设计的问题是"驻村工作后，你的职务或职称是否有变化"。对这个问题的回答，有70.94%的干部选择"没有变"，20.75%的干部选择"提升了"，3.77%的干部回答"将提升"，另有4.53%的人回答"驻村工作结束后提升"，如图6-5所示。

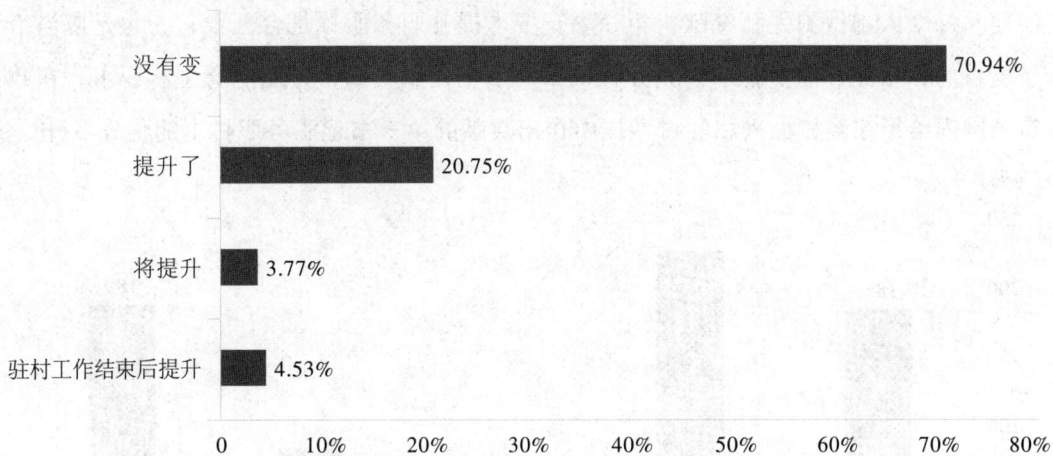

图6-5　驻村以来第一书记的职务或职称提升情况

本次调查问卷，有较多的省选派干部参加答题，市、县选派的干部也是主要参与者。因此，选派驻村的第一书记，来自省委组织部选派的第一书记和来自市、县委组织部选派的干部所占比例几乎相当。收回的调查问卷表明，省派干部占44.91%，市选派的干部占18.11%，县选派的干部占36.98%。可见，市、县委组织部选派的第一书记人数合计数大于省委组织部选派的人数，合计占55.09%。

从家属的支持度上看，他们的家属对其选派驻村任第一书记，近80%的人表示支持，只有少部分人表示不支持。家属的支持，使选派干部驻村工作能够顺利开展，并给了他们很大的精神支持。但也有小部分驻村第一书记（比例占6.04%）因为孩子无人照管等原因，没有得到家属的支持。另外，有15.09%的驻村第一书记家属表示"既不支持也不反对"。

机关单位和企事业单位的干部，被组织部门选派到村任第一书记，他们多数是主动报名参加驻村工作，说明了他们在政治觉悟、思想认识上具有较高的水平。调查结果证实了这种推测。课题组设计的问题是"您驻村工作的目的是什么"，收回的265份问卷中，228人回答是"了解农村作些贡献"，占驻村干部的86.04%；选择"提升人生价值"的有189人，占驻村干部的71.32%；选择"增加农村工作经历"的有185人，占69.81%；选择"提升职务职称级别"的有84人，占31.70%；选择"提高收入水平"的占24.15%，如图6-6所示。可以看出，大多数人把为农村发展和乡村振兴作为选择驻村工作的首要目的，而因为提升职务职称级别和提高收入水平的相对较少。我们不能要求每个人都做到无私奉献，第一书记要求提升职务职称是合理要求，也是应当给予支持的，因此，需要管理者充分认识第一书记在职务职称方面的愿望和要求，在政策范围内给予在乡村振兴和驻村帮扶中作出贡献的第一书记职务职称上的优先晋升。

（人）

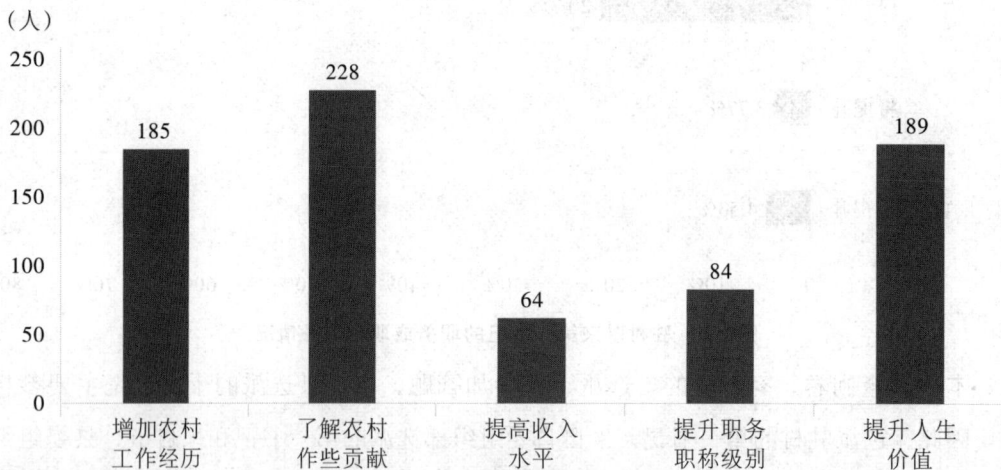

图6-6　第一书记驻村工作动机

6.3.2　第一书记驻村帮扶方式与途径

在选派干部驻村工作中，2015年4月30日，中央组织部、中央农村工作领导小组办公室、国务院扶贫开发领导小组办公室发布了《通知》，对第一书记驻村工作的主要职责任务作了总体要求，主要有建强基层组织、推动精准扶贫、为民办事服务和提升治理水平四个方面。调查发现，在第一书记驻村帮扶和乡村振兴中，第一书记也是主要围绕着这几个方面开展工作的，并作出了显著成绩。课题组设计了相关问卷，收回的问卷证实了这个结论。

对于上级赋予第一书记驻村工作的主要职责任务，77.74%的驻村干部认为"比较明确"，但是，也有17.74%的驻村第一书记表示"不很明确"。我们按照《通知》中规定的职责任务，给出"建强基层组织""推动精准扶贫""为民办事服务""提升治理水平"和"发展产业"五个可以多选的选项，收到的问卷表明，92.45%的第一书记认为"建强基层组织"是驻村工作的主要任务，90.94%的第一书记认为"推动精准扶贫"是驻村工作的主要任务，85.66%的第一书记认为"为民办事服务"是驻村工作的主要任务；72.83%的第一书记认为"提升治理水平"是主要任务；73.96%的第一书记认为"发展产业"是主要任务。从《通知》的要求看，这几项都是第一书记驻村工作的主要任务，但是，由于第一书记驻村工作中从事的主要工作有一定差异，有的时候把建强基层组织作为重点来抓，有的时候把精准扶贫作为重点来抓，有的时候把提升治理水平作为重点，有的时候强调发展产业这个方面。因此，给第一书记驻村工作带来了一些困惑。他们在工作中认识到这些都是驻村工作要承担的职责任务，不过在不同的阶段需要关注的重点不同，比如，在脱贫攻坚阶段，第一书记驻村帮扶的重点是精准扶贫、精准脱贫，以便实现2020年全部脱贫和全面建成小康社会，为实现这个目标，就要紧紧抓住建强基层党组织和发展产业这两个中心。因此，第一书记驻村工作中要把"建强基层组织""推动精准扶贫"作为主要任务。同时，"提升治理水平"和"为民办事服务"，也是第一书记驻村工作时常面临的重要工作，他们也非常重视这两项任务。此外，要想农村美、农民富，发展产业是关键，为此，他们积极谋划发展产业，推动精准脱贫。可见，第一书记在对主要任务问题的认识上存在一些差异，但是，总体上是一致的。造成差异的原因，既有工作内容重点的不同，也存在着其他方面的因素，比如对该选项的认识偏差。

基于对驻村工作主要任务的认识，第一书记驻村工作以来，在乡镇党委和政府的统一部署和指导下，积极开展了相应的工作。根据调查结果，第一书记在基层组织建设、精准扶贫、为民办事服务（包括化解村民矛盾）、环境等社会治理、产业发展等方面，都展开了积极的有效的行动。对于"您驻村工作以来做了哪些工作"这个问题，回答的情况见表6-4。

表6-4 第一书记驻村工作的主要内容

序号	选项	选择该项的人数	占调查对象全部人数比例（%）
1	基层组织建设	246	92.83
2	精准扶贫	249	93.96
3	为民服务（含化解矛盾等）	226	85.28
4	社会治理（含环境整治）	178	67.17
5	发展产业	175	66.04

从表6-4中可以看到，第一书记在"基层组织建设""精准扶贫"和"为民服务"方面，所做的工作和投入的精力较其他方面更多。其中，在收回的265份有效问卷中，有246人在基层组织建设方面，自我感觉做了较多的工作；249人选择了"精准扶贫"，说明绝大部分第一书记都把精准扶贫工作作为主要工作；226人选择了"为民服务"，说明第一书记在驻村工作中，在为村民提供帮助和服务、化解社会矛盾、民事村办等方面做了大量的工作。这一点也印证了第一书记驻村过程中为民服务、增强党群联系、解决群众关心的问题和难题的观点。以第一书记为民服务为例，调查研究发现，90.18%的第一书记在驻村中为民化解了1次以上的纠纷，或者有为民服务经历。其中，化解矛盾、为民服务10次以上的人数占32.83%，化解矛盾、为民服务3~10次的人数占29.43%，化解矛盾、为民服务1~3次的人数占27.92%。

此外，调查对象中超过2/3的第一书记，在社会治理、发展产业方面做了大量工作。选择"社会治理"和"发展产业"的人数比例分别是67.17%和66.04%。由于调查问卷存在着被调查对象理解上的出入，在回答"您驻村工作以来做了哪些工作"这个问题时，没有全部按照多选题答题，而是有人按照单项选择进行答题，这样回答存在难以反映实际工作内容的问题，因此，这两项的实际比例应当比显示的数据更高。

6.3.3 第一书记驻村帮扶主要贡献

第一书记在乡镇党委的领导下，全身心投入乡村振兴中，在精准扶贫和脱贫攻坚战中发挥了巨大作用，产生的影响是深远的。他们一部分长期居住在条件十分艰苦的村里，或者居住在由乡镇政府统一安排的距离所驻村庄很近的公寓里，与群众密切联系，与村干部打成一片，成为发展乡村经济和提升乡村社会治理水平的重要帮手。调查结果表明，第一书记主要在以下方面作出了贡献。

1）带领和协助村干部建强了基层组织

第一书记驻村工作的一个重要职责是建强党在农村的基层组织，使农村基层组织成为能够坚决执行党和国家强农惠农富农政策的组织者，成为农村社会的坚强领导，能够带领村民脱贫致富，实施乡村振兴战略。为了做到这些方面，就要强化农村党组织，发展农村党组织，使农村党组织成为一个坚强的战斗堡垒，维护好农村环境，发展好农村经济，建设好农村文化，为实现农村现代化创造条件。因此，第一书记在乡镇党委的领导和部署下，对农村基层组织开展制度化、规范化建设，带领党员干部，实现对农村社会的全面发展和全面治理，促进农业高质量发展，推动农业现代化。调查问卷中，我们设计问题"你认为你在驻村工作后，村子的主要变化是（单选题）"，来分析第一书记驻村给乡村带来的影响。其统计结果见表6-5。

表6-5　　　　　　　　　　　　　第一书记驻村工作的主要影响

序号	选项	选项人数	比例（%）
1	集体经济增强	36	13.58
2	乡村环境美化	25	9.43
3	民风民俗变化	6	2.26
4	贫困人口脱贫	112	42.26
5	党建工作加强	86	32.45
合计		265	100

从表6-5可以看出，32.45%的第一书记选择"党建工作加强"，42.26%的第一书记选择"贫困人口脱贫"，13.58%的第一书记选择"集体经济增强"。由此证实了我们的观点：自第一书记驻村工作以来，农村党建得到了加强，党的各项工作开展得更加规范，制度上墙并得到了实施，"三会一课"的难题得到了较大程度上的解决。这些都可以概括为"党建工作加强"这个选项。在第一书记驻村工作后，很多村党支部的工作开展起来更加认真，不仅"三会一课"得到很好的执行，而且村党员更加积极地自觉开展为群众服务，他们建立了村党员义务服务先锋队，开展环境保护，在疫情防控中发挥了先锋模范作用。

2）带领和协助村干部开展精准扶贫，打赢脱贫攻坚战

第一书记驻村帮扶长远目标和现实任务是乡村振兴和精准脱贫。第一书记驻村帮扶贫困人口、贫困村，整合资源，发展扶贫产业，通过一对一帮扶，增强了贫困人口的脱贫致富能力，不仅打赢了脱贫攻坚战，而且，很多贫困村摘帽、贫困人口脱贫后，能够自力更生，脱贫致富。表6-5显示，第一书记中42.26%的人认为他们的工作使"贫困人口脱贫"了。可见，贫困人口实现了脱贫，是第一书记驻村帮扶最重要的成果之一。从第一书记驻村帮扶的实际工作看，他们做得最多的工作，首先是基层组织建设，其次是脱贫攻坚。而脱贫攻坚的彻底胜利是建强基层组织的重要成果。

那么，第一书记在脱贫攻坚中做了哪些工作呢？课题组对此问题进行调查的结果是：收回的265份调查表中，78.11%的第一书记选择了"协助村干部规划发展产业"，75.47%的第一书记选择了"一对一结对帮助贫困户脱贫"，55.09%的第一书记选择了"为贫困户争取低保"，另有74.37%的第一书记选择"协助村干部填表"，43.4%的第一书记选择了"应付检查"，如图6-7所示。可见，在精准扶贫工作中，第一书记主要通过规划发展产业、一对一结对帮扶、协助村干部工作、落实低保政策等措施，促进贫困户脱贫。但是，第一书记在精准扶贫中也用了大部分时间帮助村干部填写各种扶贫表格，并协助村干部通过很多方式应对有关扶贫检查。扶贫检查是督促和检验精准扶贫成果的重要措施，具有必要性，对于保证脱贫攻坚战的胜利具有积极作用，但是，也占用了第一书记大量的精力和时间。

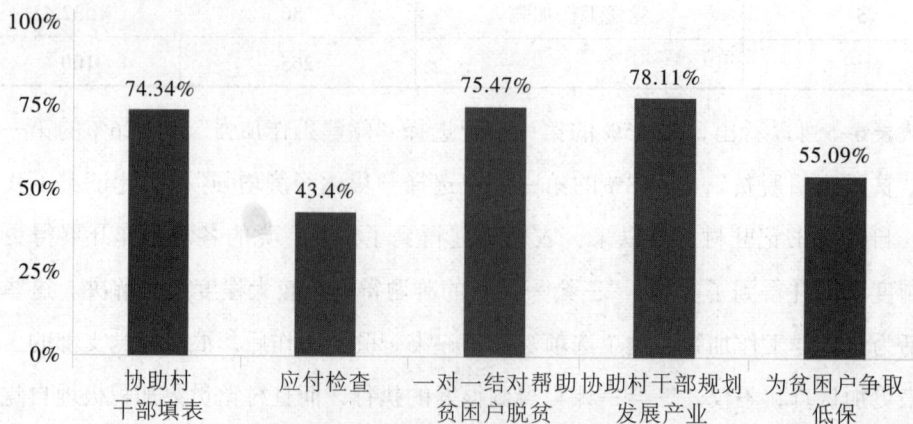

图6-7　第一书记精准扶贫的主要方式

为了分析第一书记在精准扶贫中起到的作用，课题组以"你认为第一书记在精准扶贫中起到的作用是（多选题）"为题，问卷统计结果表明，59.26%的第一书记认为，他们在精准扶贫中起到的作用是"辅助作用"，22.64%的第一书记认为他们起到了"主导作用"，43.40%的第一书记认为他们起到的"作用较大"，但也有14.34%的第一书记认为在精准扶贫中的"作用一般"。这说明了第一书记认为其在精准扶贫中总体上起的作用较大，但是，并不是决定性的作用。这也表明，脱贫攻坚战需要多方参与、共同奋斗才能最终完胜，而不是单靠某个人、某一些力量去完成的。可以肯定的是，第一书记在精准扶贫和精准脱贫中起到的作用是不可否认的。他们为了打赢脱贫攻坚战，不仅想方设法发展扶贫产业，发展集体经济，而且通过争取扶贫资金和扶贫物资，向贫困户捐赠发展产业的资金及帮困物资，有力地促进了贫困户脱贫，确保了在2020年我国全部实现贫困人口脱贫。

课题组调查发现，2018年3月—2021年5月，第一书记驻村工作中，为了充分掌握村中的贫困户情况，他们深入到贫困户家中进行调研和摸底，其中，70.94%的第一书记对贫困户家庭入户调查及帮扶达到50次以上，16.60%的第一书记入户调查次数达到20~50次，12.45%的第一书记入户调查次数达10~20次。第一书记开展入户摸底核查，为精准扶贫提供了坚实的基础，极大地帮助了贫困户，对落实国家扶贫政策具有积极的作用。一些贫困户因为对政策不了解，不知道应当得到什么样的帮助。一些村干部为了省心省事，不愿意进入贫困户家庭进行调查。通过第一书记进入贫困户家庭调查和核查，以往存在的扶贫对象不精准、帮扶措施不精准、扶贫效果不明显的问题得到了及时解决。

他们向贫困户提供帮扶物资及资金，为贫困户纾困解难，有的是解决生活上的困难，有的是生产上困难，这些帮扶行为都有力地促进了贫困户尽快脱贫。调查发现，被调查的265名第一书记中，12.83%的第一书记向贫困户捐赠10 000元以上帮扶资金；13.21%的第一书记向贫困户提供5 000~10 000元帮扶资金；58.87%的第一书记向贫困户提供了5 000元以内的帮扶资金，见表6-6。

3）整合资源发展产业

考察产业项目是推动产业扶贫的重要步骤，只有产业项目规划科学，才能实现产业扶贫的目标。为了引进产业，外出考察项目3次以上的第一书记比例为33.96%，

表6-6　　　　　　　　　　第一书记向贫困户捐赠帮扶资金的情况

序号	提供帮扶资金	人数	比例（%）
1	0元	40	15.09
2	1~5 000元	156	58.87
3	5 000~10 000元	35	13.21
4	10 000元以上	34	12.83
合计		265	100

1~3次的第一书记比例为47.55%。为了帮扶贫困户家庭发展产业，71.32%的第一书记开展过1~10次向贫困户捐赠帮扶物资和资金，20.38%的第一书记开展过10次以上的帮扶活动。

为了发展产业，第一书记协助村干部或者独立争取扶贫物资及产业项目建设资金。调查表明，49.06%的第一书记为村里争取了扶贫产业项目建设资金10万元以下，16.6%的第一书记争取了扶贫产业项目资金10万~50万元，5.28%的第一书记为村里争取了50万~100万元的扶贫产业项目资金，7.55%的第一书记协助村干部或者独立争取了100万元以上的项目资金用于扶贫项目建设，如图6-8所示。同时，由于各种因素和条件的限制，没有争取到扶贫产业项目资金的驻村干部也占相当大比例，高达21.51%。这些扶贫产业项目资金，对于促进精准脱贫和巩固脱贫攻坚成果，增强村集体经济，产生了巨大的影响和作用。

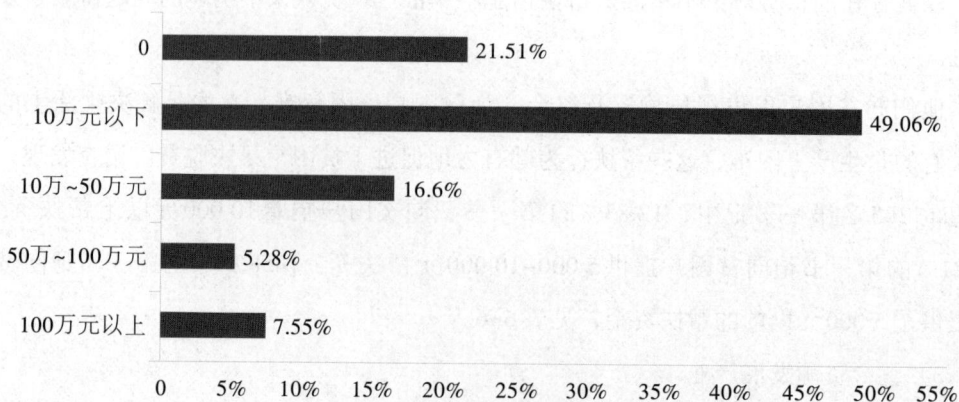

图6-8　第一书记为村争取帮扶产业项目资金情况

4）促进建设乡风文明

第一书记在建设乡风文明中具有一定的优势，他们通过组织村民文化娱乐活动、建设文化广场和捐赠图书、电脑，帮助村小学建设，推动了村文化事业的发展。课题组通过"你给村文化建设做的工作有哪些"的问卷，调查了第一书记驻村工作中促进乡村文化建设和乡风文明建设的措施。如图6-9所示，在被调查的265名第一书记中，帮助建设小学的占11.7%，帮助建设文化娱乐设施的占41.89%，捐赠电脑的占41.51%，捐赠图书300册以上的占30.94%，组织村民文体活动的占54.72%。另外，有43.77%的人选择"其他"，这里表明有许多第一书记以其他方式帮助村民文化建设，促进乡风文明。

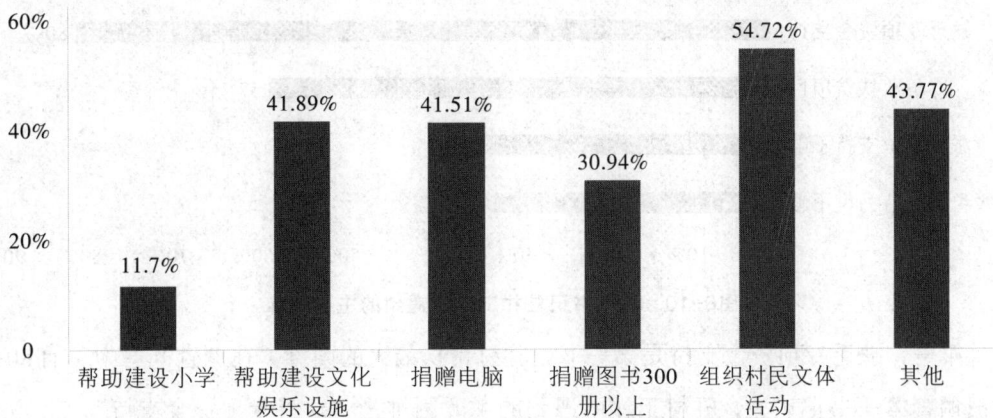

图6-9　第一书记中帮助村民文化建设的人员比例

6.3.4　第一书记驻村帮扶的困境

1）驻村感受

作为外来人员，第一书记要融入乡镇和村干部中，才能够更好地开展驻村工作。除了自身努力外，还需要外部环境支持，以及必要的制度机制。调查发现，第一书记在驻村帮扶中总体上感觉较好，其中48.3%的第一书记表示驻村工作感受良好，34.72%的第一书记表示十分好，但是，也有11.32%的第一书记表示感受一般，甚至有3.4%的第一书记表示驻村感受很不如意。由于驻村的感受不同，他们在面临未来是否继续选择驻村工作的问题时，有显著的差异。因此，对于"如果给你再次选择驻村工作的机会，你还会选择做第一书记吗？"这个问题，第一书记中有45.28%的人回答"会"，38.87%的人选择"听从组织安排"，11.32%的人选择了"不会"。另有4.53%的人选择"看待遇情况而定"。可见，第一书记中有接近一半的人愿意再次选择驻村工作，超过一半的人不愿意或者不是很肯定再次选择驻村工作。

2）驻村困境

第一书记驻村工作中，遇到的主要困境有哪些？调查问卷中的"你认为工作中遇到的主要困难是（多选题）"，可以帮助我们分析这个问题，如图6-10所示。

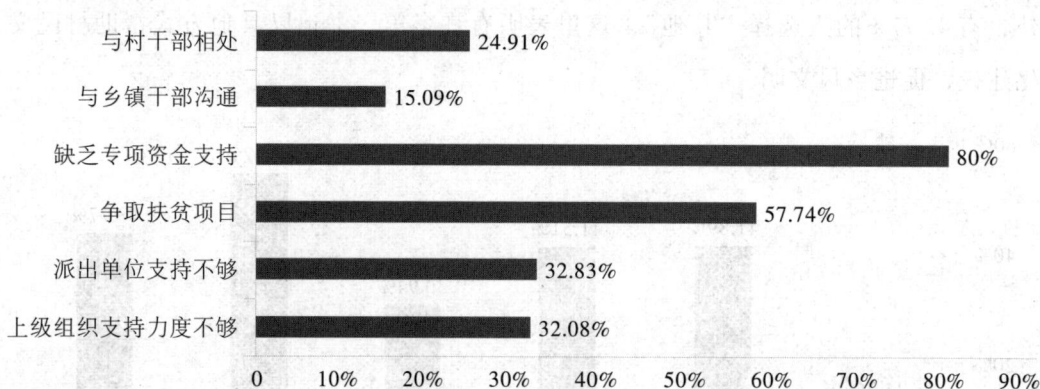

图6-10　第一书记驻村工作中遇到的主要困难

第一，缺乏专项资金支持是第一书记驻村帮扶最大的困难。在调查问卷中，有80%的被调查第一书记认为，驻村工作中遇到的主要困难是"缺乏专项资金支持"。第一书记在驻村帮扶中，大部分都希望通过发展产业，通过引进项目，特别是争取到发展项目的资金，给村里增加收入。但是，第一书记争取项目建设的资金是一个难题，他们最希望能够得到专项资金支持。缺乏专项资金，又争取不到项目资金，导致第一书记在帮扶中很难在产业项目发展上有所作为。因此，第一书记驻村帮扶存在权责不匹配的矛盾。也就是说，他们肩负着各种重要任务，但是没有资金支持，缺乏发展资金。调查组在一项关于"你在发展扶贫产业时，最大的难处是（单选题）"的调查统计中发现，55.85%的第一书记认为"缺乏资金"是发展扶贫产业遇到的最大困难。只有8.68%的第一书记认为最大困难是"乡镇及村干部不支持"，说明发展扶贫产业也是村干部和乡镇干部愿意做的事情。以上数据说明第一书记在帮扶资金的整合方面存在较大困难，如图6-11所示。

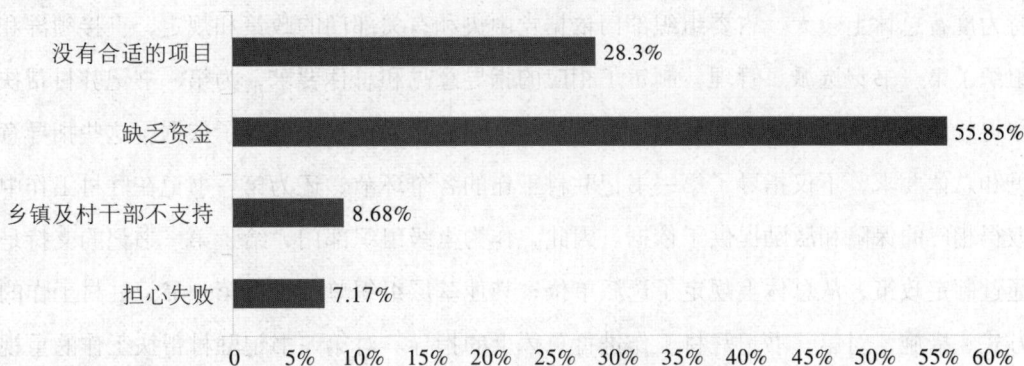

图6-11　第一书记发展扶贫产业中遇到的最大困难

第二，第一书记驻村遇到的第二个困难是实施帮扶项目。帮扶项目也称作扶贫产业项目，由于产业项目是依托贫困村的资源或者村里的优势，在乡镇政府的统一规划下实施的，因此，第一书记需要与村"两委"共同谋划，并经乡镇党委同意，上报给县（区）扶贫办，最后才能得到落实。第一书记协助村干部，根据贫困村现有的资源，以及对市场的预测，确定本村扶贫产业项目。扶贫产业项目的实施，需要经过规划、项目论证、项目建设和项目管理等阶段。第一书记在争取帮扶产业项目资金中的主要困难在于申请项目。同时，确定合适的项目也是争取帮扶产业项目资金的一个关键环节。被调查的第一书记中，有28.3%认为"没有合适的产业项目"，55.85%认为"缺乏项目资金"。从图6-12可以看出，只有8.68%和7.17%的第一书记表示在发展扶贫产业中得不到干部与群众支持和缺乏项目落实地点。

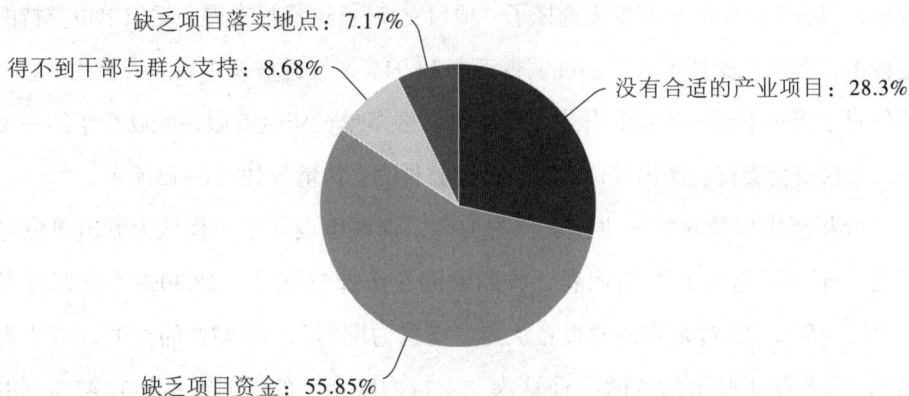

图6-12　第一书记发展帮扶产业遇到的最大困难

第三，第一书记驻村工作的各级组织支持力度较大，但仍有差别。从各级组织的支持力度看总体上较大。省委组织部门依据党中央和有关部门的政策和规定，直接领导和组织了第一书记选派、管理，制定了相应的指导意见和总体要求，为第一书记驻村帮扶取得政治上的合法性提供了依据，也为第一书记驻村工作管理提供了依据。这些指导意见和总体要求，不仅指导了第一书记驻村工作的各个环节，还为第一书记在驻村工作中取得相应的保障和激励提供了依据。因此，作为上级组织部门，给予第一书记的支持是通过制定政策，从总体上规定了选派单位、其他基层组织单位支持第一书记驻村工作的方式、措施，对第一书记驻村工作进行总体上的指导。对第一书记驻村帮扶工作的重视和支持体现在多个方面：政策上要求各级组织部门给予第一书记大力支持，要求各级组织做好第一书记驻村工作的保障、培训等。可见，上级组织对第一书记驻村做了全面的规划和政策安排，具有指导性、规范性。

第一书记驻村帮扶工作需要派出单位的大力支持。那么，派出单位支持的力度怎样？我们在调查中发现，大部分的第一书记认为，派出单位非常重视第一书记驻村帮扶工作，在待遇上给予高度的重视，并且在第一书记驻村期间，派出单位按照省委组织部的要求，派出领导干部到第一书记工作的乡村开展指导、慰问，对表现突出的第一书记进行表彰，在职称评定、职务晋升上给予优先考虑，制定了驻村工作期间的生活补助标准，同时，给第一书记驻村工作期间报销探亲的交通费、伙食费。调查问卷表明，第一书记在驻村期间，得到派出单位最多的支持是"精神支持"，选择"精神支持"的被调查者占36.6%；其次是"资金支持"，选择"资金支持"的被调查者占30.94%。派出单位对第一书记驻村帮扶项目支持较少，只有7.55%的被调查者选择了"项目支持"。选择没有得到派出单位支持的第一书记也较多，选择"支持不大"的被调查者占24.91%，接近被调查者总人数的1/4。可见，派出单位对于第一书记的支持整体上并不很强。很多单位资金有限，难以给予第一书记驻村帮扶的项目资金支持。派出单位对第一书记驻村的支持情况如图6-13所示。

为了分析派出单位对第一书记支持的力度，课题组设计了"你认为派出单位对你的支持程度高低（单选题）"的问卷，收回的问卷统计数据是：28.30%的被调查者认为"支持力度中等"，23.77%的被调查者认为"支持力度弱"，15.47%的被调查者认为"没有支持"，三者合计占比67.55%。而认为"支持力度大"的被调查者占32.45%。由此也可以看出，派出单位对第一书记驻村帮扶还不够有力。

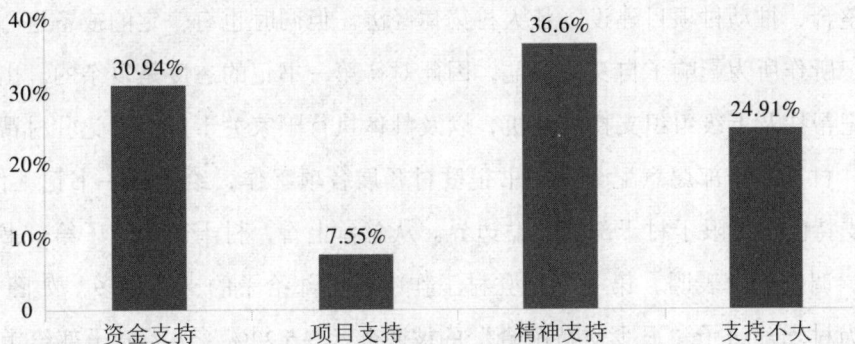

图6-13　派出单位对第一书记驻村的支持情况

乡镇党委是负责管理第一书记驻村工作的基层组织，对于第一书记驻村帮扶工作的效果产生直接的影响。从课题组的调查结果看，乡镇党委和政府大多数做到了为第一书记提供基本的生活条件和工作环境，在工作上，能够帮助第一书记开展村基层组织建设特别是党支部建设，能够为第一书记融入村组织、发展产业、提升乡村治理水平创造条件。调查数据表明，接近70%的被调查者，对于乡镇党委为第一书记提供的工作与生活环境是满意的，其中，21.89%的被调查者认为"很好"，27.92%的被调查者认为"较好"，18.87%的被调查者认为"好"。但是，也有31.32%的被调查对象认为乡镇党委为第一书记提供的工作与生活环境"一般"，这说明各地的乡镇党委对第一书记工作支持力度有所不同。第一书记对乡镇党委支持力度的评价如图6-14所示。

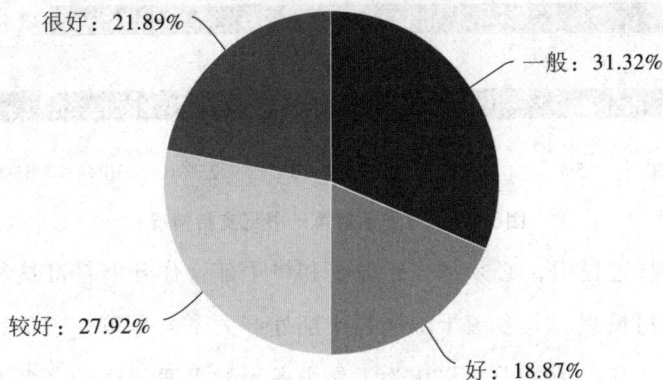

图6-14　第一书记对乡镇党委支持力度的评价

作为外部力量嵌入基层党组织，第一书记被乡村基层干部赋予了厚望，基层干部尤其是村干部，希望第一书记能够给村经济发展带来项目和资金，通过第一书记的外部资源整合，推动村项目建设，壮大村集体经济。但同时也有一定的戒备之心，担心第一书记所作所为影响了自身的利益，因此对待第一书记的态度是复杂的。出于获得第一书记帮扶及上级组织支持的动机，以及具体执行国家关于第一书记驻村帮扶政策的压力，村基层干部愿意配合第一书记驻村开展各项工作，给予第一书记工作支持。然而，支持的力度限于村干部的利益边界。从总体上看，村干部给予了第一书记较多的支持。调查问卷表明，第一书记驻村工作中村干部给予的支持较多。如图6-15所示，认为村干部给予"很少支持配合"的被调查者占5.22%，认为村干部给予"一般支持"的被调查者占21.52%，认为村干部给予"较多支持与配合"的被调查者占33.58%，认为获得村干部给予"大力支持"的被调查者占39.63%。这说明村干部对于第一书记驻村帮扶总体上是支持的，对第一书记工作不支持或者很少支持的占少数。认为村干部给予"很少支持配合"和认为村干部给予"一般支持"的被调查者合计占26.79%，虽然比例不高，但对第一书记驻村帮扶效果产生的影响不能小觑，应当引起上级组织的高度重视。

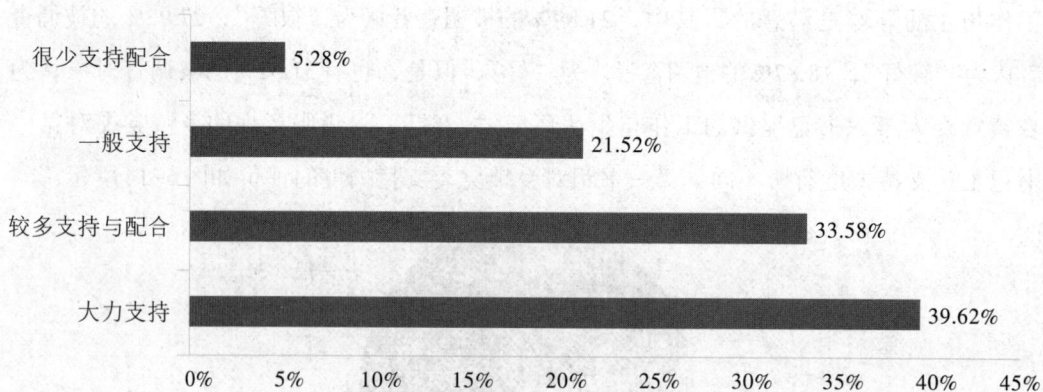

图6-15 村干部对第一书记支持情况

第一书记驻村过程中，必须与乡镇党委和村干部合作开展精准扶贫工作，共同谋划产业，实现乡村振兴。与乡镇干部和村干部处好关系，是第一书记完成任务和履行职责的重要条件。在一项关于"你认为工作中遇到的主要困难是（多选题）"的调查中，我们发现，15.09%的被调查者认为存在与乡镇干部沟通困难的问题，24.91%的被调查者认为存在与村干部相处困难的问题。第一书记来自机关和企事业单位，大多数具有较高的文化水平，有的还具有较高的技术水平。但是，对于与长期在基层工作的乡镇干部和村干部打交道，一部分第一书记适应能力弱，因为乡镇干部和村干部有他们自己的工作方式和个性特点，以及长期形成的思维习惯和思想观念，第一书记要处理好与乡镇干部及村干部的关系，需要较强的协调能力、适应能力和变通能力。

乡村基层组织建设是第一书记驻村帮扶的一项最重要的任务。加强基层组织建设特别是村党组织建设，需要第一书记与村干部来完成。从完善制度到执行制度，从"三会一课"到发展党员，从提高服务水平到联系群众，不仅需要上级组织的支持，还需要村党支部书记的支持，缺少任何一个方面的支持都很难完成加强基层组织建设的任务。

调查发现，2/3以上的被调查者认为加强基层组织建设"比较困难"，近1/3的被调查者认为加强基层组织建设"比较容易"。其中，8.30%的被调查者认为加强基层组织建设"很难"，55.09%的被调查者认为加强基层组织建设"比较难"，6.04%的被调查者认为加强基层组织建设"十分容易"，30.57%的被调查者认为加强基层组织建设"比较容易"，如图6-16所示。

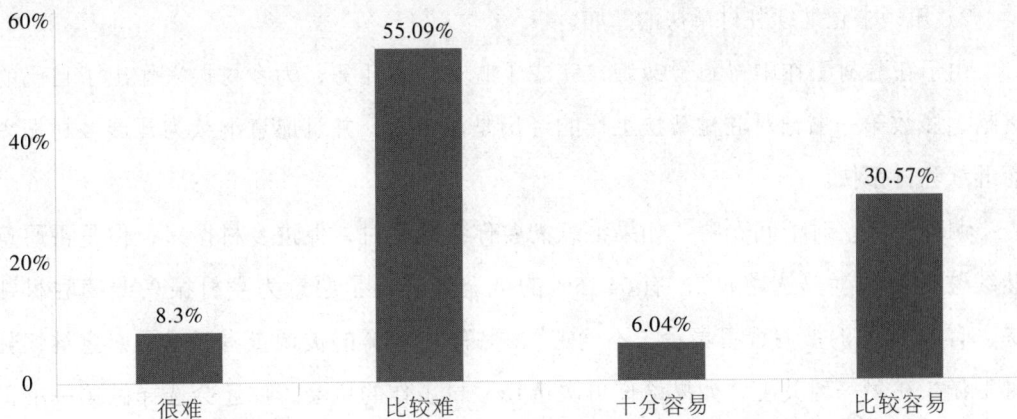

图6-16　第一书记对于加强基层组织建设难易程度的看法

6.3.5　进一步调查

1）驻村帮扶对自身的影响

第一书记不仅在2020年圆满完成脱贫攻坚的艰巨任务，而且在加强乡村基层党建、乡村社会治理和提升为民服务方面取得了显著的成果。第一书记普遍认为自己在驻村工作中增加了对农村的了解、获得了基层工作经验，并且增长了工作才干和提升了人生价值。

在对"第一书记驻村工作取得哪些收获"的调查中,我们发现第一书记大部分都感到很有收获,90.19%的被调查者认为,驻村工作使自己"对农村情况了解增加"了,88.68%的被调查者认为"获得了基层工作经验",另有80.38%的被调查者认为"提高了人生价值",74.72%的被调查者认为"增长了工作才干",如图6-17所示。

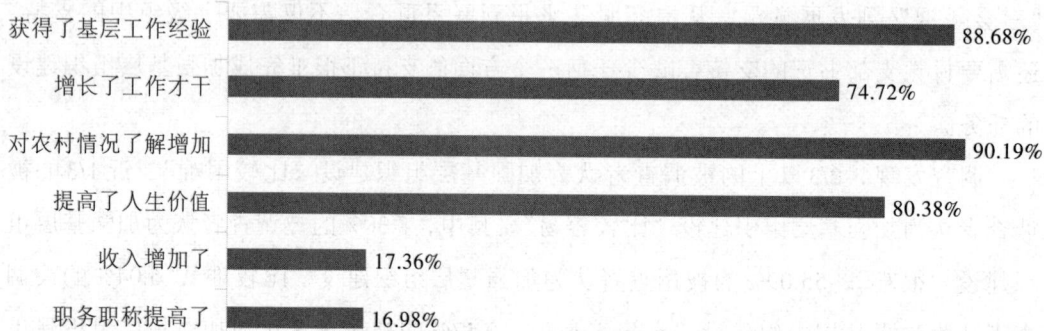

各获得了基层工作经验 — 88.68%
增长了工作才干 — 74.72%
对农村情况了解增加 — 90.19%
提高了人生价值 — 80.38%
收入增加了 — 17.36%
职务职称提高了 — 16.98%

图6-17 第一书记驻村工作取得的收获

2)第一书记继续驻村帮扶的意愿

由于在驻村工作中得到了锻炼,完成了脱贫攻坚任务,为乡村振兴作出了自己的贡献,多数第一书记对驻村帮扶工作的经历是满意的,并且愿意继续为开展乡村振兴而继续驻村帮扶。

调查发现,对于问卷中"如果组织需要你继续驻村,促进乡村振兴,你是否愿意继续驻村帮扶(单选题)",有64.15%的被调查者表示愿意为乡村振兴继续驻村帮扶,有21.51%的被调查者表示"不确定",另有13.58%的被调查者表示不愿意继续驻村工作。在另一项关于"如果给你再次选择驻村工作的机会,你还会选择做第一书记吗?(单选题)"的调查中发现,45.28%的被调查者表示"会",38.87%的被调查者表示"听从组织安排"。

3)第一书记对驻村制度的评价

第一书记制度的实施,有力地促进了脱贫攻坚,推动了全面建成小康社会和实施乡村振兴战略。第一书记制度是一项比较完善的制度,但在执行中其实践机制还需要进一步完善。我们从调查中得出了同样的结论。根据对265位驻村第一书记关于该项制度看法的调查,发现42.27%的被调查者认为"人员选派不精准",62.17%的被调查者认为

"上级支持不够"，53.93%的被调查者认为"权责不匹配"，43.82%的被调查者认为"奖惩制度不科学"，如图6-18所示。这些都是在第一书记制度执行中存在的问题，也可以说是实践机制问题。如何完善第一书记制度实践机制，解决上述方面的问题，是在第一书记制度实践中需要研究的问题。

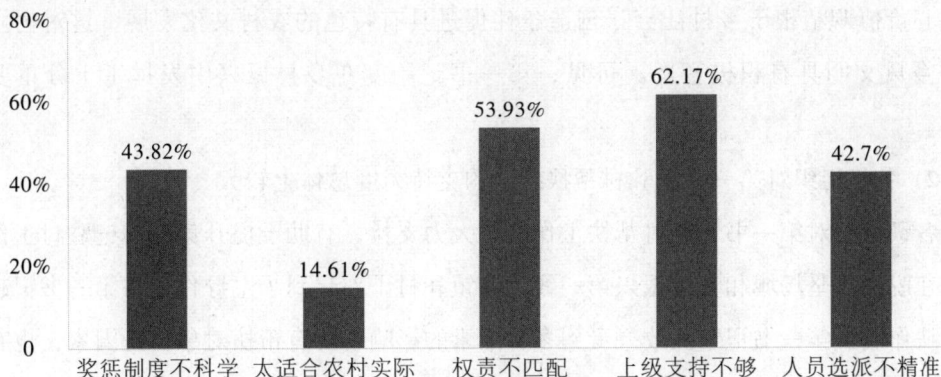

图6-18　第一书记制度实践机制存在的不足

6.3.6　调查结论

通过以上调查分析，我们得出如下结论：

1）第一书记在精准脱贫和乡村振兴中的作用较为显著

从机关、企事业单位选派优秀干部任村第一书记，为开展精准扶贫提供了高素质的人才力量，壮大了精准扶贫队伍，为实现乡村振兴充实了人力。第一书记驻村工作，协助村"两委"制定产业发展规划，提升集体经济实力，结对帮扶贫困户，做到了"六个精准""五个一批"，在脱贫攻坚中起到了显著的作用，为扶贫开发和打赢脱贫攻坚战作出了显著的贡献。

第一书记利用自身的知识优势、关系资源和巨大的努力，对贫困人口既扶贫又扶智，整合资源发展扶贫项目、扶贫车间，帮助贫困人口实现脱贫。他们驻村期间，重点抓党建促扶贫，建强建壮村基层组织，使村基层组织成为能够带动村民发展产业、脱贫致富的领路人，推动乡村振兴。

很多第一书记帮助乡村规划了文化旅游、生态休闲、特色农产品加工产业，为进一步增强集体经济实力奠定了产业基础，促进了乡村产业振兴。很多第一书记还推动了美丽乡村建设，实施了环境污染整治工程，加大了环境保护力度，使乡村美起来，为建设生态宜居乡村作出了重要贡献。因此，第一书记驻村帮扶推动了生态振兴。

很多第一书记协助乡村干部加强了乡村社会治理，完善了治理体系，促进了乡村治理现代化。在加强社会治理的同时，第一书记还积极促进乡村文明建设，把社会主义核心价值观植根于乡村社会，创造条件促进具有特色的农村文化发展，这对树立良好的乡风文明具有积极意义。可见，第一书记制度在乡村振兴中发挥了十分重要的作用。

2）各级组织对第一书记驻村帮扶给予的支持力度总体上较大

各级组织对第一书记驻村帮扶工作给予大力支持，有助于提升第一书记驻村工作绩效。在脱贫攻坚场域和乡村振兴第一线，乡镇和村干部起到了主导作用，第一书记起到了帮扶作用。第一书记帮扶效果受到多种因素的影响，既有帮扶对象自身因素，也有第一书记帮扶环境因素。

总的来看，乡镇和村干部对第一书记驻村帮扶起到的支持作用最大。乡镇党委和政府为第一书记驻村帮扶营造了总体上良好的环境条件，包括第一书记工作环境、生活条件等，作出了较好的安排。但是，有些派出单位对第一书记的支持力度较小。一些派出单位没有给予第一书记扶贫帮扶专项资金，在激励政策上也存在不足，限制了第一书记发挥帮扶作用，对第一书记绩效产生不利的影响。

3）第一书记制度为国家锻炼培养了一批后备干部人才

农村工作复杂而且工作环境艰苦，干部驻村工作对于培养干部是一个屡试不爽的有效途径。大批第一书记驻村帮扶，不仅促进了乡村振兴，而且锻炼了自身能力，提高了对于基层社会生态的认识，使他们在政治觉悟、思想水平、工作能力等方面都有了一定程度的提升。他们不仅提升了能力，还提升了自身的人生价值，在政治上更加成熟，在理想信念上更加坚定。在调查中发现，第一书记经过驻村工作洗礼，会更加自觉地把党和国家的利益放在首位。大部分第一书记在驻村期满后还会响应组织号召，愿意在乡村继续帮扶。这些驻村干部中的大部分人经过农村工作历练，政治素质高，工作能力强，成为可以信赖的干部备选人才。

4）第一书记存在权责不匹配、农村经验不足等问题

由于第一书记的主要职责和任务是建强基层组织、发展产业、社会治理和为民服

务，要完成这些职责任务，不仅需要第一书记自身努力，还需要上级组织赋予他们一些必要的职权，使他们在发挥第一书记作用时有上级组织支持。同时，完成这些职责任务还需要相应的项目资金支持，特别是资金支持。而第一书记驻村帮扶中权力和资金有限，难免力不从心。此外，第一书记来自机关事业单位，部分人对农村工作环境比较生疏，缺乏农村工作经验，对处理乡村社会矛盾和村民实际困难比较吃力。因此，第一书记需要增长农村实际工作经验。

5）第一书记驻村制度的实践机制存在一些不足

第一书记驻村制度是一个良好的精准扶贫和乡村振兴帮扶制度，但是，在实践机制方面还存在着一些缺陷，还存在着需要完善之处。主要的缺陷包括：第一，选派机制难以适应乡村发展需要，科学选派第一书记势在必行。虽然派出单位严格遵照上级组织制定的选派程序和规则，但是面对复杂的农村社会实际仍然难以适应各种情况。第二，激励机制不完善，对扶贫场域和乡村振兴的参与主体的激励措施比较缺乏，特别是对于第一书记的激励存在着偏差。第三，第一书记绩效考核机制与考核结果运用机制不健全，尤其是绩效管理缺乏科学的方法和措施。绩效考核与结果运用措施存在着一些缺陷。第四，第一书记与各级组织信息沟通机制还不健全，信息沟通机制还需要进一步构建和完善。

6.4　第一书记社会资本与驻村帮扶资源关系的实证研究①

选派驻村第一书记，既是脱贫攻坚的需要，又是实现乡村振兴战略的需要。建立驻村第一书记团队，充分发挥第一书记社会资本的作用，有效促进帮扶资源进入乡村振兴中，提高驻村第一书记的驻村帮扶绩效，是一个社会广泛关注的问题。本节通过研究驻村第一书记拥有的社会资本对驻村帮扶资源获取能力的影响，探讨第一书记社会资本对促进乡村振兴的作用规律。

---

① 本部分内容由高凤岩、姜毅、孟耀、孟丽莎共同完成。

6.4.1　研究综述

学者们关于第一书记社会资本与驻村帮扶资源对工作绩效的影响的研究还比较少。部分学者从第一书记社会资本对于帮扶资金和物质的影响、派出单位对驻村工作绩效的作用和责任感、第一书记进取心等方面对驻村帮扶效果的影响上进行了研究。研究者认为，社会资本中的社会关系具有特殊的意义。朱秀梅和费宇鹏（2010）认为社会关系强度对知识获取和运营资源获取具有正向影响，社会关系网络规模对知识获取具有正向影响。韩彦超（2019）提出，社会网络是个体获取社会资源的重要途径，也是个体重要的社会资本，社会网络可以提升一个人的社会信任度，使其拥有更多的社会资源，促使个人有更高的应对风险的能力，个体的社会关系网络越丰富，越能够为个体提供社会支持。Bourdieu（1986）认为，社会资本是人们在长期交往中由于互相熟悉和信任建立起来的关系网络，具有长期的稳定性，不容易被破坏。Durkheim（2005）也持有这种观点。很多学者，如 Skocpol（1996）、Rothstein（2005）、刘春荣（2007）等认为社会资本是可以构建的。余秀江等（2011）选取了广东省 9 个市 17 个镇（乡）的 59 个行政村进行调查，研究发现村干部的宗族背景和家庭社交网络对其出任村干部影响更为重要。

研究者发现，争取社会帮扶资源对于驻村第一书记提升驻村帮扶绩效具有积极作用。张国磊和张新文（2017）认为农村资源严重匮乏，单靠驻村干部发动群众是不够的，必须通过"争资跑项"获取体制外资源。同样，社会关系对于第一书记整合帮扶资源来说也非常重要。要获取体制外的资源，驻村干部需要较强的社会关系网络。

社会关系网络不仅对体制内资源具有影响力，也对体制外的社会资源具有整合力。对于影响第一书记整合社会资源的因素，一些学者认为，选派单位的不同会对驻村第一书记获取帮扶资源产生重要影响。兰奎和王洪辉（2018）以四川革命老区 W 市的驻村第一书记为调查对象，研究驻村第一书记精准扶贫绩效，他们发现，驻村第一书记在筹措资金时，派出单位发挥重要作用，但由于派出单位财力等资源的差异性，在实施中发挥的作用也略有不同。央企类别的派出单位可能在融资方面优势明显，而高校类别的派出单位在文化教育、组织建设等方面具有一定优势。此外，派出单位对第一书记的支持和重视程度对于第一书记的驻村帮扶资源和工作绩效也产生重要影响。李华和李一凡（2018）运用主成分分析法研究了影响驻村第一书记帮扶绩效的因素，认为派出单位的支持和重视程度是第一书记发挥作用的动力源泉，派出单位的自身资源是第一书记开展驻村帮扶所需要的资源的源泉。王晓毅（2016）分析了驻村干部筹措扶贫资金的主要来源，认为驻村干部可以通过三种渠道筹措扶贫资金：一是派出单位提供的援助资金；二是通过个人和派出单位的社会关系动员的社会资金；三是向上级政府争取的项目资金。李胜蓝和江立华（2018）证实了来自省直机关的第一书记可以获得更多的社会资源用于驻村帮扶。驻村干部的帮扶效果往往与派出单位的支持力度有直接关系，那些有资源的第一书记特别受欢迎，而没有资源的第一书记，其帮扶工作就很难取得成绩。李侑峰和韦小玲（2017）研究了第一书记驻村遇到的困境，认为不同的单位给予第一书记的驻村工作经费大不相同，派出单位为实权部门的，经费充足，第一书记能够争取到更多的帮扶资金，相反，没有实权的派出单位则很少给予第一书记经费支持。闵炜琪（2020）通过田野调查和访谈，研究发现第一书记的社会资本对其工作绩效有着显著的影响，特别是选派单位的背景、社会网络、第一书记身份地位与驻村帮扶绩效呈现正相关关系。同时，他还发现，绩效考核制度的不合理对第一书记社会资本形成了异化运用。优化绩效考核制度可以为发挥第一书记社会资本的作用创造条件。张国磊（2019）从资源吸纳的角度，研究了不同级别的干部整合资源的方式和途径，认为高层领导干部依托行政权威从体制内获取资源，中层干部开展跨层级协作整合治理资源，基层干部则发挥能人效应从体制外获取乡村治理资源。可以看出，第一书记通过社会资本获取了重要的驻村帮扶资源。

综上所述，关于第一书记社会资本对于帮扶资源的影响的研究取得了一些成果，对于研究第一书记制度和实践具有一定的参考价值。但是，现有的研究还不丰富，对于第一书记社会资本的系统研究还比较匮乏，在研究方法上局限于理论分析，缺乏实证研究。本章试图弥补这一缺失，通过调查研究法和实证分析法，对这个问题进行系统深入的研究。本书的主要贡献在于实证分析了第一书记社会资本和派出单位的支持对于提升驻村帮扶绩效的影响，丰富了第一书记驻村制度的理论，为进一步开展驻村第一书记的选派和帮扶乡村振兴提供了政策参考。

6.4.2　基本假设

1）驻村第一书记社会资本与帮扶资源获取

驻村第一书记社会资本是指驻村第一书记可利用的来自第一书记自身和选派单位的

资源的总和。它分为第一书记个人社会资本和派出单位社会资本。

社会资本代表着社会对第一书记的网络关系、社会认知和社会信任。社会资本的内涵很广，其中，信任是最核心的内容。社会资本的作用在于提升能力和破解困境。社会资本可以分为横向社会资本和纵向社会资本。

个人社会资本主要包括第一书记的教育经历、行政级别、工作经历和社会交往情况；选派单位社会资本主要包括选派单位的重视程度和选派单位的资源状况。驻村帮扶资源是指个体或组织通过某种方式获得用来帮扶乡村振兴所需的、必要的各种资源，包括资金、物资、技术、渠道、平台、市场等，其中主要是资金。

学者们通常将资源划分为两类：一类是运营性资源，包括人力资源、资金资源、物质资源等；另一类是知识资源，包括市场知识、管理知识、技术知识等。

本书所指的帮扶资源主要是从运营性资源的视角，研究第一书记通过社会关系获取的帮扶资金、物资等。第一书记完成驻村帮扶任务需要资金、物资、技术等方面的支持，这些资源通常来自外部的组织或个人。

驻村第一书记与外部组织或个人的交往互动对于获取帮扶资金、物资等资源至关重要。当第一书记的社会关系资源比较丰富时，就可以通过整合社会关系资源筹集到更多的驻村帮扶资金，用于发展产业、精准扶贫、帮扶低收入者、乡村环境治理等，从而更好地开展产业项目规划与建设，更好地促进驻村帮扶工作。基于以上分析，本书提出假设1：

H1：第一书记社会资本与驻村帮扶资源及帮扶绩效存在正相关。

2）派出单位与帮扶资源获取

第一书记是由派出单位选派的优秀干部，代表派出单位驻村对乡村振兴帮扶，是派出单位服务社会推动实施乡村振兴战略的重要途径。派出单位不仅要保证选派干部的思想素质、工作能力、工资福利等，还要提供一定的帮扶资金和帮扶资源，对第一书记开展乡村振兴给予物质和资金支持。

汪崇金、杨亿和谷军健（2021）认为，第一书记驻村帮扶不仅带动了人力资本，还带来派出单位和上级组织支持的社会资源。派出单位的类别、性质、行业和财力状况等，影响第一书记驻村帮扶时获得资金、物资和社会支持的力度。如果派出单位是既有财力又有财权的单位，那么第一书记将容易获得较多的驻村帮扶资金；如果派出单位是乡村振兴投入项目决策权较大的单位，第一书记也将容易获得更多的产业项目资金支持；如果派出单位是社会关系资源比较丰富的单位，第一书记也将容易获得社会资源支持。以上将显著提升第一书记驻村帮扶绩效。基于以上分析，本书提出假设2：

H2：派出单位的支持力度与第一书记驻村帮扶资源及帮扶绩效存在正相关。

6.4.3　田野调查

本研究的课题组组成员是第一书记，奋战在驻村帮扶一线，对第一书记驻村帮扶工作进行了实地参与和调查研究。我们选取了辽宁省阜新市阜蒙县的驻村第一书记为调查对象。

阜蒙县位于辽宁省西北部，是阜新市下辖县。阜蒙县总面积6 246.2平方千米，现辖35个乡镇、一个城区街道和一个泡子农场，共有383个行政村，总人口为74万人，其中农村人口为63万人。经过线上调查和采访，共获得105份调查问卷，均为有效问卷。

本次调查的内容主要包括第一书记的年龄分布、教育经历、驻村工作的时间、社会交往情况、为村里跑项目时间、考察项目次数、驻村工作中的困难、影响驻村社会资源获取的因素等。这里重点关注第一书记社会资本对驻村帮扶资源产生的影响。

1）第一书记年龄分布

从对第一书记的调查结果看，40~50岁的被调查者人数最多，占比40%；其次是30~40岁的被调查者，占比30.48%；排在第三位是50~60岁的被调查者，占比26.67%；其他年龄的占2.85%。

第一书记无论是从工作经验还是从社会资本上看，前三个年龄段都具有很大的优势，他们往往都是派驻单位的业务骨干，有丰富的技术和管理经验，同时工作多年，具有比较丰富的社会资本，这些社会资本将会给驻村工作带来较大的帮助。

2）第一书记教育经历

从对第一书记的调查结果看，70.48%的被调查者学历是大学本科，大专学历的被调查者占比为17.14%，研究生学历的被调查者占比为12.38%。第一书记的学历水平相对较高，他们具有扎实的理论功底和丰富的实践工作经验，这些知识对于促进驻村乡村振兴战略的实施是非常必要的。

3）驻村工作时间

调查对象中89%的被调查者驻村时间超过了3年，8%的被调查者驻村帮扶时间为2~3年，另外3%的被调查者驻村帮扶时间为1~2年。相对来说，多数受访者有2年以上的驻村经历，他们已经积累了一定的驻村工作经验，也最大化地利用个人、派驻单位、所驻村庄的优势为驻村工作服务。

4）第一书记的社会交往

从图6-19可以看出，第一书记每周社会交往1~2次的最多，各占28.57%，每周社会交往3次的占26.67%，每周交往4~5次的比较少，几乎不参加社会交往的占8.57%。乡村振兴离不开资金、产业支持，第一书记保持适当的社会交往，结识更多的社会人士，有利于乡村资源及信息的获取。

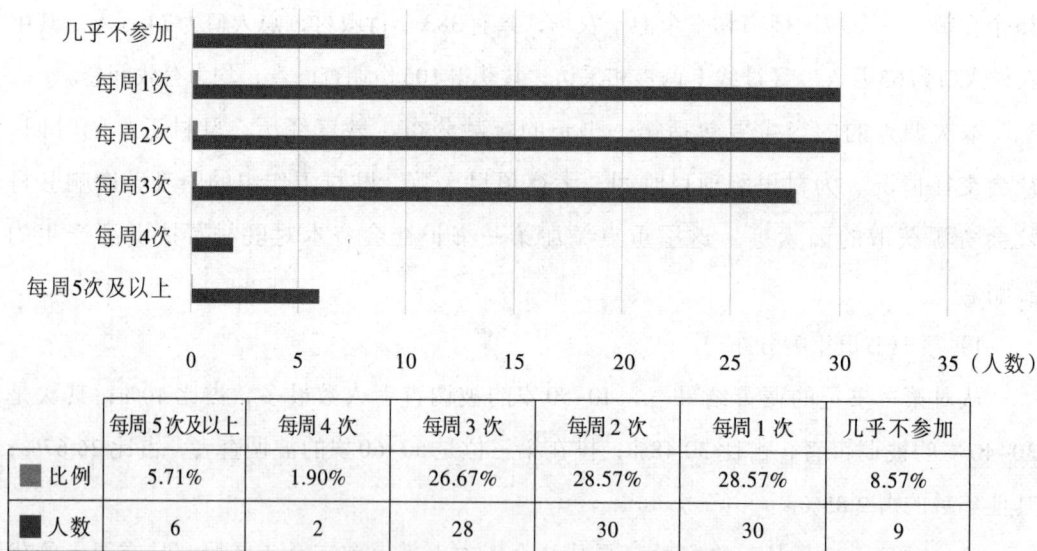

	每周5次及以上	每周4次	每周3次	每周2次	每周1次	几乎不参加
比例	5.71%	1.90%	26.67%	28.57%	28.57%	8.57%
人数	6	2	28	30	30	9

图6-19　第一书记每周社会交往次数

5）第一书记为乡村跑项目时间

从图6-20可知，40%的驻村第一书记绝大多数时间都在为实现乡村振兴跑项目，这些项目包括产业项目、基础建设项目、人才培养项目等。只有7.62%的被调查者很少为村里跑项目，他们可能将更多的时间用在基层组织建设、乡村治理和化解村民纠纷等事务上。

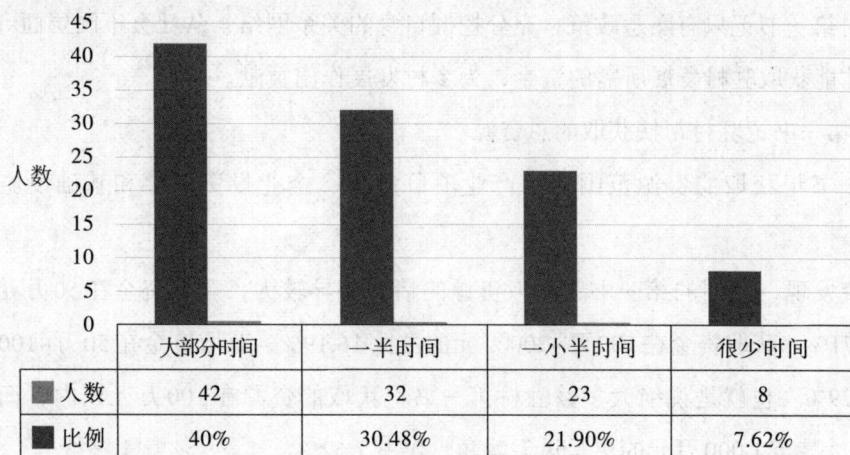

	大部分时间	一半时间	一小半时间	很少时间
人数	42	32	23	8
比例	40%	30.48%	21.90%	7.62%

图6-20　为乡村跑项目时间

6）第一书记驻村帮扶中的主要困难

从图6-21可以看出，65.71%的驻村第一书记认为，驻村帮扶最大的困难在于缺乏专项资金支持，11.43%的驻村书记认为最大的困难在于争取扶贫项目。

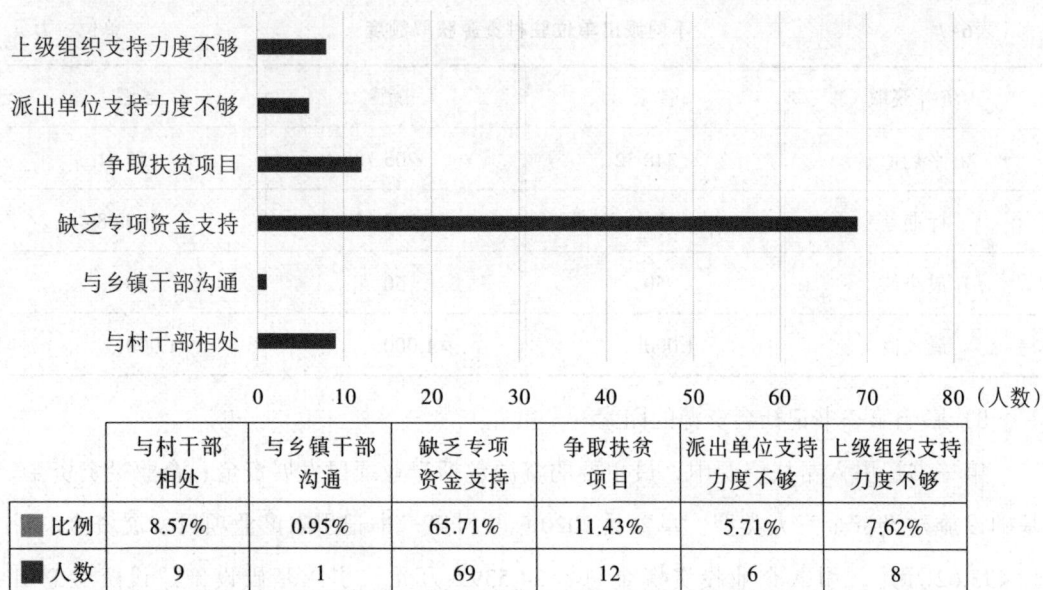

	与村干部相处	与乡镇干部沟通	缺乏专项资金支持	争取扶贫项目	派出单位支持力度不够	上级组织支持力度不够
比例	8.57%	0.95%	65.71%	11.43%	5.71%	7.62%
人数	9	1	69	12	6	8

图6-21　驻村工作中的主要困难

专项资金与扶贫项目的获取，与国家政策、驻村资源禀赋、发展条件、村干部意愿等因素息息相关。

驻村第一书记只有熟悉政策，充分挖掘自身的关系网络，从社会不同层面寻找帮扶资源，才能获取驻村发展所需的资金，为乡村发展作出贡献。

7）第一书记驻村帮扶获取的总资源

第一书记获取的资源范围包括产业项目资金、企业投资资金和基础设施建设资金等。

调查发现，不同的第一书记获取资源的情况差异较大，获取资金在50万元以内的占比45.71%，获取资金在100万~200万元的占比16.19%，获取资金在50万~100万元的占比14.29%。也就是说绝大多数驻村第一书记获取的资源在100万元以内，而能达到500万元，甚至1 000万元的更是凤毛麟角，仅占7.62%。

由表6-7可知，驻村第一书记按照派出单位性质可分为省派、市派和县派干部。调查数据表明，省派干部获取资源的平均值最高，市派干部获取资源居中，县派干部获取资源最少，这说明派出单位的性质会影响驻村资源获取，但是，从标准差数据看，省派的标准差高于市派、县派，这意味着除了派出单位性质外，还有其他因素影响驻村帮扶资源。

表6-7　　　　　　　　　不同派出单位驻村资源获取额度　　　　　　　　单位：万元

资源获取	省派	市派	县派
平均值	348.52	205.78	155.91
标准差	386.91	234.15	200.68
最小值	50	50	50
最大值	1 000	1 000	1 000

8）影响第一书记社会资源的因素

第一书记引入帮扶资源中，最主要的资源包括产业项目发展资金、企业投资资金、基础设施建设资金三大类型。阜蒙县2020年驻村第一书记引入产业项目发展资金总计12 493.62万元，引入企业投资资金总计24 539.5万元，引入基础设施建设资金总计15 914.15万元。这三类资金的获取，首先要求村镇必须具备一定的自然发展条件，其次需要依靠驻村第一书记充分发挥沟通协调社会关系的能力，为村里跑项目、要资金。

乡村振兴离不开资金和项目支持。驻村第一书记获得社会资源的途径主要包括选派单位的援助资金、通过个人和社会关系动员的社会帮扶资金、向上级政府争取的专项资金等几方面。

从调研统计数据看，影响驻村社会资源获取的最主要因素（如图6-22所示）：一是驻村的自然基础情况，这说明社会资源的获取必须与驻村实际发展条件相符合。二是上级政府的扶持，不同的政府部门有不同的专项资金，这需要驻村第一书记了解所派驻地区的相关政策，以及不同政府部门专项资金的扶持要求，及时向上级政府部门申请专项资金。三是村"两委"的和谐度，村"两委"和谐了，驻村工作才能顺利开展，专项资金才具备下达的条件。调研发现，个别村因为村"两委"不和谐，相互推诿，最终导致扶贫产业项目资金流失。四是驻村第一书记的社会关系，自然条件和村"两委"和谐是第一书记获得社会资源的前提，而能否获得各方面资金的支持还需要靠驻村第一书记的社会关系。调研发现，有的村没有任何社会帮扶资金，没有建设项目；有的村则获得大量的帮扶资金，用来修路、铺设自来水管线、清理河道、安装路灯、建设文化广场、运行城乡公交车等，建设了大量项目。这种帮扶资金与建设项目的差距既与农村的基础条件有关，也与驻村第一书记的社会资本分不开。拥有社会资本多的第一书记有能力在驻村帮扶中获得更多的社会帮扶资源，取得更好的帮扶绩效。

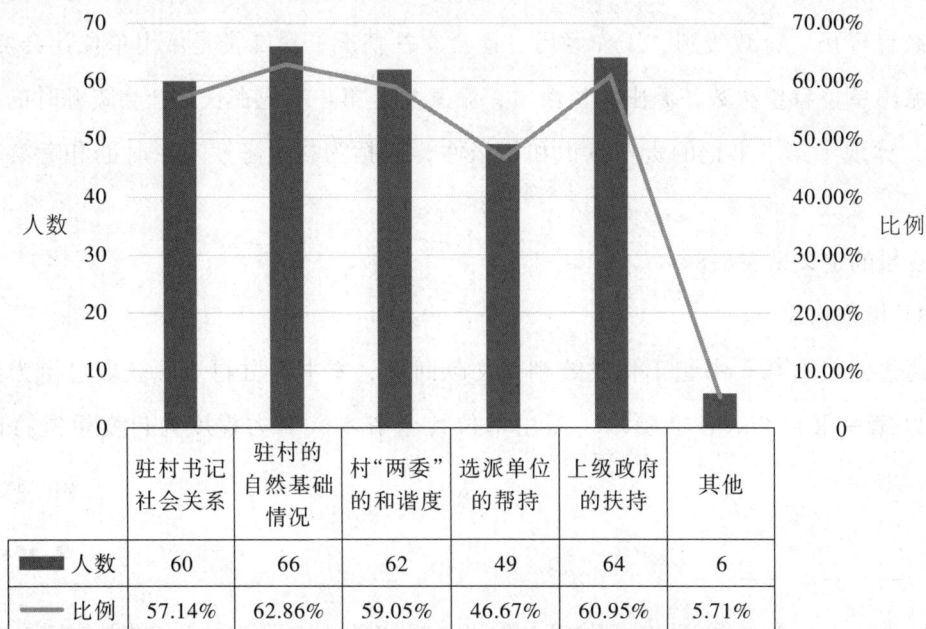

	驻村书记 社会关系	驻村的 自然基础 情况	村"两委" 的和谐度	选派单位 的帮持	上级政府 的扶持	其他
■ 人数	60	66	62	49	64	6
— 比例	57.14%	62.86%	59.05%	46.67%	60.95%	5.71%

图6-22 影响第一书记帮扶资源的因素

6.4.4   实证分析

1）数据来源

本书数据采取线上调查问卷的方式获取，调查对象为辽宁省阜新市阜蒙县105位第一书记，其中省派干部17位，市派干部32位，县派干部56位。回收有效调查问卷105份，问卷有效率为100%。

2）变量选取

（1）因变量。

本书将资源获取量作为因变量，选取驻村期间获得的社会资金作为资源获取量的代理变量，从阜蒙县对第一书记的考核来看，社会资金获取水平是考核第一书记工作绩效的主要指标，这里的社会资金获取水平包括第一书记直接获得的社会资金和向上级部门申请的项目资金。

（2）自变量。

本书的自变量选取主要借鉴卢冲和庄天慧（2016）[①]的驻村干部胜任力模型，并结合驻村调研的情况，将第一书记的社会资本定义为三类：第一类是个人社会资本，包括教育经历、行政级别、工作经历、社会交往情况；第二类是派出单位社会资本，包括派出单位看望次数、派出单位性质；第三类是第一书记在获取社会资源时的努力程度，体现了第一书记的责任意识和积极性，包括为村里考察项目时间和考察项目次数。

变量的定义见表6-8。

3）模型构建

通过对已有第一书记工作成效相关文献回顾，本书以驻村资源获取总量为因变量，以第一书记个人社会资本、派出单位社会资本、努力程度为自变量进行回归分析。

---

① 卢冲，庄天慧. 精准匹配视角下驻村干部胜任力与贫困村脱贫成效研究 [J]. 南京农业大学学报（社会科学版），2016（9）：74-85.

表6-8 变量定义

变量类型		变量名称	变量定义
因变量		资源获取量（Y）	驻村期间获得的社会资金的自然对数
自变量	个人社会资本	教育经历（X_1）	大专=1；本科=2；研究生=3
		行政级别（X_2）	科员=1；科级=2；处级=3
		工作经历（X_3）	跨行业或部门流动=1；否则取0
		社会交往情况（X_4）	每周几乎没有社会交往=0；参加1次=1；参加2次=2；参加3次=3；参加4次=4；参加5次以上=5
	派出单位社会资本	派出单位看望次数（Z_1）	没来过=0；看望1次=1；看望2次=2；看望3次=3；看望4次=4；看望5次及以上=5
		派出单位性质（Z_2）	县派=1；市派=2；省派=3
	努力程度	为村里跑项目时间（C_1）	很少时间=0；一小半时间=1；一半时间=2；一大半时间=3
		考察项目次数（C_2）	驻村期间考察项目次数

回归模型如下：

$$Y_i = \beta_0 + \sum_{i=1}^{4}\beta_{1i}X_i + \sum_{i=1}^{2}\beta_{2i}Z_i + \sum_{i=1}^{2}\beta_3 C_i + \varepsilon \tag{1}$$

公式（1）中 Y_i 为被解释变量，表示第 i 个村第一书记资源获取总量。X_i 表示第一书记个人社会资本特征，包括教育经历、行政级别、工作经历、社会交往情况；Z_i 表示第一书记派出单位社会资本特征，包括派出单位派人对第一书记的看望次数，派出单位性质；C_i 表示第一书记努力程度，包括为村里跑项目时间和考察项目次数。

4）描述性统计

本书采用Stata16.0对调查数据的均值、标准差、最小值、最大值进行分析，描述性统计分析结果见表6-9。从描述性统计数据看，选派单位看望次数、第一书记为村里跑项目时间、社会交往情况均值都超过2，表明派出单位平均看望第一书记次数超过2次，第一书记的大半部分时间都在为村里跑项目，平均每周参加社会交往的次数超过2次。第一书记教育经历的均值也比较高，为1.952，说明大多数第一书记都是本科学历。资源获取量均值为4.776，所对应的资源获取金额为220万元人民币。

表6-9　　　　　　　　　　　　描述性统计分析结果

变量	均值	标准差	最小值	最大值
资源获取量（Y）	4.776	0.967	3.912	6.907
教育经历（X_1）	1.952	0.543	1	3
行政级别（X_2）	1.561	0.663	1	3
工作经历（X_3）	0.466	0.501	0	1
社会交往情况（X_4）	2.019	1.224	0	5
派出单位看望次数（Z_1）	2.114	1.527	0	5
派出单位性质（Z_2）	1.628	0.750	1	3
为村里跑项目时间（C_1）	2.028	0.965	0	3
考察项目次数（C_2）	1.714	0.937	0	3

5）相关性分析

在进行回归分析前，首先进行相关系数分析。表6-10显示，第一书记的行政级别、工作经历、社会交往情况、为村里跑项目时间、考察项目次数、派出单位看望次数、派出单位性质均与帮扶资源获取量存在显著正相关的关系，其中派出单位性质、工作经历、考察项目次数与帮扶资源获取的关联程度较高。自变量间的相关系数比较小，均不超过0.6，说明变量间不存在严重的多重共线性问题。

表6-10　　　　　　　　　　　　相关系数分析

	Y	X_1	X_2	X_3	X_4	Z_1	Z_2	C_1	C_2
Y	1.000								
X_1	0.060	1.000							
X_2	0.176*	0.341***	1.000						
X_3	0.293***	0.188*	0.186*	1.000					
X_4	0.155*	0.001	0.164*	0.016	1.000				
Z_1	0.213**	0.130	0.004	-0.007	0.113	1.000			
Z_2	0.393***	0.142	0.198*	0.163*	0.122	0.189	1.000		
C_1	0.207**	0.006	-0.168	0.092	-0.047	0.076	0.083	1.000	
C_2	0.246**	0.380***	0.577***	0.312***	0.206**	0.081	0.257***	-0.164*	1.000

注：*、**、***分别表示在10%、5%、1%的水平上显著。

6）单变量分析

本书采用Stata16.0对两个独立样本的均值进行差异检验，以便确定不同派出单位的第一书记获取帮扶资源是否有差异。

表6-11表明，将全部样本分为省、市、县级时，派出单位为省级单位的第一书记获得的资源总量明显高于派出单位为市县级单位的第一书记；将样本分为县级和省市级时，派出单位为县级单位的第一书记获得的资源总量明显低于省、市级。通过以上两组数据对比分析，可以初步判定派出单位的性质不同会对第一书记获取资源造成影响，派出单位级别越高，第一书记越有可能获得更多驻村帮扶资源。

表6-11　　　　　　　　　　　不同性质派出单位的资源获取均值比较

项目	（1）		（2）	
	省级	市县级	省市级	县级
样本量	17	88	49	56
均值	5.208	4.692	5.005	4.576
标准差	1.204	0.898	1.015	0.883
P值	0.043		0.022	

表6-12表明，当第一书记的工作经历出现跨行业或跨部门时，第一书记能够获得更多的帮扶资源。其原因在于：一方面，可能是跨行业的工作经历会增加第一书记的工作阅历，有利于第一书记运用丰富的职业经验为驻村帮扶谋办法；另一方面，可能是第一书记拥有跨行业、跨部门工作经历时，会拥有更多的社会关系网络，这些社会关系网络是重要的帮扶资源，对于乡村振兴将会发挥巨大作用。

表6-12　　　　　　　　　不同工作经历第一书记资源获取均值比较

项目	样本量	均值	标准差
跨行业工作经验	49	5.077	0.975
无跨行业工作经验	56	4.512	0.887
P值	0.002		

7）信度及效度分析

本次调查采用Cronbach's α系数进行信度检验，检验值为0.581，大于0.5，满足信度要求。

在信度检验基础上，本书对调查问卷全部样本数据进行 KMO 抽样适当性检验和 Bartlett 球形检验。检验结果显示 KMO 值为 0.694，Bartlett 球形检验的近似卡方值为 100.33，自由度为 28，达到显著性水平（P=0.000<0.001）。一般认为，当 KMO 值大于 0.5 时，即可进行因素分析，本次调查问卷的 KMO 值大于 0.5，说明本次调查问卷的样本数据适合做因素分析。

8）回归结果与分析

为了进一步研究第一书记的个体社会资本与资源获取之间的关系，本书在调查研究的基础上，运用搜集整理的数据进行线性回归。

表 6-13 是线性回归的结果。第（1）列显示的是单独考虑驻村第一书记个人社会资本的回归结果。从回归结果看，工作经历的回归系数为 0.565，且在 1% 水平上显著。说明第一书记工作经历对帮扶资源获取有正向影响，越是具有跨行业工作经验的第一书记越有可能获取更多的帮扶资源。社会交往的回归系数为 0.211，且在 5% 水平上显著，说明第一书记每周参与社会交往的次数越多，越有利于驻村获取更多的资源，假设 1 得到验证。教育经历和行政级别对于第一书记的资源获取没有显著影响。

表 6-13 中第（2）列是考虑了个人社会资本和单位社会资本的回归结果。从回归结果看，派出单位派人到村看望第一书记的次数和派出单位性质均会对帮扶资源获取产生正向影响，派出单位看望次数的回归结果为 0.181，且在 1% 水平上显著；派出单位性质的回归结果为 0.360，在 5% 水平上显著，假设 2 得到验证。这说明派出单位对第一书记看望的次数越多，意味着派出单位对驻村工作重视程度越高，越有可能对驻村提供更多的支持；当派出单位为省属单位时，第一书记借助派出单位平台，拥有更广泛的社会关系网络，有机会接触更多的社会资源，经过第一书记努力，这些资源会被整合起来用于帮扶乡村振兴。

表6-13　　　　　　　　第一书记的社会资本和帮扶资源关系的回归结果

变量	（1）	（2）	（3）
X_1	−0.054	−0.145	−0.213
X_2	0.008	−0.105	−0.040

续表

变量	（1）	（2）	（3）
X_3	0.565***	0.393*	0.368*
X_4	0.211**	0.212***	0.144*
Z_1		0.181***	0.123**
Z_2		0.360**	0.313**
C_1			0.273***
C_2			0.219**
R^2	0.117	0.228	0.359
F值	4.100	4.840	7.600
VIF值	1.120	1.260	1.280
样本量	105	105	105

注：*、**、***分别表示在10%、5%和1%的水平上显著。

6.4.5   结论与政策含义

本书利用线上调查数据和实地调查，实证检验了第一书记社会资本对帮扶资源获取的影响，主要研究结论如下：

第一，第一书记个人社会资本中跨行业工作经历和社会交往情况对帮扶资源有显著的正向影响。跨行业工作经历提供了第一书记的社会资本，社会交往活动促进第一书记增加了社会资本，并促进了社会资源整合。

第二，派出单位的类型、性质、财力和支持力度与帮扶资源存在显著正相关关系。省直派出单位能够为第一书记整合社会资源提供更高的平台，使第一书记拥有更广泛的社会关系。派出单位的行政级别越高，通过工作平台而结识的社会关系网越丰富，越有条件为第一书记提供帮扶资金和项目。

第三，派出单位对驻村工作越重视，越是关注选派干部工作进展，经常看望和帮助第一书记，第一书记获取社会资源的机会越多。派出单位人员下乡探望第一书记的次数越多，越能了解驻村实际情况，越有可能提供相应的帮扶措施，进而提高第一书记获取驻村资源的能力。

　　本书的政策含义是：第一，完善选派制度，有针对性地选派第一书记。派出单位应当加大选派具有跨行业经验和社会交往能力比较强的第一书记的力度，这样才能有利于提高帮扶资源获取能力，提升驻村帮扶绩效。第二，对派出单位进行优化，筛选有资金和有技术的单位作为派出单位，适当增加拥有较多社会资本的单位选派第一书记名额，以此促进第一书记整合社会资源帮扶乡村振兴。适当增加有财权和技术的派出单位选派第一书记的名额。第三，加大派出单位对第一书记的支持力度，尤其是加大资金支持力度，制定相应的制度促进派出单位重视第一书记驻村帮扶工作。加强派出单位绩效考评与第一书记驻村工作绩效的联系，提高派出单位对第一书记的重视程度。第四，有针对性地对经济薄弱村选派社会资本丰富的第一书记，促进第一书记整合社会资源帮扶乡村振兴，为乡村产业振兴、文化振兴、生态振兴、人才振兴和组织振兴创造条件。第五，对第一书记强化项目支持，加大上级部门的项目投入力度，同时为第一书记搭建整合社会资源的平台。

7 第一书记赋能乡村振兴的协同治理驻村帮扶机制

党的十九大报告提出的乡村振兴战略，是我国实现"两个一百年"奋斗目标中第一个百年奋斗目标的一个十分重要的战略部署。2018年9月，中共中央、国务院印发《乡村振兴战略规划（2018—2022年）》（简称《规划》），确定了乡村振兴战略的目标、规划及实施步骤。《规划》指出，到2035年乡村振兴取得决定性进展，从而基本实现农村现代化，2050年我国乡村全面振兴并全面实现农业强、农村美、农民富的伟大目标。《规划》提出了2020年实现全面建成小康社会的目标，以及在2022年年初步健全乡村振兴的制度框架和政策体系。要实现乡村振兴的近期目标和远期规划，需要发挥国家、社会和农民等主体的协同作用，在党和政府的坚强领导下，全面实施乡村振兴战略。嵌入治理理论解释了第一书记驻村帮扶的嵌入方式，对于第一书记融入乡村并发挥作用具有一定程度上的解释力。然而，第一书记嵌入乡村后如何充分发挥赋能乡村振兴的作用，如何有效地完成任务使命，这个问题需要进一步深入研究。协同治理理论是协同理论与治理理论的有机结合的理论，对于分析多元主体合作共治问题具有较高的应用价值。本书运用协同治理理论，结合乡村振兴战略，对如何完善第一书记驻村帮扶机制进行研究，提出第一书记赋能乡村振兴的协同治理驻村帮扶机制框架及相应的构建路径。

7.1　协同治理理论研究进展

作为治理理论的新发展，协同治理自提出以来备受学术界关注，国内外学者开展了一系列研究，推动了治理理论的发展。协同治理，英文是 CollaborativeGovernance，又翻译为"合作治理"或者"协作治理"，为了与协同学理论一致，多数学者采用"协同治理"一词。尽管学者们进行了一系列研究，但是，协同治理理论体系仍然不够完善，缺乏清晰一致的理论框架，从而限制了在实践中的运用。作为一个新兴的交叉理论，它对于社会系统协同发展具有极强的解释力，但是，在社会科学中的应用才刚刚起步。

7.1.1　国内外研究现状

1）国外学者的研究

协同治理是指在开放系统中实现有效治理的过程。其理论主要是运用协同理论和方法在开放系统中实现有效治理。协同治理理论的提出对于实现善治目标具有重要的价值。其关键问题是协同治理理论框架和如何实现协同治理。对于这个问题，国外学者从不同的视角提出了研究框架，如跨部门协同框架、协同治理 SFIC 框架、协同型公共管理框架和整合性框架等。

在协同治理的概念上，西方学者从组织理论、公共管理理论、战略管理理论和网络理论等视角，对协同治理的含义进行了界定。约翰·多纳休和理查德·泽克豪泽（2006）在《牛津公共政策手册》中给"协同治理"做的定义是"通过与政府之外的生产者共同努力，并与之共享裁量权，追求权威选择的公共目标"。Kirk Emerson 和 Tina Nabatchi（2011）提出了更加宽泛的定义，从而应用于公共管理领域。他们的定义是"使人们建设性地跨越公共部门、政府层级和公共、私人以及公民领域以实现公共目的的公共政策制定和管理过程"。这个定义使协同治理不仅局限于公共管理者和正式公共部门，还可以被运用到参与式治理等领域。

在协同治理理论框架方面，一些研究者从跨部门协同理论框架出发进行了研究。Bryson（2010）等研究了跨部门协调的影响因素，他们提出了跨部门协同框架，认为在处理复杂的公共问题时需要跨部门协同，基于广义上的协同含义，一项任务的协同结果

（a propositional inventory）取决于影响协同模式的初始条件、过程、结构、管理环节、制约、结果等。在研究协同治理影响因素的基础上，研究者进一步构建了协同治理的整合性框架体系。Kirk Emerson，Tina Nabatchi 和 Balogh Stephen（2012）对协同治理的相关概念和理论进行了整合，基于概念架构，提出了协同治理整合性框架。他们认为，协同治理源于公共管理实践和研究，该整合性框架包括协同情境、协同治理制度、驱动因素、协作行动和影响过程，强调基于协同治理的合作政策、非政府企业合作和公私参与。

关于协同治理的作用，大卫·E.布赫（David E.Booher，2004）认为，"协同治理实践可以解决看似棘手的公共政策难题，并增强社区、组织和个人共同合作的能力，而且能够促进实践变革创新"。

从国外学者对协同治理理论的研究成果可以看出，协同治理理论主要从协同治理的影响因素方面进行研究，很多理论框架主要是针对政府与社会的协同的狭义概念进行分析，具有很强的抽象性。这些理论对于我国公共治理实践的适应性还需要进一步证实。

2）国内的研究

适应国家治理现代化实践的需要，我国学者在协同治理理论上也展开了积极探索。但是，对于协同治理理论的研究还没有系统化。我国学者一般将协同治理称为"合作治理"或"协作治理"，对其在概念和理论框架上进行了较为广泛的研究。

学者们从社会管理创新的视角对协同治理进行研究。朱纪华（2010）认为，协同治理是新时期我国公共管理范式的创新。他从国际公共管理经验和国内公共管理环境变化两个方面，对我国公共管理范式创新的路径进行了分析。在内涵方面，他认为协同治理主要有三个方面：主体多元化、政府治理范围有限性、治理模式的互动性。杨清华（2011）对协同治理的概念进行分析，认为协同治理是指在社会事务管理中，政府、民间组织、个人等，借助系统中社会诸要素或子系统非线性地相互协同、资源整合、持续互动，实现治理效能最大化，以增加公共利益。协同治理理论的引入，倡导了多元协作参与，促进了社会各系统在公民参与过程中的良性互动，克服了公民参与的内在缺陷。

在协同治理理论的应用问题上，王俊敏和沈菊琴（2016）基于协同治理理论构建了跨域水环境的流域政府协同治理分析框架。他们认为，水环境治理中跨政府间的有效协同系统是跨域水环境协同治理系统中最主要的组成部分。为此，他们构建了跨域水环境流域政府治理系统自组织性的协同机制，并以此作为政府有效应对跨域水污染外部扩散的根本策略。

在协同治理的理论框架方面，田玉麒（2017）把协同治理理解为一种制度安排，在这个制度环境下，多元化利益主体以共识为导向，通过集体协商形成互相依赖和互相信任的互动关系，共同采取行动，处理单个主体所不能实现的公共事务，增加公共价值。在政治与政策环境、权力与资源结构、合作与冲突等因素共同组成的协同治理初始情境中，协同治理的参与主体协商、决策、行动，就公共问题、集体行动及利益预期进行协商，制订问题解决方案和行动规则，最后按照规定协同行动，实现共同目标。对效果评价是对协同效果进行检验与测评，为保障协同治理效果，需要强化监督问责，明确权责划分，制定问责标准，确保参与主体对公共利益负责。秦长江（2012）在此基础上，提出了协作性公共管理理论框架，包括外部环境、初始条件、共同利益等。赖先进（2020）则从国家治理现代化的现实场景出发，基于国家治理现代化场景的制度、人力、技术等基本要素，构建了包括价值目标、制度设计、行为选择、条件环境在内的协同治理理论框架。他认为协同治理是一个复合型概念，在我国全面改革和国家治理现代化进程中，更加重视改革的系统性、整体性和协同性。跨部门协同理论框架为分析协同治理理论开辟了研究的框架视角，分析了主要的内容，但对影响协同治理的因素分析不足。

对于协同治理的价值，学者们认为主要有两点值得重视：其一，协同治理有助于提升治理有效性。国外学者普遍认为，当复杂的公共问题由传统方式处理效果不显著时，由公私协同就成为政府规划安排和完成任务最有效的途径。其二，协同治理对于民主重建有积极影响。邓穗欣等（2011）认为，"协同治理的比较优势在于处理涉及复杂交易的特定的公共问题方面"。国内学者认为协同治理的主要价值在于：第一，协同治理是公共事务治理的新趋势，这是从公共事务管理和社会管理的视角出发得出的结论。第二，从政府职能转变的视角看，协同治理是服务型政府的助推器。李辉和任晓春（2010）从善治视野出发，认为协同治理是治理走向善治的必经途径。刘伟忠（2012）认为，服务型政府的养成需要借助政府、社会组织和公众的共同努力，协同治理成为一个有效的途径。第三，从民主建设角度出发，协同治理的作用在于提升了民主能力、培养了民主意识。在协同治理中，通过公共协商，提升了民主参与意识和参与能力。张贤明和田玉麒（2016）认为，协同治理提高了公民的参与意识，使得公民具有当家作主的责任感。

协同治理机制问题也是学术界研究的重要内容。协同治理的价值只有在实践中才能得到体现。协同治理在怎样的环境条件下才能取得最优效果，这是很多学者关心的论题。国内外学者基于不同的理论基础，构建了协同治理机制的运行框架。

国内学者对协同治理机制模型进行了中国化的研究。他们构建了协同治理的一般理论模型，从社会治理的角度建立协同治理分析框架。杨志军（2010）从宏观和微观两个层面对协同治理的影响因素进行了分析，认为在宏观上要重视外部环境的作用，运用协同理念的引导协同治理，重视法律和技术的保障作用。在微观上，要重视单个环节、各要素的协同合作，包括财政、人事、监督等。在协同治理机制研究中，也有一些学者基于特殊事件构建了协同治理的运作机制。谭九生和杨建武（2015）以网络谣言为研究对象，对网络谣言的治理机制问题进行分析，提出了"主体构成—动力机制—合作机制"的协同治理模型，其中，主体构成主要有政府、社会组织和网民，动力机制包括公共利益、政令推动和民主政治发展，合作机制包括沟通机制和责任追究机制、监督机制等。

协同治理不仅在理论上取得了进展，而且在很多国家和地区进行了具体的实践。因此，国内外学者也对协同治理的实践进行了研究。研究内容集中在政府区域合作、生态环境治理、公共服务供给、公共危机管理等领域。政府在区域协同治理中具有特殊的地位，是强化区域协同发展的主导力量。一方面，政府在协同治理中居于主导地位；另一方面，政府掌握的资源能够为协同治理提供有效的平台。姬兆亮（2012）发现，长三角地区在区域内实行了行政协议制度和公共产品交易制度后，有效提升了区域协同度指数，促进了区域合作水平提升。

3）研究现状评述

综上所述，已有的研究主要是从概念界定、理论框架、机制模型和实践等方面进行的，在已有的研究中，总体上看，国外的研究呈现出从"经验研究"到"理论构建"的趋势，国内研究更加侧重协同治理的内涵、理论基础和运行机制，并在本土的应用方面进行大胆探索，对实践的分析具有一定的经验价值。可以看出，关于协同治理的研究取得了一定程度的共识：首先，价值取向层面的共识，认为协同治理不仅可以提升公共问题的治理有效性，而且在提升公民参与意识方面具有促进作用，这对民主思想在公民中的扎根和发展具有积极影响。其次，学者们在构建协同治理机制模型上取得高度一致，都把协同治理作为一个动态的复杂现象，重视协同治理的环境约束及治理过程、结果评判。协同治理在实践中的结果引起学者们的关注，他们运用经验分析法，对协同治理案例进行剖析，在很多领域进行应用。协同治理在国外主要应用于公共服务、社会福利等日常生活领域，在国内则在区域协同发展、环境保护、危机管理等方面发挥作用。学者们在协同治理理论方面的分歧主要在于概念界定方面。在国外的研究中，协同治理的概念界定分歧主要集中在协同治理的主体、范围和正式程度等方面，国内的分歧主要在于相似词语的争论，在"协同治理""协作治理""合作治理"等概念上进行争论，由于它们之间的含义既有相同之处，也有较大差别，因此，学者们力求对各个概念有准确的理解。

已有的研究存在一些不足和问题，需要进一步完善和发展，才能使协同治理理论更加系统和实用。主要的问题包括：第一，对协同治理主体的集聚过程缺乏足够的重视。各个参与主体怎样有效地组合起来是协同治理能否取得成功的重要因素，但是，已有的成果没有对此进行系统的研究。第二，对协同治理内部要素之间的作用方式和相互关系缺乏深入研究。协同治理框架中存在着要素之间的联系和相互作用，决定着协同治理的进程和效果。如果不能正确分析和处理它们之间的关系，就会影响协同治理的效果。第三，对协同治理的制度环境研究不够系统和深入。制度环境对协同治理的状态具有制约作用，不同的制度环境影响到协同治理的结果和效率。已有的研究主要对个案进行分析，对制度的分析不多。第四，对协同治理的应用领域和实践，需要进一步扩展。不仅公共政策下的公共服务、不同区域的协同发展、环境治理、危机管理需要协同治理，社会经济的发展和社区治理也需要协同治理理论的指导。

7.1.2　协同治理理论

乡村振兴战略的实现，需要举全国之力，在国家政策支持下，由中央、各级政府、社会力量和农村社区共同克难攻坚，通过协同治理实现共治、共享的现代化乡村。发挥第一书记驻村帮扶和赋能乡村振兴的作用，是在城乡融合发展中的实践创新，对推动乡村振兴具有十分重要的作用。协同治理作为现代社会治理理论的重要方面，是解决社会管理和公共问题的重要方法。在实施乡村振兴战略的实践中，第一书记作为重要的参与者，需要而且能够在协同治理实践中发挥积极作用。下面将以协同治理理论为基础，对第一书记驻村帮扶乡村振兴的实践路径进行研究，探讨促进第一书记发挥驻村帮扶作用的对策。

1）概念界定

关于协同治理，学术界还没有统一的定义，一般是在解释协同及治理含义基础上，将二者融合为一体，强调其对公共事务的管理与协作共治作用。协同治理概念来自协同学与治理理论的结合。在此，我们分别对协同学和治理理论进行总结。

协同学（Synergetics）是由物理学家赫尔曼·哈肯于1971年创立的，研究不同性质的大量子系统通过怎样的合作才能在空间、时间或功能结构上形成稳定的系统。它的基本假设是物质中新的井然有序的结构会从混沌中产生，并随着恒定的能量供应维持稳定。

协同是指开放系统中有序结构的形成过程，即：在一个开放系统中，各个组成部分不断地相互探索新的位置、新的运动过程，多方参与这个过程，在外界能量不断输入的情况下，或者有新加入者的影响下，一种或几种共同的集体行动终于支配了所有其他行动，形成一种新的宏观结构。

哈肯把组织分为两种：他组织和自组织。一个系统依靠外部指令形成的组织，被称为他组织；一个不存在外部指令，系统依靠自身协调并自动地形成有序结构的组织，被称为自组织。哈肯认为，自组织事物的相变是由系统内部自身组织起来的，是大量子系统之间既相互竞争又相互合作的结果。自组织过程是开放系统的非平衡相变过程。

治理理论是20世纪90年代新崛起的理论。治理的含义是与国家公共事务相关的管理或政治活动，原意是指控制、引导和操纵。学者们认为，治理（Governance）与统治（Government）是含义接近的词语，经常被交叉使用。20世纪90年代以来，社会科学领域广泛地在政治学和社会经济学领域中使用治理一词，其含义与统治一词的含义出现了明显的区别。治理理论的创始人James N.Rosenau（2001）认为，治理是规则体系，依赖于主体之间的统一。他意识到了各个主体之间的相互协作和竞争的重要性，认为治理是一种各个主体之间的竞争与协商过程，各个主体在竞争与协商中制定出大家共同遵守的规则，从而实现治理目标。Robert Rhodes（1999）认为，作为一种新的管理过程，或者社会管理的新方式，治理有以下几个基本特征：（1）组织间的相互依存；（2）有相互交换资源以及协商共同目的的需要，并为之进行持续互动；（3）以信任为基础，由参与者协商和同意的规则来调节；（4）保持相当程度的自主性。现代治理理论强调较少的政府干预和公民参与，公民既是治理的对象，又是治理的主体，国家治理的最终价值是确保公民正当合法的权利。公民的思想意识和参与态度决定了公民参与社会治理的能力和水平。杨清华（2011）认为，引入协同治理，可以促进社会各系统在公民参与过程中的良性互动，促进协同治理实现。

基于协同学与治理理论的分析，研究者发现二者具有密切的关联性和同构性。在此基础上，研究者提出了协同治理的概念，这是治理理论的新发展。朱纪华（2010）把协同治理定义为："在公共生活过程中，政府、非政府组织、企业、公民个人共同参与到公共管理的实践中，发挥各自的独特作用，组成和谐、有序、高效的公共治理网络"。

基于全球治理委员会和国内外学者们对于协同治理的观点，可以发现，协同治理是指在公共事务管理中，为了实现各个参与主体的最大公共利益，发挥各个主体的最大潜力，采取政府、公民个人、社会组织、企业等相互协调、互动的方式，实现资源整合并达到增加公共利益目标的管理活动。这里的定义由协同治理的参与者、过程和目标等方面组成。

一般认为，协同治理改变了政府与其他子系统之间的管理与被管理、控制与被控制的关系，把政府与社会组织、公民个人等子系统之间的相互协作与相互协调，作为实现有效治理的重要基础，从而解决了它们之间的矛盾及实现了公共利益最大化。虽然说协同治理理论还没有明晰的理论框架，但是，在分析社会管理和公共事务的解决途径上具有一定的解释力。

2）基本理论

综合已有的研究，协同治理理论可以归纳为以下主要方面：

第一，在现代社会公共事务治理中，没有任何一个组织或者行为具有单独实现目标的资源和能力。治理主体中既有政府组织，也有民间组织、企业和个人，这些主体共同参与治理。这些主体不仅有不同的价值判断和利益诉求，而且需要密切合作，既有竞争关系，也具有协作关系。

第二，各个子系统协同行动。在现代社会系统中，资源和信息分布在不同的治理主体中，需要采取集体行动的组织必须借助或者依赖其他组织。这些组织在集体行动中不断地进行着资源交换和信息流动。协同治理理论强调各个主体之间的自愿与协作。有的组织可能在一个特定的环境下处于主导地位，但是，更多的是依靠协商而不是命令来实现目标。政府具有"有限理性"，应少干预或者不干预，主要功能在于为其他主体参与治理提供必要条件。协同治理强调政府的作用，但不提倡通过强制力。协同治理要求社会系统中子系统具有协同性，相互合作，实现系统良好发展。

第三，协同治理重视自组织体系，具有更大程度上的自主治理，要求自组织之间更高程度的协同，同时，政府的作用更加重要，自组织的协同离不开政府。自组织是协同治理的重要行为主体。它要求减少政府控制，甚至在某些领域政府完全退出。因此，自组织之间的协同显得十分必要。但是，自组织在实现自己控制的同时，也存在着治理上缺乏足够协同的问题。只有发挥政府组织的资源协同和权力协同作用，才能更好地实现公共利益。

第四，制定协同治理规则，需要政府发挥更多作用。协同治理需要各个行为主体在共同认可的规则下进行。规则的制定要由政府来主导，政府的意向在很大程度上影响着规则的制定。在制定规则时，各个行为主体之间既有竞争也有协作，在竞争与协作中建立协同规则。信任与合作是良好治理的基础。共同认可的规则决定着治理效果和治理成果。政府最大限度地吸引公民和社会组织共同参与治理，共同参与制定与实施公共政策，在信任的基础上，开展平等对话，相互协商，彼此达成协作，推动公共事务由单项管理向协同治理模式转变。

在协同学相关理论和分析方法的基础上，治理理论借助协同学理论，与复杂的社会系统相结合，从而建立有效的治理结构。协同治理也是系统理论在现实社会公共事务管理中的应用。社会系统各个子系统具有协同性。系统中各行为主体既有竞争也有协作，通过协作实现各自的利益和社会公共利益的最大化。

7.1.3　协同治理理论的社会价值与政策意蕴

1）社会价值

理论的产生源自实践的需要。在建设现代治理体系和治理能力现代化过程中，协同治理理论的价值主要体现在两个方面：

第一，理论价值。社会作为一个系统性的构成体系，具有高度的复杂性和动态性，其构成的每个子系统之间都具有开放性、自组织性和协同性。各个子系统既独立运行又相互联系，既有竞争又相互协调，任何一个部分都不能独立地存在，整个社会系统在矛盾和依存中遵循着无序运动和规律性有序运动，在系统相变过程中序参量起到了决定作用。当系统中子系统独立运动占主导地位时，系统出现无序运动；当子系统互相协调、共同采取集体行动时，系统呈现有序运动。在各种力量协同发展中社会系统从无序状态不断向有序状态运动。协同治理为分析社会系统向有序状态发展提供了理论与工具，人们可以更好地理解社会各个系统之间、各个组织之间、社会与个体之间如何实现协调与增进共同利益。

从理论价值上讲，它从理论上解释了社会系统中，各个系统及系统中各个组织的关系的复杂性及动态性，以及协同治理的必要性。社会系统的复杂性表明，在一个系统中存在着诸多子系统，子系统之间存在着竞争与协作的复杂关系，各个子系统结合的方式是多种多样的。系统中参与主体不是单一的，而是多个主体共同行动。只有在协同过程中，促进各系统之间的协作，才能实现最大利益，其中包括个体利益和公共利益，发挥系统的最大功效。从动态性上看，系统存在着从无序到有序或者一种结构到另一种结构的转变。系统中总是存在着一些向心力和离心力，这些力量不是对等的，而是存在力量的对比变化，在两种力量的不断竞争中推动系统结构变化。我们可通过不同力量的变化寻找分化与整合的途径，使系统向既定目标发展。同时，系统参与者拥有不同的资源，也有不同的利益需求，导致子系统的目标多元化。在尊重多元化目标的基础上，整合资源，在共同规则的框架内实现协作，实现多主体利益共赢。

第二，实践价值。协同治理理论具有较高的实践价值。社会系统存在着诸多问题需要多个主体的协同治理，协同治理强调不同子系统和行为主体的协同，同时尊重竞争，在协同治理中解决共同面对的问题，例如环境污染问题、突发公共事件、社会贫富差距、就业问题、贫困治理等。协同治理有助于治理效果的改善，提高治理能力和治理水平。

2）政策意蕴

正在实施的乡村振兴战略实践，是一项涉及国家、地方和乡村的系统工程，是在国家的战略规划指导下，通过地方政府积极筹划和实施，由社会各种主体参加，协同合作，共同为实现"两个一百年"目标奋斗的协同行动。在实施乡村振兴战略中，需要整合各种社会资源共同参与，仅仅依靠乡村自身难以实现既定的规划。人力资源是乡村发展所需要的首要资源，但是，农村人才匮乏，现有的人力资源不足以满足乡村振兴对人才的需要。在人才不足的同时，农村也存在着项目资金、经营管理、市场结构等方面的制约。因此，我们应以协同治理理论为指导，构建多元主体协同机制，让参与主体发挥出自身的优势，参与主体对乡村振兴进行协同治理。

第一，制定多元主体协同治理制度框架。以政府为主导，通过政策引导、组织领导、主体参与，促进乡村振兴战略的有效实施。在协同治理框架中，第一书记是乡村振兴的重要参与主体。他们利用组织资源、政策支持、社会资源、智力技能等，在乡村振兴中发挥出一系列的推动作用。

第二，协同治理中要发挥政府的主导作用。各级党委和政府是实施乡村振兴战略的主导者，具有领导地位和领导责任，是落实乡村振兴战略最重要的参与主体，可通过组织和领导各类参与主体，把乡村振兴的人才、资金、项目、管理有机结合起来，协调各方面的资源，为乡村振兴创造环境。

第三，充分发挥参与主体的主动性、创造性。在乡村振兴中，需要充分调动乡村干部群众的积极性，让他们成为乡村振兴的主要力量。乡村振兴的受益者首先是村民，村民最希望通过乡村振兴实现生活富裕。人民群众是历史的创造者。乡村干部群众是乡村振兴的实现者。第一书记在乡村振兴中，应发挥帮扶作用，指导和带领干部群众实施乡村振兴战略，发挥自身的知识优势、关系资源优势、组织优势，为干部群众实现乡村振兴创造良好的外部支持。

7.2　第一书记驻村帮扶协同治理机制的内容与运行环境

乡村振兴中第一书记协同治理是指第一书记促进乡村振兴的系统性表述。也可以说，第一书记在乡村振兴中的协同治理，其中包括协同环境、协同过程及协同结果，而每一个部分又存在诸多方面。本节构建第一书记乡村振兴协同治理机制框架，揭示协同治理机制中各个要素相互关系及相互作用的动态过程，分析第一书记执行职责和完成任务的协同治理路径。

7.2.1　基本内容

本书借鉴柯克·艾默生和梯纳·纳帕奇（2015）的研究，结合乡村振兴建设实践，构建第一书记驻村帮扶协同治理机制框架。其基本内容有协同环境、协同要素、协同机制、协同过程等。

按照嵌入理论分析，第一书记嵌入乡村基层组织，与乡村基层干部一起实施乡村振兴战略，是一个通过组织嵌入、主体互动开展乡村振兴的协同治理行为过程。其初始环境即协同治理环境，是国家的"三农"问题及乡村振兴战略，以及围绕着建设"三农"和乡村振兴战略所形成的政治环境、制度措施、权力安排、文化传统及治理体系、个人资源等。这些外在环境和因素对第一书记履职尽责和发挥作用产生了显著的影响，是第一书记驻村制度实践机制的约束条件。在这些约束条件作用下，第一书记和其他主体面临的政治环境、个体内在动力成为乡村振兴协同治理的驱动力量，使协同治理机制具有强大的动力。

在第一书记驻村帮扶中，协同主体是各级政府、派出单位、村干部、第一书记及其他参与者，治理对象是乡村社会，内容包括乡村社会经济文化等各个方面和环节。这些方面和环节都是协同治理要素。各个协同主体和要素在协同治理动力推动下，相互影响，相互促进，形成一种交互作用的系统，这个系统就是第一书记赋能乡村振兴的驻村帮扶协同治理机制。在协同治理中，第一书记、乡镇政府干部、村干部有共同的目标和任务，有各自的目标追求和行为策略，在协同动力和约束条件作用下，共同为完成乡村振兴战略规划作出努力，在协同治理中形成协同关系，并实现促进乡村振兴的战略规划。协同治理机制包含以下方面内容：

1）协同环境

协同环境对于第一书记协同治理过程和效果具有决定性作用和基础性影响。也就是说，在个人资源优势确定的情况下，协同系统中的政治任务、各级组织、政策、制度、权力安排、资源分配、文化传统及乡村治理体系，对第一书记驻村帮扶乡村振兴的过程和成果起到决定性作用。这是因为，这些方面将为第一书记协同治理提供外部动力、组织保障、政治合法性，以及协同治理所需的环境及资源支持。对于乡村基层组织而言，第一书记是基层组织之外的力量，没有上级组织和政策支持，第一书记政策帮扶乡村振兴的行为缺少政治合法性，因而也就失去帮扶乡村基层组织建设、精准扶贫、发展产业等乡村社会治理的正当性。第一书记驻村帮扶是中共中央组织部等有关部门制定的统一政策和作出的制度安排，具有高度的政治性。因此，做好第一书记驻村帮扶工作对于参与者来说是一项重要的政治任务。有关制度规定和政策措施都体现了国家意志。正是因为协同环境这种决定性影响，在协同治理中就需要科学制定政策和分配资源，否则，就可能影响到协同治理过程及效果。

2）协同要素

协同要素是指第一书记与参与乡村振兴有关的各种组织机构、人力、资金、技术、市场、环境等。协同治理是各种要素之间紧密联系和相互作用并产生相应成果的过程。在各个要素的相互关系中，存在着主导要素、基本要素、关键要素和次要要素等。各种要素特别是基本要素发挥作用的动力和方式存在差别，需要根据要素的特点制定相应的措施，引导和发挥其在协同治理中的作用。各个要素发挥作用的机制不同，其中，第一书记发挥作用的政策环境和激励措施，对于整个协同治理系统起到主导作用。在第一书记驻村帮扶中，第一书记受到乡村环境的制约，也受到乡镇干部、村干部和村民行为习惯、思想认识和传统习俗等多方面的影响。设计科学的激励机制，促使这些要素充分发挥作用，是第一书记驻村帮扶取得良好效果的关键。

3）协同机制

协同机制是在协同治理中通过协同主体和协同要素之间的制约和作用，实现协同目标的运行机制。在第一书记驻村帮扶精准扶贫和乡村振兴中，中共中央、国务院通过制定战略和政策，进行全面的规划，发挥主导作用，是选派第一书记驻村帮扶促进乡村振兴的决策者、主导者，农村基层以上各级组织成为指导、扶持、监督检查第一书记驻村帮扶工作的主体。省、市、县（区、旗）党政部门成为落实中央战略规划的组织者和执行者，将中央政策和战略规划传达到乡镇一级党政机关加以实施。乡镇党委和村基层组织成为具体执行和落实有关政策和规划的执行者。第一书记驻村帮扶是在乡镇基层党委的直接领导下进行的。第一书记的工作内容和工作方式都是上级组织制定的，他们与乡村干部密切合作，协同治理乡村社会，全面实施乡村振兴战略。

4）协同过程

协同过程是指在乡村振兴中第一书记发挥作用的方式、工作特点、职责任务的完成过程，也是乡村振兴协同治理体系中各个主体发挥作用及相互影响的过程。从这个过程中可以看到各个主体怎样完成自己的工作职责任务，以及怎样协同其他主体共同努力开展乡村振兴，怎样在乡村治理、产业发展、精准扶贫和文化建设等方面发挥帮扶作用。协同治理理论上将协同过程划分为四个阶段：主体集聚、协商与契合、执行承诺、效果反馈。这也契合了第一书记驻村帮扶的基本过程。

主体集聚。参与乡村振兴战略的主体以某种方式聚合起来，组成一个行动联盟或者行动团队，为了某种共同目标采取一致的行动。第一书记被选派到乡村后，被纳入乡镇党组织或村党支部，成为参与乡村振兴的一个主体。此外，参与乡村振兴的主体还有上级组织、乡镇党委、村"两委"和村民。其中，上级组织、乡镇党委是乡村振兴的规划者和领导者，负责规划、组织和实施乡村振兴，第一书记和村"两委"干部负责带领党支部和村民落实乡村振兴的规划，各种力量集聚起来形成一个行动团队。乡村振兴战略是在各个主体协同行动中实施的。第一书记的作用主要是协助村"两委"带领群众实施乡村振兴战略，完成本村振兴任务。

协商与契合。它是指主体之间的意见交流、协商、合作。乡村振兴中，乡镇党委接受上级党委的领导和指示，领导乡镇政府各个部门以及村"两委"，主要通过传达上级的指示，指导基层干部完成上级赋予的各项职责任务，并在指导农村基层组织工作中与农村基层干部达成共识，确保农村基层干部明确工作任务和行动方案，并促使基层干部严格按照规划行动。第一书记在协商与契合阶段，一般承担着协调沟通和协助乡镇政府工作的任务，他们不是置之度外的旁观者，而是与村"两委"干部一起执行党委布置的工作任务。这种密切的合作关系成为乡村振兴中各个主体之间关系的基本特征。

执行承诺。它是指各级组织在中央的领导下，执行中央制定的政策，完成中央的战略规划。在乡村振兴中，第一书记和村"两委"干部共同采取行动，以建强村党组织为抓手，落实乡村振兴的各项任务。乡村振兴战略的总体要求是"产业兴旺、生态宜居、乡风文明、治理有效、生活富裕"，近期目标任务是全面建成小康社会，这个目标在2020年已经实现；长远目标是实现农业农村现代化。执行承诺的过程就是通过第一书记和村"两委"合作，完成乡镇党委交给的各项任务。第一书记和村党支部执行上级组织布置的任务，特别是乡镇党委对各村在组织、产业、治理等方面的计划，对于实施乡村振兴战略具有关键作用。乡村振兴规划需要基层组织认真落实，才能产生预期的效果。因此，执行承诺是乡村振兴协同治理的关键环节。

效果反馈。经过协同治理各个环节后，产生的治理效果如何，需要采取合适的方式和步骤进行反馈，以便检验规划执行的效果和提出进一步改进措施。这就需要对协同治理的结果进行考核和总结。乡村振兴中各个环节的状况决定着乡村振兴战略实施成效。因此，需要客观地评价各项措施的效果以及规划执行的结果。

7.2.2　运行环境

1）统一领导和政策推动

第一书记参与乡村振兴，实质上是在党中央的统一领导下，人才下乡，技术下乡，资源下乡，帮扶力量下乡，尤其是国家帮扶队伍下乡，通过第一书记嵌入乡村组织，与基层组织密切配合，主动参与乡村社会全面振兴，实现与乡村各种主体协同治理乡村。党中央和国务院等有关部门是乡村振兴战略的总设计师，是战略实施中的实际领导者、推动者、监督者，中央以下各级党组织和政府都是战略的执行者。因此，在第一书记乡村振兴协同治理中，中央和有关部门制定的政策具有领导、指导和推动作用。

第一书记驻村帮扶政策和要求的基本内容是将机关单位、国有企业和事业单位内有知识、有文化、有能力、政治觉悟高的优秀干部选派到乡村驻村，发挥其在知识、技术、能力以及整合社会资源方面的优势，帮扶乡村干部实施乡村振兴战略，主要在基层组织建设、产业发展、社会治理和服务群众等方面发挥引导、促进和带动作用。在脱贫攻坚阶段，其工作重点是通过抓党建促脱贫，发展产业，打赢脱贫攻坚战。在乡村振兴阶段则集中资源发展产业，以产业兴旺推动乡村全面振兴。

2）各级组织的积极行动

做好选派第一书记驻村帮扶工作，是各级组织和有关部门贯彻落实精准扶贫政策及实施乡村振兴战略的有力措施。在科层组织中，下级党组织服从上级党组织，必须认真执行上级党组织制定的政策。各级党组织不仅要从基层单位选派优秀干部，还要对选派干部进行考核、指导、监督、帮助和支持。精准扶贫和乡村振兴事关"三农"工作，事关党的"两个一百年"奋斗目标，因此，认真执行第一书记政策与规定成为各级党组织的一项政治任务。处于科层组织中的各级党组织，是实现这项政治任务的主体。各级党组织认真选派、指导、监督、考核、科学管理第一书记驻村工作，是落实第一书记驻村帮扶政策的前提条件。各级党组织应认真组织和开展第一书记选派、指导、监督、考核和科学管理，执行中央有关部门制定的第一书记驻村帮扶政策，并且给第一书记提供帮助和支持。在此情况下，第一书记在驻村工作中能够建强乡村基层组织，带领和帮助村基层组织发展产业，增强集体经济实力，在乡村振兴战略中取得显著成效。

3）乡镇政府的协调

乡镇党委直接领导第一书记在乡村开展帮扶工作。乡镇党委负责传达上级指示和落实中央关于选派干部驻村担任第一书记开展帮扶政策。他们了解所在乡镇各个行政村的基本情况，对于村"两委"具有领导和监督责任，对于村干部工作内容、工作态度和心理动态了如指掌，因此，他们能够充分发挥组织领导作用，协调村"两委"，为第一书记驻村帮扶提供必要的条件，促进第一书记尽快融入农村社会，帮助驻村第一书记开展帮扶活动。第一书记在乡镇党委的领导和支持下开展驻村帮扶。乡镇党委负责安排好住宿、饮食等基本生活环境，对第一书记帮扶的产业项目在项目规划、投入资金筹措、项目建设管理、收益分配等，实行指导、监督、帮助。乡镇党委在发挥第一书记驻村制度的作用中起到了非常重要的作用。

4）科学的激励制度

第一书记驻村制度是一个系统体系，包括选派制度、监督制度、考核制度、奖惩制度、协同制度等，从不同的方面形成促进第一书记在乡村驻得住、沉下心、干得好、出成效的外部条件。第一书记帮助所驻乡村发展产业，提高集体经济收入，改变农村居住环境和生产环境，帮助乡村党支部规范化、制度化，帮助村"两委"健全制度，推动乡村经济发展，提高村民收入，实现乡风文明和生态宜居，使乡村美起来，农民富起来，产业强起来。驻村帮扶的能动主体是第一书记，第一书记需要良好的外部环境。第一书记是一个理性人，是一个具有政治觉悟的人，是一个担负着责任使命的人。必须建立科学的管理机制，以理性人的视角，把第一书记首先作为一个普通的人看待，从激励理论出发，建立相应的激励机制，促进第一书记在驻村帮扶中作出更大贡献。

5）村级组织的重视

在以精准脱贫为首要目标的精准扶贫中，各级党政机关集中人力财力，紧紧围绕着脱贫攻坚这个中心，做好相应的工作。在乡镇基层，乡镇党委肩负承上启下完成乡村振兴任务的重担，同时负责村级党组织的指导、领导和监督工作。村级党组织带领群众，执行脱贫攻坚政策，推动乡村振兴，承担具体的工作职责和任务。当村党组织是一个能够认真执行党的政策并有能力带动村民向美好生活迈进的组织时，村党组织就是一个战斗力强的组织。乡村的发展状况和农民能否脱贫致富的一个关键因素，是建立一个认真执行党的政策、战斗力强的村党支部，能够把群众的利益放在首位，敢于承担，勇于奋进。村干部是指村"两委"干部。他们是村里有能力的人，受到村民的信任。村"两委"是带领村民实现精准脱贫和乡村振兴的"领头雁"，只有"两委"切实担负起精准脱贫和乡村振兴的重任，认真贯彻有关方针政策，才能在精准脱贫和乡村振兴中发挥作用。村"两委"积极响应党中央的号召，按照各级组织的要求切实贯彻落实有关精准脱贫和乡村振兴的政策，是能够领导村民脱贫致富和乡村振兴的坚强组织。因而，在第一书记驻村帮扶工作中，村"两委"为第一书记开展帮扶工作提供相应的大力支持，在党组织建设、产业发展、为民服务等方面，与第一书记密切合作，共同开展精准扶贫和乡村振兴，第一书记获得了村"两委"的信任和支持，便可以发挥出巨大的作用。

6）第一书记的能力

第一书记接受上级组织选派驻村后，要面对具体的农村各项工作，要承担建强基层党组织、整治组织涣散的重任，解决基层制度不健全、工作不到位等问题，还要针对农村的资源优势，制定发展村集体经济的规划，特别是大力发展支柱产业、特色产业，通过产业扶贫、产业兴村，实现精准脱贫和乡村振兴。这些工作需要第一书记具有组织能力、规划能力、协调能力和整合资源能力。对于组织建设问题，第一书记是在乡镇党委的统一部署下开展工作的，同时也要发挥第一书记协调、组织、执行的作用。在乡村，基层党组织工作受到生产季节、硬件环境和党员年龄构成、身体状况等方面的影响，组织生活一般难以正常开展，在村干部的帮助支持下，才能开展起来。因此，第一书记应具备组织建设的能力，能够面对农村复杂的社会环境，创造性地开展组织建设工作。对于第一书记来说，发展产业是一个相对困难的事情，因为产业的发展需要依赖多种因素，其中主要的因素是投入资金的来源、产业项目的选择、市场拓展、项目管理等。即使第一书记能够引来资金，但是如何有效地利用资金，选择合适的产业项目，需要认真规划。而项目投入资金通常是主要的困难。政府帮扶项目资金是产业发展的主要资金来源，对于乡村振兴发挥了重要的作用。来自社会的资金，则以市场为前提。只有明确市场前景，才能够引来社会资金投入。第一书记为了发展产业，需要获得项目资金。但是，由于项目选择的困难和资金投入的限制，第一书记顺利地开展产业项目建设存在巨大困难，因而产业发展成效因人而异，差别巨大。

7.3　第一书记协同治理机制的架构

在融合社会力量参与乡村振兴过程中，建立和完善第一书记协同治理实践机制，有效发挥以第一书记为代表的外部力量作用，有利于积极推进乡村振兴。第一书记协同治理实践机制可以充分发挥第一书记加强基层党建引领乡村全面振兴的作用。因此，分析第一书记驻村帮扶乡村振兴协同治理机制组成结构和构建措施，能够进一步完善第一书记驻村帮扶机制，从而更好地发挥第一书记驻村制度在乡村振兴中的作用。在第一书记驻村制度实施中，需要各级组织部门的相互配合，通过科层组织的协同，在人员选派、驻村帮扶政策措施、第一书记工作环境和工作条件安排、激励制度和监督考核制度等方面，加强协同合作。受到自身能力、农村基层社会环境、自然条件、思想观念和市场因素的影响，第一书记在驻村帮扶中存在实际困难，这需要在制度、政策、机制上形成一个巨大合力。因此，我们通过构建和完善第一书记驻村帮扶协同治理实践机制（即"第一书记协同治理机制"），促进第一书记做好驻村帮扶工作并提高帮扶绩效。

7.3.1　第一书记协同治理机制的作用及框架结构

1）第一书记协同治理机制的作用

实践机制，也称作实施机制，是对某项政策、制度和决定的实施中相关因素、环节及过程关系的概括。从概念上讲，机制是对事物发展中内外因素相互作用及影响过程中复杂系统的描述。在一个事物发展机制中，存在着很多相互作用的因素，在各个因素和环节彼此作用下，共同推动事物的发展，完成具体的任务。第一书记驻村制度实践机制是一种协同治理机制，在落实第一书记驻村帮扶政策时，协同治理主体之间需要按照有关政策制度的要求，形成一致的协同目标，并在协同治理中采取一致的行动。协同治理机制通常是在"目标—措施—行动—效果"的结构框架下形成并运行的。

实现乡村振兴，建设"三农"，解决我国社会经济发展中的短板问题，实现城乡融合发展，为实现我国现代化发展目标夯实农业基础，是第一书记驻村帮扶的主要目标。

在2020年之前，第一书记的中心任务是打赢脱贫攻坚战，重点是建强农村基层组织，抓党建促脱贫，全面建成小康社会，因而，精准扶贫、精准脱贫是第一书记这一时期驻村帮扶工作重点。第一书记被赋予了明确的职责任务，在贫困村、软弱涣散村开展驻村帮扶，扎根乡村，深入贫困户家庭，落实党和国家的扶贫政策，开展帮扶工作，这些行动极大地促进了精准扶贫，实现了精准脱贫，同时，在产业扶贫中发展了乡村产业，增强了集体经济，为进一步开展乡村振兴奠定了基础。

第一书记驻村帮扶乡村振兴，从理论上讲，是整合社会资源和社会力量建设"三农"的一种方式。作为农村基层组织的外来人才，第一书记融入农村社会，需要多方面的支持和协作，才能够发挥整合社会资源促进乡村振兴的作用。第一书记协同治理机制是第一书记赋能乡村振兴和有效贯彻执行中央政策的机制，是发挥各级主体积极性特别是发挥第一书记作用的机制。首先，第一书记协同治理机制将各级主体和各个主体聚集起来，在乡村振兴战略的指导下，发挥各自的优势共同建设"三农"，将国民经济中的农业短板补齐，为实现"两个一百年"奋斗目标群策群力，形成发展农业、建设农村、解决农民问题的巨大合力。这也是国家在党的领导下发挥制度优势解决突出问题的体现。其次，在各级党组织的领导和重视下，第一书记驻村制度的实施受到了广泛的重视。各级党委和政府从各个方面给予政策支持，营造了一个能够发挥第一书记作用的外部环境，这对于第一书记迅速进入工作角色和开展工作十分有利，从而有力地推动了第一书记驻村制度的执行和实施。最后，第一书记驻村制度的协同治理机制有利于组织、协调、考核、管理驻村帮扶中遇到的问题，有利于集中资源办大事，对于基层干部提高认识和密切配合第一书记产生了推动力。

2）第一书记协同治理机制框架结构

协同治理机制在本质上体现了事物发展中各个因素、环节协调与合作的规律。乡村振兴是一个系统工程，需要各种力量共同推进。因此，务必建立第一书记协同治理机制，整合各种力量，协同治理乡村，推动乡村振兴。农村社会经济的发展受到了人才短缺、资金不足、技术落后等方面的制约，突破人才瓶颈、资金瓶颈和技术瓶颈，是乡村振兴需要解决的紧迫问题。选派第一书记驻村帮扶，对于解决这些问题有积极作用。但是，如果没有科学的协同治理机制，第一书记驻村帮扶作用就难以充分发挥。根据实践需要和理论研究的结果，我们在"目标—措施—行动—效果"的结构框架下，对第一书记协同治理机制进行分析。第一书记协同治理机制的框架结构如图7-1所示。

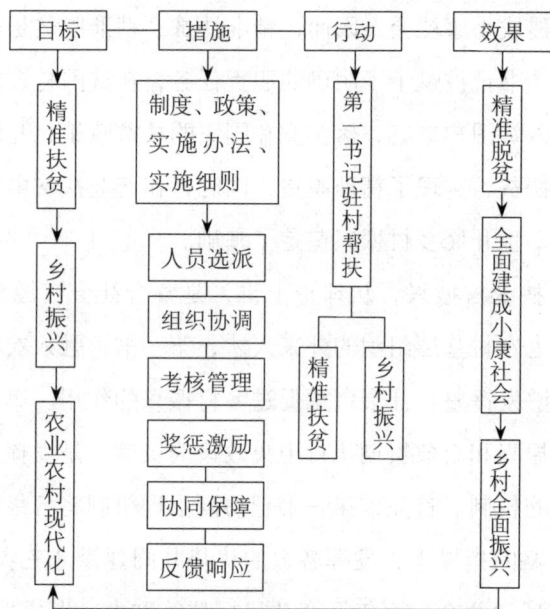

图 7-1 第一书记协同治理机制的运行

首先，目标。目标是事物发展所要达到的目的，始终引领前进的方向。选派优秀干部驻村任第一书记，其目标在于促进农村社会经济发展，加快振兴乡村，补齐国民经济中农业农村短板，更好地推进我国农业农村现代化。在以往的大规模的扶贫开发取得显著成效的基础上，动员社会各种资源，协同治理贫困和农村社会经济问题，按时完成脱贫攻坚任务，实现乡村振兴战略目标，是实行第一书记驻村制度的主要动机和主要依据。打赢脱贫攻坚战，全面建成小康社会，是乡村振兴战略的一个重要内容，是乡村振兴的一个重要阶段。可见，在第一书记驻村制度的实践机制框架中，其最终目标是农业农村现代化，中期目标是乡村振兴，已经实现的目标是精准脱贫和全面建成小康社会。

其次，措施。选派机关干部到村任第一书记，是加强农村基层组织建设、解决一些村"软弱涣散"等突出问题的主要举措。政府对第一书记人选的政治素质、工作经验、工作能力、事业心、责任心等方面进行了规定；对第一书记职责任务进行了界定；对第一书记管理考核办法进行了规定；同时也对组织领导进行了规定。这些方面共同构成了第一书记驻村工作的政策措施，成为驻村第一书记人员选派、工作内容、管理考核和组织领导的指导性文件。

　　各级政府、组织部门等制定的实施办法、指导意见、细则等都是具体地指导和规范第一书记驻村实践的措施，由此形成了第一书记驻村制度的实践机制体系，包括第一书记人员选派机制、组织领导机制、保障机制、激励机制、管理机制和反馈机制。科学的措施是形成有效的实践机制的前提，对于发挥基层组织的领导作用和提高各级科层人员的工作效率，以及促进第一书记履职尽责具有保障作用，能够最大限度地发挥第一书记驻村帮扶积极性、主动性和创造性。

　　再次，行动。在第一书记驻村帮扶实践中，主要行动包含了人员选派、组织领导、驻村帮扶、考核管理和反馈响应等，每一个过程都需要在上级组织的领导下，在各级组织的帮助支持下才能顺利完成。第一书记驻村制度实践机制主要涉及"四个主体""三个过程"。"四个主体"是指派出单位、乡镇党委、第一书记、村"两委"；"三个过程"是指派出单位选派第一书记、乡镇党委管理第一书记、第一书记驻村帮扶过程。首先是派出单位对派出人员进行审核，选派出符合条件的优秀干部，并对驻村干部进行监督管理、考核，对表现优秀的第一书记在职务职称方面优先考虑，以此激励驻村干部。对于表现不好、给村民带来损失和造成不良影响的人员，则开展教育和适当的惩戒，甚至召回。派驻到乡镇和村的第一书记，在乡镇党委的领导和统一部署下，积极配合村"两委"，推动乡村振兴。根据乡镇和村里的实际情况及资源条件，一方面加强基层组织建设，完善党组织各项制度，发展党员，把党支部建设成为能够带领群众实现乡村振兴的坚强组织；另一方面，积极谋划产业发展，打造出符合本村资源优势的特色产业，为增强村集体经济实力奠定基础，也为巩固脱贫成果和实现相对低收入村民持续增收创造条件。同时，积极促进生态、文化、社会治理全面提升，推动乡村社会、经济、文化发展和生态环境保护，提高农村社会治理水平和村干部服务群众的能力。

　　最后，效果。在派出单位、乡镇党委、村干部和第一书记的协同努力下，第一书记整合资源，发挥积极性、主动性、创造性，加强基层组织建设，发展产业，提升农村社会治理水平和为民服务水平，在脱贫攻坚中精准扶贫精准脱贫，极大地促进了乡村振兴。

　　第一书记以加强村党组织建设为抓手，建立健全基层党组织的各项制度，加强组织建设，落实"三会一课"，提高党员的政治意识、群众意识和服务意识，在服务群众中发挥了党员先锋模范作用。完成脱贫攻坚任务之前，第一书记全身心投入精准扶贫、精准脱贫中，对贫困村、贫困户的情况深入调查研究，精准施策，通过产业扶贫、教育扶贫、易地搬迁、医疗保障、就业等，确保贫困户全部脱贫，贫困村全部出列。在乡镇党委的领导下，加强农村社会治理，强化村"两委"班子建设，按照有关制度、法律规定开展基层组织换届选举，保证村委会选举的合法性、公正性，强化村党支部对村委会的领导，增强村"两委"班子农村社会治理能力和服务群众的能力。

综合以上分析，可以看到第一书记协同治理机制的框架结构主要由协同环境、协同要素、协同过程和治理效果组成，如图7-2所示。

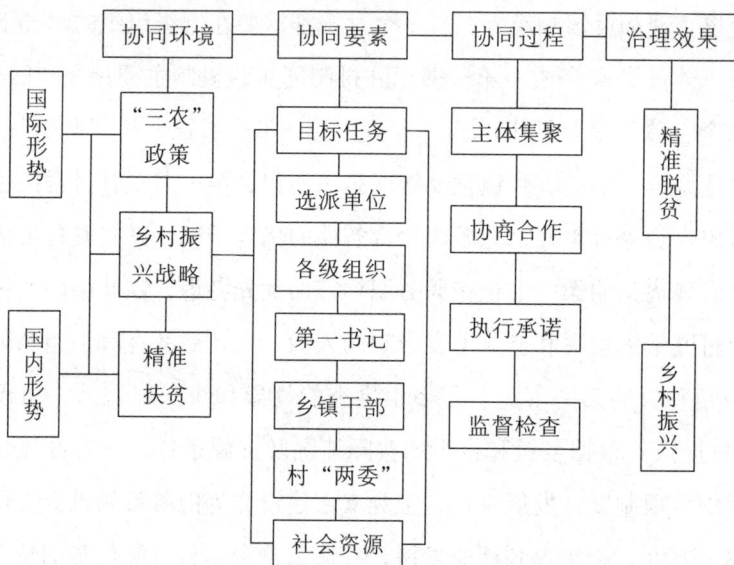

图7-2   第一书记协同治理机制框架结构

7.3.2   第一书记协同治理机制的构成及其基本功能

驻村帮扶涉及多个协同要素主体，主要是村干部、乡镇干部（乡镇党委）、县（市、区）组织部门和乡村振兴局、派出单位等。他们对于第一书记驻村制度的实施具有关键作用。第一书记协同治理机制主要由选派机制、激励机制、管理机制、保障机制、监督机制、信息机制等方面组成。各个方面的机制具有特殊的功能，又相互影响，共同促进第一书记制度的实践运行。其中，选派机制保障选派单位科学选派人员，激励机制保障第一书记发挥积极性、主动性、创造性，管理机制用于科学管理第一书记驻村工作，保障机制用于保障第一书记驻村帮扶需要的资源、信息、组织等，监督机制用于监督、制约协同治理各主体积极有效地执行各项政策。

1）选派机制

《通知》要求"进一步健全选派第一书记的制度机制"。可见，在第一书记驻村制度中，选派机制具有重要地位。

《通知》提出，选派第一书记时要重视"四个条件"，把好"四个关"，注意"两个结合"。这是选派第一书记时必须遵循的规定，是选派机制的核心。"四个条件"是指选派单位在选派第一书记时的入选条件，也就是《通知》中所说的四个方面：一是"政治素质好，坚决贯彻执行党的路线方针政策，热爱农村工作"；二是"有较强工作能力，敢于担当，善于做群众工作，开拓创新意识强"；三是"有两年以上工作经历，事业心和责任感强，作风扎实，不怕吃苦，甘于奉献"；四是"具有正常履行职责的身体条件"。"四个关"是指在选派第一书记时，把好"四个关"，即政治关、品行关、廉政关和能力关。"两个结合"是指"把选派第一书记与干部驻村、部门联村等工作有机结合起来，与机关干部队伍建设结合起来。"以上"四个条件""四个关"和"两个结合"，成为选派机制的主要内容。

此外，在选派第一书记时，还有一个基本原则，即"因村派人原则"，这个原则非常重要，这是指选派第一书记时，要求选派的干部符合农村实际需要，到村任第一书记的干部在知识、经验、能力上，适合所驻村的需要，能与所驻村的干部群众尽快地融合起来，解决其急需解决的困难和问题，可以尽快发挥应有的作用，如图7-3所示。

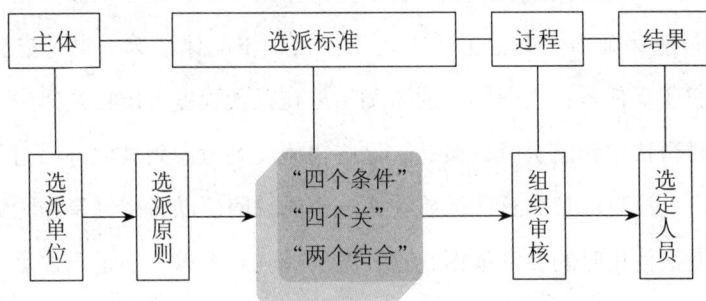

图7-3　选派机制与运作

在选派机制的运作中，选派单位按照上级组织的要求，通过个人报名和组织推荐，选派合适的优秀干部。需要改进的是，上级组织部门应当根据乡村基层社会的需要，有针对性地派出驻村第一书记。通常来说，财经干部派驻经济薄弱村，机关党政干部派驻基础组织软弱涣散村，公安干部派驻社会治安混乱村。

2）激励机制

如何调动人的积极性，这是管理学家研究激励理论关注的核心问题。管理学家从不同的视角分析人的需要和满足人的需要的各种方法，从而形成了不同类型的激励理论。激励理论主要有内容激励理论、过程激励理论、行为后果理论和综合激励理论。

建立在激励理论基础上，第一书记驻村制度实践机制的激励机制是由一系列激励措施组成的。为了激励第一书记，《通知》要求，"任职期满，派出单位会同县（市、区、旗）党委组织部进行考察，考核结果作为评选先进、提拔使用、晋升职级的重要依据，任职期间表现优秀的，在同等条件下优先使用。"这是正向的激励措施。因为驻村任第一书记的干部，大多数是机关、企事业单位的行政人员和技术人员，他们中的大多数人有提升职务和晋升职称的愿望。这样的激励措施无疑能够促进第一书记努力做好驻村帮扶工作，提升驻村帮扶绩效。《通知》也提出了反向激励措施，对不能履行好第一书记职责的进行惩戒，即"对工作不认真、不负责的给予批评教育，造成不良后果的及时调整和处理"。反向激励将极大地促使第一书记驻村时认真负责，避免造成对村民的不良影响。以上是对第一书记驻村帮扶工作采取的激励措施，如图7-4所示。

从激励理论看，上述激励机制还存在一定的不足。因为这里的激励措施中，反向影响的激励措施只能保证第一书记工作态度不消极，不能保证第一书记充分发挥自身能力，更好地完成职责任务；正向影响的激励措施在很大程度上能促进第一书记发挥积极性，努力在驻村帮扶中作出贡献，但是，这些措施没有考虑到其他方面对第一书记积极性的调动作用，也没有注意到这些措施在实施中的缺陷。以考核结果作为第一书记在未来提升职级、提拔使用时的参考依据，这种激励措施对于第一书记来说是一种潜在的激励。而任职期间的表现，往往难以客观地评价，很难得到真实的考核结果。有的派出单位可能因为职务岗位限制、职称名额限制，对符合条件的驻村第一书记不能兑现承诺，激励效果大打折扣。

```
                    ┌──────────┐
                    │  派出单位  │
                    └────┬─────┘
              ┌──────────┴──────────┐
          ┌───┴───┐            ┌───┴───┐
          │  奖励  │            │  惩罚  │
          └───┬───┘            └───┬───┘
      ┌───┬───┼───┐          ┌───┬───┼───┐
   ┌──┴┐┌┴─┐┌┴─┐        ┌┴─┐┌┴─┐┌┴─┐
   │评 ││晋 ││提 │        │批 ││调 ││接 │
   │选 ││升 ││拔 │        │评 ││整 ││受 │
   │先 ││职 ││任 │        │教 ││岗 ││处 │
   │进 ││称 ││用 │        │育 ││位 ││理 │
   └──┘└──┘└──┘        └──┘└──┘└──┘
                    ┌──────────┐
                    │第一书记工作绩效│
                    └──────────┘
```

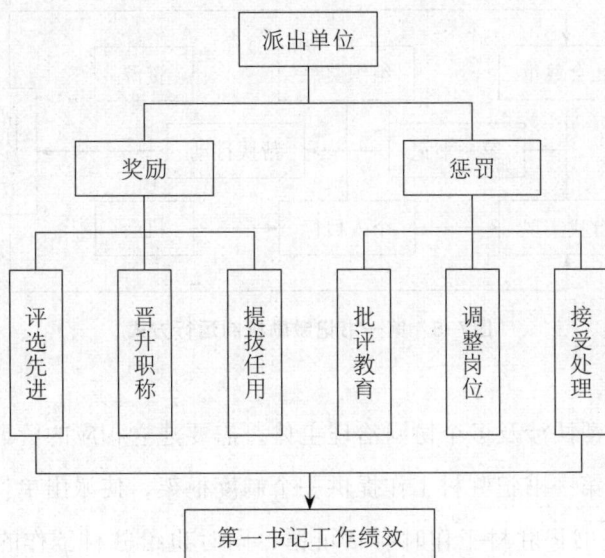

图7-4　第一书记激励措施

在激励理论中，激励理论的代表人物十分重视个人需要的实现对个人行为的影响。个人需要是多方面的，马斯洛（A.H.Maslow）在1943年提出"需要层次"理论，把人的需要分为五个层次。他提出，当低一级的需要获得满足以后，追求高一级的需要就成为激励行为的动力。他认为，需要层次的满足并不是严格地按照一种需要100%满足后才有另一种需要出现，大多数都是在部分满足该层次需要后就会产生高一级层次的需要。对于个人来说，高层次需要比低层次需要更难实现，也有更高价值。通过满足高层次需要调动人的积极性更具有持久性和稳定性。

在第一书记驻村帮扶的激励机制中，除了要满足基本的生理需要、安全需要、社交需要外，要特别重视第一书记尊重需要、自我实现需要的满足。第一书记尊重需要、自我实现需要因个人不同可能有所不同，但是，通过评选先进、晋升职称和提拔使用，能够很大程度上满足其需要。因此，应当切实采取激励措施，对表现优秀、为乡村振兴作出较大贡献的第一书记，在提拔任用、提职晋级等方面作出安排。此外，还应根据第一书记的情况，促进其满足高层次需要，比如为乡村振兴作出了显著贡献，强化了基层组织，发展了乡村产业，促进了农村社会治理，开展美丽乡村建设，为贫困人口脱贫作出了显著贡献等。第一书记激励机制运行方式如图7-5所示。

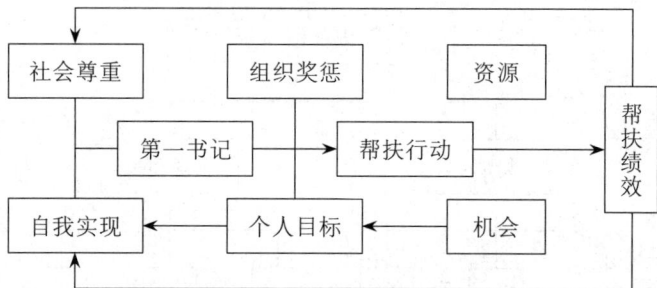

图7-5　第一书记激励机制运行方式

3）管理机制

第一书记驻村帮扶涉及多个协同治理主体，需要建立相应的管理制度。建立管理制度是为了给管理第一书记驻村工作提供一个制度框架，使派出单位、乡镇党委等组织部门在管理第一书记驻村工作时有章可循，同时也给驻村工作的第一书记提供指导。第一书记管理机制包括管理体系和管理规定等。（1）管理体系。第一书记在组织上的管理体系是一种科层制管理体系。社会学家马克斯·韦伯认为，科层制是特定权力的运用和服从关系的体现。省委组织部负责制定第一书记选派和驻村制度，县（市、区、旗）党委（党组）和派出单位党委负责执行有关政策，乡镇党委负责第一书记驻村的领导和日常管理。（2）管理规定。管理规定的主要内容是对第一书记驻村帮扶行为的规定。日常管理、考核方式、行为规范、奖励制度等都是第一书记制度的基本内容。日常管理制度的作用在于规范第一书记的日常行为，促进第一书记在驻村工作期间遵守纪律，按照上级组织的要求认真工作，尽职尽责。考核是管理的重要内容。在考核方式方法上，《通知》规定，第一书记驻村期间由派出单位和县（市、区、旗）党委组织部共同考核，考核的方式是所在县（市、区、旗）党委组织部根据乡镇党委提出的考核意见，得出考核结果。考核结果记入第一书记本人档案。严格执行日常管理制度是保证第一书记有效开展驻村帮扶工作的重要条件。然而，由于农村工作的特殊性，在考勤、监督方面难以做到周全，第一书记管理应宽严有度。因此，在执行该项制度时，需要建立相应的抽查制度，采取定期或者不定期抽查的方式，对第一书记驻村帮扶工作进行管理。此外，还可以利用其他有效的手段进行外部监督。然而，外部监督只具有某些方面的作用，更加需要依靠第一书记驻村工作的责任心、积极性、主动性。第一书记管理机制如图7-6所示。

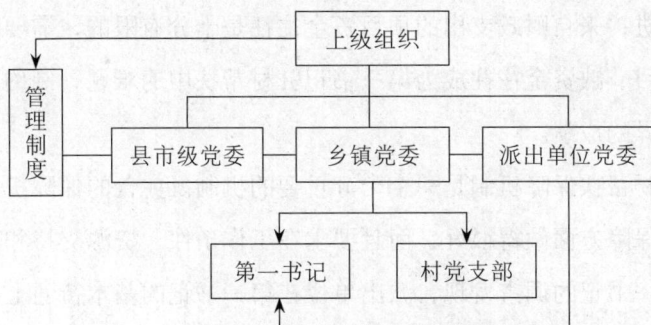

图7-6 第一书记管理机制

4）保障机制

根据协同治理理论，协同主体的行动是在特定的环境条件下进行的，离开了环境就难以达到预期的效果。第一书记驻村帮扶需要具备相应的环境条件，才能完成组织交给的任务，履行承担的职责。第一书记驻村帮扶需要的环境条件可以分为外部环境条件和自身条件。外部环境条件是指自身之外的因素，具体地讲是指资源条件、机会、组织系统、市场环境、村干部等。自身条件是指第一书记自身知识、技能、能力、社会关系、事业心、个人性格等。在自身条件较好的情况下，第一书记能够有效地处理驻村帮扶中遇到的问题，可以给所驻村引进项目资金，利用所驻村的自然资源和环境，做到"一村一品"，发展特色乡村产业，实现产业兴村，产业富民。自身社会资源少的第一书记，通常没有可以利用的社会关系，也很难找到产业项目所需的资金，很难整合社会资源帮扶乡村发展产业，难以达成通过发展产业实现帮扶的愿景。第一书记驻村帮扶的田野调查结果显示，发展产业是他们大多数人的愿望，但是受到项目和资金的制约，这个愿望很难实现。第一书记重视产业项目的原因在于乡村振兴的基础是产业振兴，巩固脱贫成果最根本的措施也是发展产业。

第一书记驻村帮扶的外部支持十分重要。外部支持中，资金支持、项目支持、组织支持和村干部配合是最重要的因素。缺乏项目和资金是第一书记产业帮扶遇到的最大难题。究其原因，一是产业项目比较难以确定，只有符合市场需要的项目才有生命力，才能长期发展下去。能够发展起来的产业项目，才能给村民带来持久的收益，特别是对脱贫人口增加收入产生积极的影响。项目的效益低，反而会拖累村民，影响乡村振兴。二是项目资金不足。来自私人投资的资金往往需要依赖第一书记个人的社会关系，这部分资金通常难以引进；来自财政支出的项目资金往往是十分有限的，需要努力争取才能获得。因此，缺项目、缺资金往往成为第一书记驻村帮扶中的难题，制约着第一书记在帮扶中取得更加优异的成绩。

第一书记驻村帮扶保障机制是一个十分重要的机制。完善的保障机制不仅要求在第一书记基本生活保障方面做得很好，而且要求在工作条件、资源支持和组织支持等方面做得好。从对第一书记的调查发现，派出单位在第一书记的基本待遇上都做到了相应的保障。但是，他们获得的资源很有限。尽管上级组织要求给予第一书记驻村工作相应的配套资金，但是，很多派出单位难以做到。没有配套资金支持，第一书记驻村帮扶工作开展起来会遇到资金制约。

5）信息机制

在第一书记驻村帮扶实践中，需要相应的信息反馈与沟通机制作保障。信息反馈机制是一种将信息反映到决策机构，使决策机构能够准确掌握基层部门情况并作出反应的机制。通常它是一个信息交流系统，由信息、主体、渠道组成。主体之间借助信息流通渠道传播信息，并将信息反馈给主体。在第一书记驻村制度的实践机制中，处于基层组织的乡镇党委、第一书记和村党支部，担负着乡村振兴的具体职责。为了使省委组织部、县委组织部、派出单位能够及时了解第一书记驻村帮扶工作，除了派人到乡村基层了解情况，还需要乡镇党委和第一书记向他们反映情况，并针对存在的问题制定解决的措施。派出单位和县委组织部为了取得第一书记驻村帮扶工作的信息，需要定期到基层开展调研，听取第一书记的工作汇报，调查研究第一书记驻村工作中遇到的困难，帮助其解决困难。第一书记可以通过合适的途径向县委组织部及省委组织部反映帮扶情况和遇到的困难，请求上级组织的指导与帮助。第一书记驻村帮扶信息机制如图7-7所示。

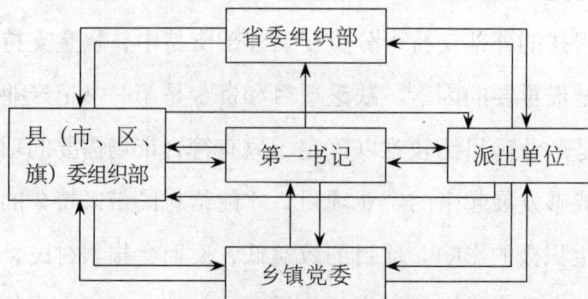

图7-7 第一书记驻村帮扶信息机制

根据以上分析，我们以表格的形式将第一书记协同治理机制的组成加以总结，见表7-1。

表7-1　　　　　　　　　　　　**第一书记协同治理机制的组成结构**

类型	内容	作用途径	功能
选派机制	选派单位：政府机关、事业单位、国有大中型企业；选派标准：专业知识、工作能力、身体健康、政治思想、责任心	选派单位根据上级组织部门的规定、政策要求，从本单位选派符合规定标准的人员，派驻需要第一书记的乡镇、村	人员选派精准：党政干部驻软弱涣散村；财经干部驻经济薄弱村；公安干部驻治安混乱村
激励机制	动力机制：责任、荣誉、收入、职称职务、理想信念、表彰、惩罚	给予驻村工作成绩优秀的第一书记相应的荣誉，在职称评定、职务晋升时优先考虑，对不按照规定驻村工作或造成不良影响的，进行相应的惩戒	充分调动第一书记驻村帮扶积极性、创造性，促进乡村全面振兴
管理机制	组织管理、日常管理、检查监督与绩效管理	建立相应的组织领导体系，加强对第一书记驻村工作日常管理，实行签到、打卡、工作记录，对取得的成效进行评价	严格制定和执行管理制度，严肃第一书记驻村工作纪律，提高驻村帮扶自觉性、责任心、纪律性
保障机制	组织协调、资源保障与干部培训	给第一书记帮扶工作提供必要的资金支持、工作指导，定期开展培训，提升第一书记驻村帮扶工作技能和知识	为第一书记驻村帮扶提供组织保障、资源保障和能力支持，提升乡村振兴协同治理能力
信息机制	信息沟通与信息反馈	加强上级党组织与基层党组织联系与沟通，及时解决问题；建立第一书记与上级组织部门信息沟通渠道，对其反映的问题进行及时反馈，监督基层做好相关工作	促进各级党组织严格执行上级制定的政策，促进第一书记增强责任感

8 第一书记驻村帮扶 绩效管理与绩效评价

第一书记在脱贫攻坚和全面建成小康社会的过程中，发挥了十分积极和巨大作用，在乡村振兴中发挥了重要作用。对第一书记驻村制度实践机制的作用和第一书记驻村帮扶绩效进行客观分析，是充分发挥第一书记在乡村全面振兴中作用的需要，是完善第一书记驻村制度实践机制的需要。本章基于绩效管理理论，对第一书记制度实践机制产生的影响和作用进行研究，以绩效考核、绩效评价和政策建议为核心，研究第一书记绩效考核、评价与运用问题。

8.1 绩效管理理论

绩效管理起源于20世纪初的企业管理。在企业管理中，应通过绩效评价，进行绩效管理，进而达到提高企业管理水平和提升效益的目的。绩效管理被认为是科学管理的重要工具，在人力资源管理、财务管理、战略管理等方面发挥着十分重要的作用。随着社会经济发展的需要，绩效管理被广泛应用到政府管理、科研管理、社会治理、环境治理等领域，成为提高管理水平、实现管理目标的重要手段。绩效评价对于加强绩效管理具有重要影响。

8.1.1 基本概念界定

1）绩效

绩效一词，《现代汉语词典》解释为成绩、成效。尽管在中文语义上，绩效意味着成绩、成效，但在不同的学科领域中，绩效有不同的内涵。从经济管理角度，绩效是指经济管理的结果或成效。从人力资源管理的角度，绩效是主体行为或结果的投入产出比。从政府管理角度，绩效是政府活动的效果。因此，正如很多学者指出的那样，绩效作为一个多维建构的概念，以不同的角度和不同的测量方法评价会产生不同的结果。

对于绩效内涵的理解，学者们的观点历来都有差异。Campbell（1990）指出，绩效是行为的同义语，是人们能够实际观察到的行为表现。他认为，绩效是行为，不是结果，因为结果会受到系统因素的影响。Bernadin（1995）提出，绩效应当定义为工作的结果，因为它与组织的战略目标等密切相关。Barumbrach（1998）给绩效的定义中，把绩效看作行为与结果，即"绩效指行为和结果"，强调了员工潜能与绩效的关系。

我国学者大多数把绩效看作实现目标或完成职能的行为效果，或者认为绩效是结果和行为的统一。更多的学者把绩效看作经过评价的工作行为、方式及结果。也有学者将绩效的内涵解释为组织的目标与职能、实现目标及职能的行为和过程、达到的结果尤其是特定条件下的工作结果。

在以上对绩效含义理解的基础上，也存在着对绩效更加宽泛的理解。绩效包括个人绩效和组织绩效两个方面。企业员工在目标管理下，实现目标或者超额完成目标，就可以得到奖励。对于企业组织来说，企业发展目标作为指导企业发展的方向，具有战略性、长远性。效，就是效率、效果，同时，包括行为、方法等。因此，绩效也是一种行为，包括个人品行和组织纪律等。

结合国内外学者的论述，我们认为，绩效是成果、业绩和效率的合称，是人员、组织和机构、制度等带来的效果、效率或成效、结果，包括了影响成效、效率的各种因素，如工作态度、行为方式、人员素质、制度机制、客观环境等。只要有组织、目标和行为，就存在绩效。可见，绩效至少有三层含义：一是人员或组织行为的结果，表现为人员或组织行为达到的成果、效益、效率等，是看得见、可计量的客观存在的成果、效益。二是影响组织和人员行为的制度、环境等。三是组织或人员承担的职能任务及其实现程度。

2）绩效评价

对于组织或人员行为的结果、效益及职能任务完成程度的衡量，有利于提高组织和人员的工作绩效，有利于更好地促进组织和人员完成预定的职能任务，取得好的效果和满意的绩效。也就是说，科学的绩效评价过程就是促进效率提升的过程。因此，对组织绩效和人员行为进行考核及评价，受到委托人或者管理者的高度重视。

绩效评价的含义：运用科学的评价方法，设定相应的指标体系，制定统一的评估标准，在规定的程序下，对组织或个人一定时期的行为所产生的效果、效率、业绩、任务实现程度、目标达到程度等方面进行定性的或定量的综合评估。绩效评价时遵守科学、公正、客观、准确的原则。进行绩效评价的原因有很多，基本的原因是，绩效评价有助于企业判断应当怎样进行管理决策，例如，给员工加薪晋升、加强管理、调动员工积极性，同时，这也可以作为管理者对员工进行考核的契机。

绩效评价是组织管理系统的重要组成部分。最初的绩效评价，是针对企业开展的，是管理会计的重要内容。齐默尔曼（2000）在论述管理会计时，指出组织的内部会计系统最终目的是为组织的计划及经营决策提供必需的资料，以便更好地对组织的员工进行激励和管理。随着社会经济发展，绩效评价从企业管理领域发展到行政管理绩效评价、事业单位人员绩效评价等方面。

3）绩效考核

绩效考核，英文是 Performance Examine，通常是指企业管理中考核主体按照一定的考核标准，采取科学的考核方式与步骤，对考核对象工作任务完成的程度、取得的效益成果等进行绩效评定，并将评定结果反馈给员工个人。通过考核来判断评价员工的工作成效、业绩大小，一方面作为员工薪酬和奖励的依据，另一方面加强人力资源管理，促使员工在一定的时期内完成任务，达到组织预定的目标。因此，在很多文献中，也把绩效考核称为业绩考评。张博（2019）认为，绩效考核是在绩效管理中收集、分析、评价和反馈员工绩效的一整套程序。考核的结果可以为组织实现科学管理和员工发展提供有效依据。可见，绩效考核与绩效评价密切相关。

绩效考核有利于促进员工完成任务、履行好职责，有利于发现问题和改进措施、促进组织和个人成长，据以对员工进行激励，促进员工提高绩效，进而达到组织目标。绩效考核是绩效管理的一个重要内容，是一个不断制订计划、执行计划、检查进度、改进措施的过程。科学有效的绩效考核，能够通过考核过程，不断地修正实施措施、制定目标、改进绩效，并在考核结果的基础上对员工的绩效进行分析，通过绩效工资、职务晋升、培训学习、表彰先进等方式，激励员工焕发出更大的工作热情，提升工作效率和实现更好的绩效。

根据考核的内容，绩效考核分为特征导向型、行为导向型和结果导向型。特征导向型考核的重点是员工的个人特征，如沟通能力、合作能力、协调能力、品质等。它通常用来考核一个人的综合能力。行为导向型考核以员工行为为重点，考察员工工作行为是否达到了规定要求。结果导向型绩效考核的内容是工作的结果和质量，重点是完成工作任务情况和工作效率。

从考核的方法看，绩效考核分为定性考评和定量考评，前者通过对员工工作的定性表述或者评定等级来表述评价结果，后者通过分值或量化指标体系对员工的工作绩效进行评定。基本方法是目标管理法、关键绩效指标法、平衡计分卡法和360度绩效考核法。

4）绩效管理

绩效的取得和提高程度与科学的绩效管理密切相关，高水平的绩效离不开科学有效的绩效管理。因此，研究绩效管理的科学思想和规律，并在组织目标的指引下，实行有效的绩效管理，对于激发员工的工作热情和提高员工的工作绩效具有积极影响。

一般认为，绩效管理是对结果、成效的管理，也就是说，其关注的对象是结果，但是，这是不全面的，绩效管理重视的问题：一是结果，即做了什么，成果是什么。二是过程，即用什么样的行为去作出成效。三是绩效本身的质量。绩效管理的侧重点在于过程而不是评价，重视推动而不是威胁，重视对问题的解决而不是刁难找错，根本目的在于绩效改进与提高。绩效改进需要管理者与员工共同努力，绩效管理的过程也是员工能力与素质提升的过程。

总之，绩效管理通过绩效评价对员工工作结果进行确认和奖励，对比组织目标和有关规定及时发现问题，在管理中修正目标或者改进措施，帮助员工提升业绩进而实现组织的业绩目标，完成组织的战略规划。绩效管理还有利于满足员工的基本需要和高级需要，帮助员工实现自我发展，提升价值。需要强调的是，员工绩效水平的高低取决于多种因素，既有自身素质和努力程度因素，也有各种组织的制度、管理方法、政策措施等因素。重要的是发现这些因素，并努力提高和完善它们，使这些因素成为帮助员工提升业绩、实现目标的有利条件。

绩效管理的目标是实现组织的战略目标，从第一书记驻村制度看，就是实现中央制定的2020年全面建成小康社会和实现乡村振兴战略，以及实现第二个百年奋斗目标。根据这些目标，为第一书记制定驻村工作职责任务，从而明确第一书记的岗位职责，这是第一书记绩效管理的关键环节，因为它关系到绩效考核指标体系的设置。绩效管理中员工绩效的高低和质量取决于人员的招聘，因此，提高第一书记驻村绩效的关键是选派工作，只有选派出素质高、能力强、热爱农村事业的干部，才能够奠定良好业绩的基础。同时，也要看到，由于选派干部多数来自党政机关和企事业单位，缺乏农村工作实际经验，因此，加强对第一书记的培训，不仅是必要的，也是提高他们工作绩效的重要手段。此外，必须运用好激励工具提升第一书记绩效，只有绩效考核与奖励结合起来，才能起到巨大的激励作用。

8.1.2　绩效评价理论基础与评价方法

绩效评价是绩效管理的一个重要内容，通过绩效评价，可以了解和掌握员工在履行职责中的行为和结果，为组织加强管理和提高组织绩效提供依据。绩效评价的理论基础和依据主要是委托代理理论、激励理论、控制理论和企业管理理论等。

1）绩效评价的理论基础

委托代理理论。委托代理理论是20世纪70年代初一些经济学家深入研究企业内部信息不对称和激励问题发展起来的一个重要经济学理论。该理论主要代表人物是威尔逊（Wilson）、斯宾塞（Spence）、罗斯（Ross）、莫里斯（Mirrlees）、霍姆斯特姆（Holmstrom）、格鲁斯曼（Grossman）和罗杰森（Rogerson）等人。委托代理理论的基本理论观点是，由于生产力的发展和规模化大生产的出现，一方面，所有者由于知识、能力和精力的原因，对所拥有的管理权无法有效行使。另一方面，出现了一批有专业知识的代理人，他们有能力、有知识和精力代理所有者行使管理权，成为代理人。在所有者和代理人之间形成了委托代理关系。但是，委托人与代理人的效用函数不同，从而导致了两者的利益冲突。如果没有有效的制度约束代理人的行为，很可能出现损害委托人利益的现象。这就会产生代理人道德风险。解决这个矛盾问题是委托代理理论的主要任务。在现实世界，不论是经济领域还是其他领域，都普遍存在着委托代理关系。委托代理理论具有广泛的适用性。

委托代理理论是研究组织绩效评价问题的重要理论基础。为了控制和约束代理人行为，使代理人不做有损于委托人利益的事情，同时激励代理人做委托人希望的事情，以此理论为基础建立激励机制和约束机制显得十分必要。在信息不对称的情况下，委托人与代理人的目标并不一致，由于契约是不完全的，代理人往往利用信息不对称以减轻自身的努力程度，选择有利于自身利益而有损于委托人利益的决策及行为，导致代理成本增加。因此，为了使代理人能够更多地对委托人负责，减少道德风险和逆向选择行为，一方面需要依赖代理人的"道德自律"，另一方面则需要减轻信息不对称程度，加强组织内部的业绩检查和绩效管理，保持代理人与委托人的目标相一致。

建立组织内部的绩效评价体系是解决委托代理中道德风险和逆向选择问题的有效措施。有了绩效评价体系，就可以及时反馈代理人的工作状况和努力程度，提高信息的真实性，有效阻止代理人的道德风险和逆向选择行为。有了绩效评价制度，还可以通过绩效评价及时地传递组织战略目标与具体任务，促进代理人与委托人的目标协调一致，提升管理效率。有了绩效评价体系，还可以以此为基础建立激励制度，更好地调动代理人的工作积极性，鼓励代理人为组织的目标作出更多的努力。

对于驻村第一书记来说，绩效评价体系的建立，可以促使其明确自身的职责和任务，确保其按照组织制定的职责和任务努力工作。绩效评价体系规定了考核的内容和方式，指导了第一书记驻村帮扶的方向，使得第一书记驻村工作的目标与组织的目标协调一致。绩效评价体系也减少了第一书记驻村工作中的逆向选择行为，对于第一书记驻村工作具有约束和激励作用。

一是激励理论。激励理论是绩效评价的重要理论基础。人们的行为往往是有动机的，动机是行为的源泉。掌握了人们的行为动机，就容易满足人们的需求，并以此调动其积极性。激励的措施作用在于发现人们的需求，强化人们的行为动机。激励理论说明了为何绩效评价能够促进组织绩效的提升，其是绩效评价的理论依据。

早期的激励理论是围绕人们的心理需求及其满足如何激发工作积极性这个方向进行展开的，其代表人物有马斯洛、赫茨伯格、麦克利兰等著名的心理学家。后期的激励理论重视人们的行为过程，被称为激励理论过程学派，其代表人物有弗洛姆（V. H. Vroom）、洛克（E. A. Locke）、休斯（C. L. Huse）、波特和劳勤等。弗洛姆的激励理论被称为"期望理论"，该理论认为，一个人的激励程度受两个方面的影响：一是目标效价，指一个人对实现目标具有多大价值的主观判断，如果其认为该目标具有很高的价值，行为动力就大，积极性就高；反之，行为动力就小，积极性就低。二是期望值，指一个人对实现目标的可能性大小的判断与认识，只有实现目标的可能性很大，其才会努力去做某件事情。如果一个人认为实现目标的可能性很小，那么其积极性就低，甚至没有动力。这个理论告诉我们，目标的价值和实现的可能性，对于一个人的行为决策具有显著的影响。美国管理学家洛克和休斯等，进一步发展了弗洛姆的"期望理论"，提出了"目标设置理论"。该理论提出：第一，目标实现的难易程度适中。目标应该具有一定的或者较高的难度，容易实现的目标缺乏挑战性，因而不具有激励性。但是，高不可攀的目标也会削弱人们的积极性。因此，目标既不能过于容易实现，也不能超出人们的承受能力。第二，目标具有明确性。目标不能太过笼统，以至于模糊不清，影响人们的判断，找不到行动的方向。因此，抽象、笼统的目标对人们的激励作用较小，而具体的、可以观察和测量的目标，才具有较大的激励作用。第三，目标的可接受性。当组织目标与个人目标协调一致时，才能发挥目标的激励作用。因此，组织应当与员工开展有效沟通，将组织的目标转化为员工个人的目标，才能充分调动员工工作的积极性，增强组织的绩效。

激励理论为第一书记驻村帮扶中制定科学的激励措施奠定了理论基础，也为绩效管理提供了理论依据，是绩效评价的重要理论基础。制定科学的激励措施，合理设置激励机制，对于发挥第一书记的积极性、主动性和创造力具有关键性的促进作用。

二是控制理论。控制是一种重要的管理活动。控制理论是研究系统控制的原理与应用的科学理论。它首先是在自然科学与技术领域得到了发展，对控制理论作出重要贡献的主要代表人物有麦克斯韦（J. C. Maxwell）、劳斯（E. J. Routh）、维纳（N. Wiener）、伊万斯（W. R. Evans）、朗道（L. D. Landau）等著名的科学家。后来，控制理论被运用到管理科学研究中，是企业管理、行政管理、组织管理等的重要理论基础。著名的管理学家法约尔认为，管理有五项职能：计划、组织、指挥、协调、控制。孔茨发展了法约尔的思想，将管理的职能定位为计划、组织、领导、人事和控制。现代控制理论包含的学科内容十分丰富，其中主要有线性系统理论、非线性系统理论、最优控制理论、随机控制理论和适应控制理论。其中，适应控制理论认为，适应控制系统是在模仿生物适应能力的思想基础上建立的一类可以自动调整自身的控制系统。适应控制系统解决了三个基本问题：（1）识别受控对象的动态特性。（2）在识别对象的基础上选择决策。（3）在决策的基础上作出反应或采取行动。控制过程主要包括三个环节：（1）确定系统运行目标。（2）评价系统运行情况。（3）分析系统运行偏差并作出校正。控制系统结构，如图8-1所示。

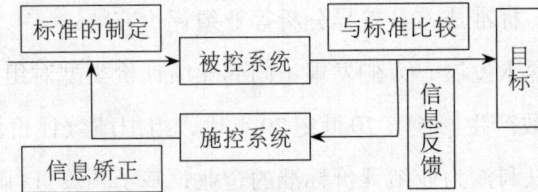

图8-1　控制系统结构

在控制系统中，存在两种控制机制：一是反馈控制，二是前馈控制。反馈控制是施控系统将系统反馈的信息加以识别，并根据被控系统输出的信息反映的现实状态与被给定状态的偏差，作出调整或改变，影响被控系统的未来过程及发展趋势。反馈控制具有滞后性和延迟性的局限。前馈控制是施控系统的事前控制，根据被控系统未来可能出现的偏差，提前调整被控系统的参数信息，使被控系统在未来的运行过程中避免对于给定状态的偏差。前馈控制以多方面的预期为前提，具有前瞻性，但也具有可靠性差和风险性大的局限。因为反馈控制和前馈控制都具有自身的优缺点，一般情况下需要根据实际情况进行选择，必要时需要二者相互配合。反馈控制出现延迟性和滞后性问题时，依靠反馈控制来进行调整存在很大困难，甚至是办不到的，这时需要借助前馈控制，以弥补反馈控制的缺陷。前馈控制出现失误后，会导致系统运行偏离给定状态，这时需要反馈控制来对前馈控制的失误和局限进行补充。可见，二者之间是一种可以实现互补关系的控制系统，在实践中务必将二者有机地结合起来。

控制理论对于第一书记绩效评价的启示是，首先需要制定第一书记驻村帮扶的职责和任务目标，目标越明确且可以操作，对于实现第一书记驻村帮扶绩效就越有利。因此，给予第一书记明确的工作目标，以及制定具体的考核内容及标准，可以减少第一书记目标与组织目标的偏差，更好地完成组织目标，也可以使第一书记实现更好的绩效。同时，需要建立反馈控制系统，及时地将第一书记驻村工作中的实际问题和工作状况反映给组织部门，加强对第一书记的绩效管理，促进第一书记更好地为实现组织目标作出努力。

三是企业管理理论。20世纪30年代，泰勒的科学管理实验对企业管理产生了巨大影响。为了提升管理水平、提高企业绩效，通过改进生产过程中的工艺流程，大大降低了原材料和时间的浪费，使其限制在最低的程度。企业管理中出现了利用原材料和人工标准信息控制实际成本的一种方法，也就是利用实际成本与标准成本的差异控制企业的经营，提高企业的效益。这种管理思想对其后的业绩评价产生了深远影响。在此基础上，出现了预算控制、标准成本和差异分析等业绩评价方法。

随着行为研究的深入发展，人们发现不同的业绩评价类型对组织人员的行为会产生不同的影响，并对绩效产生影响。20世纪70年代，组织绩效评价注重预算和成本利润指标，但是，相对于以利润为业绩评价标准的企业，基于预算进行业绩评价的企业会产生更多的与工作相联系的压力及功能失调的行为，因此引起了学术界的广泛关注和争议。20世纪中后期，出现了一系列的管理新理念，如竞争战略、核心竞争力、扁平化组织、价值链分析、作业管理等，使得绩效评价的思想也出现新的发展。此时，以会计指标为核心的绩效评价及面向内部业绩评价的方法受到了不断的冲击，许多企业组织开始重视非财务指标对于绩效评价的意义和作用，生产率、顾客满意度、市场占有率、企业成长能力等，开始受到更多的重视。

第一书记驻村帮扶绩效与企业业绩或绩效评价存在着显著不同，但是可以从企业绩效评价中获得一些启发。例如，评价第一书记的绩效大小，不仅要考察产业的投入，还要考察产业的利润，同时要结合其他方面的业绩情况进行全面评价，也就是说，那些非财务指标对第一书记绩效评价同样具有影响。这些方面包括基层组织建设、乡村治理体系和治理能力、为民服务、农村环境治理等。

2）绩效评价方法

绩效评价方法是指职能部门运用一定的量化指标及评价标准，对被评价对象的业绩、成果采取的综合评价方法。从本质上说，绩效评价方法也就是绩效考核方法，因为绩效考核本身就是对考核对象的工作成果、进展和效益的分析和评价。目前，国内使用的绩效评价方法主要有目标管理法、关键绩效指标法、等级评价法、平衡计分卡法和标杆管理法。这些方法具有自身的优缺点，在对具体的组织或个人进行绩效评级时，需要根据情况选择相应的方法。根据各个方法的特点和适用对象的差异，我们认为，在对第一书记绩效评价时，采取目标管理法和关键绩效指标法比较有效。

一是目标管理法。目标管理是1954年彼得·德鲁克在《管理的实践》中最早提出的思想，是指组织根据面临的形势需要，制定出一个时期的总目标，并将总目标分解到各个部门和每个员工，依据目标完成情况对部门和员工进行绩效评价。这种方法通过目标分解，调动员工的积极性，一方面员工可以合理地安排自己的计划和使用适合自己的工作方法，另一方面有利于控制员工的努力方向。目标管理法的评价标准能够直接反映员工的工作内容，结果易于观测，对于调动员工的积极性具有促进作用，同时也有利于对员工进行反馈和辅导，帮助员工实现目标。但是，目标管理法也存在缺点，不同部门和不同员工之间设置统一目标，评价对象侧重的是最终目标，而对员工的行为缺少相应的评价，重视结果可能会忽略过程，导致评价的客观性降低。不同岗位之间设立的目标可能不具有可比性，实现目标的难度存在差异，结果可能存在较大差异。

第一书记驻村帮扶期间，需要完成建强基层组织、发展产业增强集体经济、提升农村治理和服务群众的任务，这是第一书记统一的工作目标，因此，应当对这些方面的成果进行评价，这些目标是上级组织部门委托和分配给第一书记的任务。因此，加强对第一书记工作的辅导和反馈，才能促进目标的实现。

二是关键绩效指标法。关键绩效指标法是企业管理中常用的一种绩效评价方法。关键绩效指标是指企业战略目标经过层层分解形成的可操作的指标，包括可以运作的愿景目标和可以量化的指标。关键绩效指标法是以企业宏观目标为依据，通过对员工工作绩效特征的分析，将绩效评价划分为对关键指标的考核，据此反映企业、组织部门和员工一定时期内综合业绩的量化指标，以及对工作绩效的考核与评价。它是在目标管理法的基础上，将组织发展规划分为若干小目标，以便使组织内部的员工对自己的职责和任务更加明确。这种方法简化了评价方法，提升了评价效率。

关键绩效指标法能够有效地测量业绩，通过制定目标，并对达到目标或超过目标的员工进行奖励，可以实现对员工的激励。使用关键绩效指标法时，需要遵循SMART原则，即具体（S）、可以衡量（M）、可以实现（A）、与其他目标具有一定相关性（R）、时间限制（T）。因此，制定的指标需要具体化、可衡量、可实现，而且与组织目标相符合一致，并具有明确的截止日期。但是，研究人员也发现，由于关键绩效指标法对关键指标的把握和分析存在某些偏差，指标过少会导致顾此失彼，指标过多会导致应有的效果以及这些关键指标之间可能存在一些联系和相互影响，最终导致评价结果的偏差。

第一书记绩效评价中对于驻村帮扶的效果，可以对组织建设指标、产业发展指标、农村社会治理指标和服务群众指标几个关键绩效指标进行评价。但是，某些方面的指标在量化时具有一定的困难，需要结合其他方法进行调整，比如结合等级评价法进行量化指标设计。

三是等级评价。等级评价法是根据被考核岗位的工作内容，将评价的总体分为相互独立的几个模块，然后对每个模块采用明确的语言描述该模块工作需要达到的标准，相应的标准被评价为"优秀、合格、基本合格、不合格"，或者"优秀、称职、基本称职、不称职"。等级评价法也可以与关键绩效指标法结合起来，即在此基础上，对相应的评价等级赋予一定的数值，以便进行量化评价。

等级评价法也称为图形等级量表法，这是通常使用的最简单的绩效评价技术和方法。它列举了一些绩效特征要素，分别为每一个绩效特征要素列举取值区域，从优异到不令人满意进行排列，制定被考核对象的绩效等级。有的等级量表采用以下指标表示绩效等级：O（杰出），表示在所有方面的绩效都十分优异。V（很好），表示工作业绩在很多方面超出了职位要求，工作绩效很好，并且在考核期间一贯如此。G（好），表示称职，工作绩效达到了工作绩效要求。I（需要改进），表示工作绩效尚存在一些缺陷，需要加强和改进。U（不令人满意），表示工作绩效水平总体上无法令人接受，必须立即加以改进。N（不做评论），表示由于时间太短无法利用绩效标准进行评价，或者无法依据绩效标准得出结论。

四是平衡计分卡法。平衡计分卡（Balanced Score Card，BSC）是1992年由美国哈佛大学商学院教授罗伯特·卡普兰（Robert Kaplan）和RSI公司总裁戴维·诺顿（David Norton）针对企业创建的组织绩效评价工具。平衡计分卡法是一种常见的绩效考核方式。作为一个以战略为核心的绩效管理工具，其被广泛地运用于企业、政府、军队、非营利机构等组织的管理工作。在绩效评价方面的应用，它覆盖了组织中的每个层级和个体。平衡计分卡主要涉及绩效目标的设置、评价指标的选择、绩效监测和评估、绩效辅导与沟通、绩效结果反馈等。它将组织的整体战略目标层层分解，最终为每个组织的内设机构设置具体的小目标，而且组织内设机构的目标与组织整体的战略目标是一致的。作为一种新的绩效管理工具，平衡计分卡法一方面克服了传统绩效衡量模式的片面性和滞后性，另一方面在目标制定、行为引导和绩效提升等方面具有明显的管理优势，能够为组织绩效目标的实现提供有力保证。平衡计分卡法始终以战略为核心，通过为组织提供一个从四个层面——财务、客户、内部运营、学习与成长——描述战略的管理框架，使组织的管理者能够站在全局的高度审视价值创造的绩效结果和驱动因素。它重视协同一致，将协同一致提升到战略高度，认为有必要形成一套严谨的协同机制以保证战略的实现。同时，它十分强调有效平衡，即在战略指导下，通过平衡计分卡各层次内部、各层次之间的目标组合和目标因果链，合理平衡财务指标与非财务指标、长期目标与短期目标、外部群体评价指标与内部群体评价指标、客观指标与主观指标、前置指标与滞后指标，从而实现组织内外部各方面力量和利益的平衡。

绩效评价的方法还有很多，例如，360度绩效考核法、交替排序法、关键事件法、锚定评价法等。这些评价方法在特定领域对于特定的组织和人员具有较好的评价效果，但是，也往往存在自身的缺陷，不能准确地对评价对象作出客观科学的评价，因此往往需要结合实际情况作出选择。

8.2 第一书记绩效评价

绩效评价是绩效管理的一个重要部分，对于组织成员提高工作绩效具有积极作用。驻村第一书记绩效评价对于加强驻村帮扶工作和调动第一书记积极性，以及确保第一书记扎扎实实干事创业，为乡村振兴作出贡献，同样至关重要。绩效考核结果也是绩效评价结果，是选派单位评优、提升职务和晋升职称等后续工作的依据，也是组织发现管理问题和提升管理绩效的有效途径。如何通过绩效评价加强对第一书记的绩效管理，是乡村振兴中继续选派优秀干部任驻村第一书记需要认真研究的问题。

8.2.1 第一书记绩效评价研究现状

随着第一书记制度在全国范围内的推行实施，研究第一书记的相关文献也迅速增多，研究的内容范围也不断扩大，在对第一书记驻村制度开展理论和实证研究的基础上，研究者开始关注第一书记绩效考核和绩效评价问题。但是，相较于对第一书记制度在其他方面的研究，在绩效考核与绩效评价问题上的研究成果较少。现有的文献主要集中在三个方面：第一书记驻村制度取得的成果和效益、第一书记绩效考核制度和第一书记绩效管理问题。

在工作成效方面，研究者普遍认为，第一书记制度的实施效果是十分显著的。第一书记驻村取得的成果在很多方面得到了体现，例如，基层组织建设得到加强、党群关系更加密切、农村经济实现发展等。石柳愿（2017）[①]通过调查发现，第一书记驻村以来，广西驻村第一书记在短短几年间，在促进农村政治文明建设、推动经济社会发展、增进农村精神文明建设等方面取得的成绩显著，对乡村振兴的作用不可估量。在第一书记的努力推动下，基层党组织建设得到加强，不仅改善了党组织活动场所，而且在组织生活方面得到了加强，一些软弱涣散村的面貌发生巨大变化。第一书记驻村后，农村的民主管理制度建设得到完善和加强。在农村经济社会发展方面，第一书记积极贯彻党中央的富农政策，推动政策落实见效，通过争取帮扶资金促进产业发展，大大提升了农村集体经济实力。周宝伟（2016）[②]对山东省济阳县第一书记驻村帮扶工作进行调查研究，发现始于2015年5月由济南市委从市直属部门选派的18名驻村第一书记，在驻村期间极大地改变了所驻村的面貌，推动了济阳县基层组织建设和基础设施建设，增强了农村集体经济实力。他认为，第一书记开展了一系列卓有成效的工作，成为党的政策的"宣传队"、农村党建的"领头雁"、人民群众的"勤务员"和贫困户脱贫致富的"智多星"。可以说，第一书记驻村帮扶工作，在抓党建、促脱贫，为民办事，发展扶贫产业，以及基层组织建设、农村经济发展、为民服务等方面发挥了重要作用，工作成绩显著。

对于第一书记驻村帮扶的成效，研究者多数采取的是调查研究法，对所驻县和乡镇进行实地调查，从有关数据中评判第一书记驻村帮扶绩效。这种研究方法对于准确判断第一书记绩效具有适用性和科学性。因为只有实地调查，才能得出准确结论。

在对第一书记制度的实践绩效评价研究中，一些学者关注到第一书记工作绩效考核问题。张博（2019）针对山东省J县县派第一书记的绩效考核进行了研究，研究的主要问题是绩效考核主体构成、绩效考核内容、考核方式和考核结果运用。他发现，第一书记绩效考核存在一些问题，主要有：考核主体构成单一、绩效考核内容不精确、考核指标设置不科学、考核方式不严谨、考核结果运用不到位和缺乏相关制度。他发现这些问题后，进一步分析了背后的制度、认识和现实情况等原因，最后提出了相应的改进措

①　石柳愿. 广西驻村"第一书记"工作研究［D］. 南宁：广西民族大学，2017：1-54.
②　周宝伟. "第一书记"驻村帮扶政策执行情况实证分析——以济阳县为例［D］. 泰安：山东农业大学，2016：1-72.

施。他提出，在第一书记绩效考核中，为了克服考核主体构成单一的缺陷，应当将乡镇、群众和第三方机构纳入考核主体；绩效考核指标细化，分值分配具体化；考核方式制度化；明确考核结果运用内容，建立结果运用制度，实行反馈复核机制等。这些措施为学者们深入研究县派第一书记提供了借鉴和参考。

第一书记绩效考核与评价，是加强管理和提高驻村帮扶效果的需要，也是进一步做好第一书记选派驻村帮扶工作的需要。在乡村振兴战略实施阶段，运用好第一书记驻村制度，发挥好第一书记作用，务必做好第一书记绩效管理工作，帮助第一书记安心驻村帮扶，激励第一书记更好地完成组织赋予的职责与使命。

8.2.2　第一书记驻村帮扶绩效评价

第一书记政策制度在脱贫攻坚和乡村振兴中，已经发挥了显著的积极作用。对第一书记政策和制度的实践进行梳理和再认识，将有利于未来开展第一书记驻村帮扶工作。与其他研究者的结论和评价相一致，我们认为，第一书记制度在实践中取得的成效是显著的，是应当给予高度评价的。下面将依据第一书记驻村帮扶以来所产生的效果证实我们的观点。

1）有效地加强了农村基层组织建设

乡村基层组织是农村社会经济发展和各项事业的领导核心，是落实党中央各项农村政策的承接者和具体执行者，也是乡村社会安定和农民幸福生活的组织基础。乡村稳不稳，关键看村委；农民富不富，关键看支部。村"两委"是实现村民自治的关键组织机构，是实现农村自治、德治、法治的关键。早在20世纪90年代初，党中央对农村基层组织存在的整体功能不强、带领群众致富的能力有待加强、基层党组织战斗力有待提高、集体经济实力薄弱等问题，已经有所重视。进入21世纪以来，党中央更加重视"三农"建设问题，不断强调加强农村基层组织建设，制定了一系列政策措施，引导和促进农村基层组织建设。选派优秀干部任驻村第一书记的政策和制度在全国范围内推行，加强了建设"三农"的人才队伍，促进了精准扶贫和乡村振兴。

第一书记驻村帮扶是一项非常有效的政策，能够切实地在建设"三农"、精准扶贫中发挥显著作用。这一观点从许多研究者所作的研究资料和我们的实地调研结果得到了证明。例如，周宝伟（2016）对山东省济阳县第一书记驻村帮扶工作进行实地调查和分析，他发现，自2012年选派第一书记驻村帮扶以来，到2015年，在乡镇党委、政府的大力支持下，济阳县先后调整软弱涣散村党支部书记11人，发展党员39人，培养后备干部62人，健全制度98项，组织外出学习1 200人次。第一书记驻村帮扶，强化了贫困村党支部的战斗力。石柳愿（2017）研究发现，第一书记驻村后，除了积极协调资金建设村委办公场所，改善党支部活动室，还针对村党支部的问题进行了一系列的工作，以加强党组织建设。其中，针对村"两委"班子不团结的问题，开展各项学习活动，提高村干部的认识水平和思想觉悟；针对党员老龄化的问题，积极培养入党积极分子，发展年轻党员，培养后备村干部，很好地解决了当地党组织断层和组织战斗力不强的问题。他以柳州市三江县为例，指出第一书记于2016年1月驻村后，到该年10月，建立完善了各项党建制度27项，培养积极分子100多人，开展村党员培训学习5 000人次。

驻村第一书记加强村"两委"班子建设的举措，使村"两委"班子成为带领群众脱贫致富的带头人。王邓（2019）对桂林市驻村第一书记制度运行中的问题进行分析发现，软弱涣散是贫困的重要原因，为此，加强基层党组织建设，提升基层党组织治理能力，成为第一书记驻村的一个首要任务。在基层组织建设方面，第一书记驻村帮扶取得了显著成效。他研究了2015年和2016年桂林市驻村第一书记参与解决村"两委"班子的不团结、不合作问题，第一书记驻村后严格落实"三会一课"，建设和完善了村级组织活动场所，将村党组织建成坚强的战斗堡垒。截至2018年5月，第一书记组织村"两委"会议1.73万次，完善各项制度1 741个，发展党员643人，帮助修建村委办公楼和村公共服务活动场所248座，88个贫困村党组织荣获"五星级农村基层党组织"称号，174个贫困村党组织荣获"四星级农村基层党组织"称号，266个贫困村党组织荣获"三星级农村基层党组织"称号。

我们针对辽宁省H市S县T镇第一书记驻村工作绩效开展调研时发现，该镇13个行政村，在第一书记驻村工作前，村党支部的环境相对较差，组织生活不能正常开展，"三会一课"活动很不规范，村党组织老龄化显著，而且在发展党员时出现近亲繁殖现象，难以发挥先锋模范作用。在第一书记驻村后，这些问题得到明显改善。一是村组织学习制度、管理制度得到完善，"三会一课"活动基本上能够正常开展，各项制度得到落实。在"三会一课"活动中，T镇党委创造了党委干部包村讲党课，包村干部、第一书记协作讲党课的学习方式，对开展村党组织学习、强化党章和党的知识学习教育，产生了良好的效果。二是协调资金对村党员活动场所进行标准化改造，各项制度上墙，方便了党员学习，也方便了村民召开各项会议。三是成立党员义务服务群众先锋队，加强为村民办事服务。四是在发展党员方面，避免了近亲繁殖，全镇在近3年时间内培养了76名入党积极分子，吸收了31名新党员，为壮大发展党员队伍和培养后备村干部创造了条件。2019年底疫情出现以后，各村党组织积极开展疫情防控工作，党员不仅积极捐款捐物，而且始终走在防疫抗疫的第一线，为守护村民的安全起到了先锋模范作用。在第一书记驻村帮扶下，T镇13个村党支部改造为标准化党支部，2个软弱涣散村经过整治成为合格的农村基层组织村，3个村成为先进基层组织村。

第一书记驻村帮扶对于村党组织建设起到了有力的促进作用，帮助了村党组织规范化、组织生活制度化，有效地加强了党员干部学习党的知识和提高政治觉悟，促进了党员自觉地贯彻党中央的路线、方针和政策，也有力地促进了脱贫攻坚，使贫困村更快更稳地实现摘帽。第一书记较好地完成了"抓党建、促脱贫"的任务。2020年底，我国农村贫困人口实现了全部脱贫，从而实现了全面建成小康社会的第一个百年奋斗目标。这与第一书记加强农村基层党建的努力密不可分。第一书记带动农村广大干部群众，奋战在脱贫攻坚第一线，不辞辛苦、不畏艰难，通过包村包户、扶贫又扶志，想方设法终于圆满完成了脱贫攻坚任务。可以说，打赢脱贫攻坚战，是农村基层组织与第一书记共同努力下取得的一次伟大胜利，是各级党组织、党员干部和社会各界共同努力的硕果，其中第一书记功不可没。

此外，驻村第一书记配合乡镇党委，在五年一次的村"两委"换届选举中，做好村干部的选举保障工作，将群众拥护的有能力带领村民致富的人才，通过公正、科学的选举程序选取出来，科学、合理地配置村干部年龄结构，使大批"瘫"班子站起来、"散"班子聚起来、"弱"班子强起来，村民致富有了带头人，群众利益得到了保障，村经济的发展有了组织基础，因此，第一书记加强了党在农村的根基。

2）提升了基层组织乡村治理能力

乡村社会治理是"三农"的一个重要方面。改革开放以来，乡村社会治理体系发生了巨大变化，广大乡村实行了乡村社会村民自治管理制度，这对村干部社会治理能力提出了极高的要求。乡村社会是一个熟人社会，村民之间关系比较简单，各种传统思想、风俗习惯和社会心理在这里汇聚，由于地域相对狭小封闭，社会流动性相对较弱，人们的法治观念淡薄，自身权利意识薄弱，各种"黑恶势力"容易滋生壮大，加上市场经济的冲击，乡村社会很容易被错误思想控制，被"黑恶势力"钳制。在基层组织软弱涣散、社会治理能力不足的情况下，乡村社会的稳定局面堪忧。

选派干部任驻村第一书记的一个重要的任务就是提升乡村基层干部社会治理能力，为农村群众营造一个和谐安定的幸福生活环境，杜绝损害农民利益的事情发生，防止"黑恶势力"横行乡里，同时，加强村民民主管理意识，实现乡村社会自治、德治、法治相统一。在加强乡村社会治理方面，第一书记普遍致力于打击"黑恶势力"，强化"两委"治理能力，推动实行"四议一审两公开"村务管理制度。

在乡村社会治理中，环境治理是一个重要内容。由于乡村常住人口比例较大，居住分散，缺乏统一的排污设施和排污渠道，在生产与生活垃圾大量产生之后，乡村环境卫生问题日益严重，已经严重影响到村民的生活。垃圾处理和污水处理，已经成为乡村环境治理的首要任务。第一书记驻村后，协调资金建立垃圾分类站，统一处理乡村生活垃圾和生产垃圾，同时对村里的污水沟、臭水塘进行整治，极大地改善了乡村居民的居住环境，使多年来难以解决的乡村环境污染问题得到了初步改善。推进乡村厕所革命，解决了乡村长期存在的厕所建设不规范、容易产生污染的问题。环境问题是乡村面临的一个绕不开的难题，经过第一书记驻村帮扶，这个问题得到了较大程度的解决，为建设生态宜居的美丽乡村创造了条件，也推动了乡村生态环境的建设。

化解乡村社会矛盾也是第一书记的重要工作之一，是提升乡村治理能力的重要方面。乡村社会矛盾是影响乡村稳定的关键因素之一，部分村民对党的政策缺乏深入理解，法律知识严重缺乏，群众的法律意识薄弱，常常出现一些违法的现象。一些村民之间因为宅基地、耕地的边界问题常常产生巨大矛盾，也有一些历史积累下来的矛盾，如果不能及时化解，将产生社会安全隐患。第一书记驻村帮扶后，他们走村入户、调查研究，了解村民的思想动态，及时化解矛盾纠纷，有效维护了乡村社会的和谐稳定。以广西壮族自治区柳州市三江县为例，2016年1—10月，驻村第一书记共协调解决乡村各类矛盾纠纷80多件，对维护乡村社会稳定起到了良好作用。

3）为民办实事，有效地密切了党群联系

群众路线是党的光荣传统和革命事业成功的法宝，是毛泽东思想活的灵魂，也是夺取新时代中国特色社会主义伟大胜利的必要条件。发动群众、依靠群众，历来受到党中央的高度重视。脱离群众，将使全党面临最大的危险。乡村基层党组织是团结群众、领导群众、发动群众的核心机构，是党的政策在农村落地实施的组织者，是落实党的政策的承办者，只有心系群众，为民办实事，真正带领群众脱贫致富，才能获得群众的拥护与支持。第一书记驻村帮扶，不仅在组织建设上指导帮扶，而且努力积极促进村干部改变工作作风，提高为民服务思想认识，积极帮助困难群众，努力为民办实事、解决难题。群众的事情没有小事，群众的利益是党的最大利益。不忘初心、牢记使命，方得始终。第一书记驻村帮扶，绝大多数都做到了努力为民办实事、积极服务群众，因而得到了群众的广泛认可。他们立足乡村实际，想群众所想，急群众所急，利用自身的知识、技术、社会关系，帮助群众解决住房、饮水、出行、通信、医疗、养老、教育、农业生产等方面遇到的各种困难，真正做到了干部的好帮手、群众的贴心人，通过扎实的努力、用心的服务、无私的帮助，将党对群众利益的重视充分落到实处，从而极大地提高了党在群众心中的地位，有力地密切了党群关系，群众更加拥护党的领导，更加相信党领导下的社会主义道路的正确性和光明前途。石柳愿（2017）通过调查研究发现，第一书记驻村期间，充分发挥了党与群众之间的沟通桥梁作用，党群关系更加令人欣慰。第一书记深入农村，扎实工作，无私奉献，解村民之所急，从源头上使乡村社会更加和谐稳定。

2018—2021年，在辽宁省阜蒙县阜蒙乡烟台营子村，来自辽宁省大连市一所著名高校的驻村第一书记高某，除了利用自身的社会关系，为该乡小学协调争取了670万元的维修资金外，还利用所在高校的关系，由高校教职工结对帮助该村贫困户，为他们定期捐赠生活用品，如粮油、衣物等，并帮助该村协调资金修建村公路，群众生活生产因新修建的村路得到了极大的便利。来自同一所高校的驻村第一书记孟某，为所驻村协调资金260余万元，建设了扶贫产业项目一处、村集体经济项目垂钓园一处，还协助村干部规划修建了村民健身场所和村文化广场一处，协调所在高校向该所驻村捐赠棉被50余套、电脑16台、图书300余册，协调镇建设助理为贫困户修建房屋12间，为所驻村修建村路3公里、改造厕所320余处。这些为民办实事的行为是大多数第一书记在驻村期间共同具有的，虽然无法一一列举，但是在群众中产生了良好的社会影响，使群众体会到了党和国家的亲民思想和富民路线，有效地促进了党群之间的密切关系。

4）精准脱贫，圆满打赢脱贫攻坚战

党的十八大报告中正式提出了"两个一百年"奋斗目标，第一个百年奋斗目标是在中国共产党成立一百年时，即在 2021 年全面建成小康社会；第二个百年奋斗目标是在中华人民共和国成立一百年时，即在 2049 年建成富强民主文明和谐的社会主义现代化国家。习近平总书记自党的十八大以来多次在公开讲话与文章中讲到了"两个一百年"奋斗目标，具有很强的战略指导意义，是我国在党的十八大以后的前进方向，是实现中华民族伟大复兴的总要求、总纲领。

为了建设"三农"，打赢脱贫攻坚战，如期全面建成小康社会，为实现乡村振兴奠定基础，党中央、国务院作出选派第一书记驻村帮扶的决策。这一决策对于打赢脱贫攻坚战和实施乡村振兴战略，具有重大的历史意义。

第一书记驻村后，深入贫困村、贫困户开展认真细致的调查分析，针对贫困村的资源环境优势和贫困户致贫的原因，在乡镇党委的指导和支持下，与村"两委"干部一同谋划扶贫产业，制订贫困户脱贫的计划方案，按照"六个精准""两不愁三保障"的要求，包村到人、包户到人，经过艰苦奋战，最终在 2020 年底实现了贫困村全部摘帽、贫困户全部脱贫的精准脱贫目标。我国也向全世界宣布了人类历史上这一伟大的胜利。几千年来，我国存在的贫困问题终于在党的领导下得到了彻底解决。打赢脱贫攻坚战，毫无疑问，第一书记起到的作用是无可争辩的。

第一书记是精准扶贫的主力军。自 2015 年 4 月 30 日中共中央组织部、中央农村工作领导小组办公室、国务院扶贫开发领导小组办公室《关于做好选派机关优秀干部到村任第一书记工作的通知》发布以来，全国各省、市、自治区大力组织第一书记选派驻村工作，到 2020 年底，累计 45.8 万驻村第一书记和 300 多万驻村干部到农村开展精准扶贫工作，他们通过发挥自身优势，有力地促进了精准脱贫，成为战斗在脱贫攻坚第一线的主力军，对于打赢脱贫攻坚战起到了决定性作用。

第一书记是贫困户脱贫的引路人。他们深入农村调查研究，针对贫困户致贫原因，与村"两委"干部共同谋划扶贫产业，协调引进资金建设扶贫车间，发展扶贫产业，积极帮助贫困户就业，实现产业精准扶贫。他们不仅在生活上关心贫困户、自筹资金帮助贫困户，而且为贫困户实现稳定脱贫出谋划策、精心指导，成为贫困户稳定脱贫的好帮手、引路人。

第一书记是落实党的扶贫政策的执行者。选派第一书记驻村帮扶，为基层壮大精准扶贫的干部队伍提供了人力资源，也增进了社会扶贫力量，第一书记成为党的扶贫政策的坚定执行者，对于落实扶贫政策起到了积极的促进作用。在第一书记的大力推动下，精准扶贫实现了"六个精准""五个一批"。在精准扶贫中，部分村干部在长期的脱贫攻坚战中存在形式主义和懈怠思想，出现应付行为，这些都对实现精准脱贫和打赢脱贫攻坚战产生不利影响。第一书记作为组织部门选派的驻村扶贫帮扶人员，需要在村干部需要帮助的时候挺身而出、无私奉献，成为村干部的得力帮手；在村干部精神懈怠、急需鼓足干劲的时候，第一书记与他们战斗在扶贫第一线，树立榜样，相互鼓劲，拧成一股绳，劲往一处使；在村干部出现应付思想、形式主义的时候，第一书记成为精准扶贫的指导者、监督者。这些作为，对于确保攻坚克难打下最后的贫困堡垒起到了关键性作用。

5）发展产业，推动了乡村产业振兴

第一书记驻村帮扶的一个重要任务是发展产业，帮助乡村引进项目，壮大集体产业和集体经济实力。他们积极探索农村产业发展的道路，深入研究农村的资源环境优势，因地制宜，谋划乡村特色产业，发展了一大批特色农业项目，对于实现精准扶贫和壮大集体经济起到了积极作用。

扶贫产业是针对贫困户脱贫发展起来的产业，其发展壮大能够确保贫困户稳定脱贫，对于防止返贫具有积极作用。在发展乡村产业进程中，一般是沿着扶贫产业和集体产业两个方向展开的。二者并不矛盾，而是可以结合起来共同促进乡村产业发展，并且有利于巩固脱贫成果。全承相（2016）等认为，实现产业化经营与扶贫开发的对接，是实现精准扶贫的一个关键问题，他提出了产业扶贫的精准化道路。周保洁（2018）基于对广西J镇第一书记扶贫实践的调查，认为第一书记作为一种外来帮扶力量，给贫困村带来了新的生产要素和投资，促进了当地产业发展，提高了贫困群众收入，促进了贫困地区脱贫致富。

我们对H市S县T镇第一书记的调查中发现，2019—2020年全镇13个村，在第一书记帮扶下发展了12个项目，每个项目当年都产生了效益（采取政府兴建、个人承包经营、村集体收取租金模式），平均收益3.75万元，1 170余名贫困人口受益，每名贫困人口增加收入8%~12%。

有些第一书记在深入调查所驻村资源环境优势的基础上，规划建设了诸如民族文化村、乡村文旅产业项目、休闲娱乐项目等，有些第一书记搭建了"第一书记联盟"平台，开展了农产品生产—加工—营销一条龙服务，推动了"龙头企业+农户""合作社+

农户""龙头企业+合作社+农户"等三产融合发展，促进了乡村产业的兴旺发展，增强了集体经济实力。

6）积极开展农村文化教育，促进了农村传统文化与社会主义核心价值观融合发展

第一书记来自机关事业单位和部分大型国有企业，他们大多数具有本科以上学历，文化素质高，有的还是技术骨干，这是乡村干部所不及的，是他们的优势资源。因此，在驻村帮扶中，很多干部积极推进乡村文化教育，以提高村民文化教育为抓手，将扶贫、扶智、扶志结合起来，向村民宣传党的政策，宣传社会主义核心价值观，帮助所驻村建设农家书屋，创办农民电商培训班，提高农村群众的文化水平。有些第一书记将村民组织起来，请来专业人士教村民跳舞，丰富了村民的文化娱乐生活，帮助村民在农闲时间积极参加有益的集体娱乐活动。有了积极向上的娱乐活动，村民的文化精神面貌得到了巨大提升，乡村优良传统文化被发扬光大，社会主义核心价值观被广泛宣扬。第一书记驻村帮扶乡村文化建设，成为文化振兴的一条有效途径。

广西扶贫信息网报道了驻村第一书记彭某的事迹。彭某是广西壮族自治区防城港市上思县在妙镇有生村驻村第一书记，他驻村以后，首先带领干部和村民修整村部周围的环境、除草填坑、清理垃圾、硬化村路。此后，他将提升村民精神文化生活作为一个突破口，尝试文化扶贫、体育扶贫、保健扶贫，自筹资金为村民购买音响设备，请来专业老师教群众跳广场舞、健身操，成立了两个业余文艺宣传队，建设篮球场、卫生室、农家书屋，努力提高村民的思想意识和文化生活，给村民的精神文明建设带来了巨大影响。

张博（2019）对山东省J县县派第一书记绩效考核问题调查时，发现第一书记对于促进乡村文化发展和文明建设起到了积极作用。从调查数据来看，截至2019年5月底，全县选派第一书记参与建设文体设施65处、农家书屋181个，开展科学普及活动652次，移风易俗宣传1 071次，文艺娱乐组织239个。

文化振兴是乡村振兴的重要内容之一。乡村文化振兴的内容，不仅包括优秀传统文化的发扬光大，还包括社会主义精神文明的建设，特别是将社会主义核心价值观根植于乡村干部群众之中，使农村群众在生活上富裕，在精神上富有，而不是一边过上了富裕生活，而一边精神空虚、思想贫乏，缺乏理想信念。加强对农村群众的文化教育，任重而道远。第一书记驻村期间提升乡村居民的文化生活，帮助振兴乡村文化，是一个提升全民文化水平的有效途径。

8.3 第一书记驻村帮扶绩效管理

第一书记驻村帮扶绩效关系到巩固拓展脱贫攻坚成果，也关系到我国乡村振兴战略的实施进程。第一书记在乡村振兴中的作用和帮扶绩效，是人们普遍关心的问题。对第一书记帮扶工作绩效进行考核与评价，有关部门和管理者不仅可以有效掌握第一书记的工作状态、取得的成效及存在的问题，以便在工作中加强对第一书记驻村工作的管理，还对第一书记更好地发挥积极性、创造性提供了指导和激励。在以往的第一书记绩效管理中，组织部门采取了一系列有效措施，制定了一些可行的办法，对于加强第一书记绩效考核和绩效评价起到了积极作用。然而，人们也发现，各地在第一书记绩效管理中存在很大差异，所采取的考核方法也存在差异。如果能够对考核方法与评价体系进行改进，将进一步提升第一书记驻村帮扶绩效。

8.3.1 第一书记绩效考核及绩效评价

1) 第一书记绩效考核的含义

绩效考核的一般含义是指，考核部门依据考核指标，在有关绩效管理理论的指导下，按照规定的考核程序，对被考核者的任务进展、工作成效进行科学的测评。绩效考核是企业管理、行政管理和其他一些管理活动中一个非常重要的环节，对于提高管理水平和取得预期效果具有积极作用和影响。

第一书记绩效考核，也称第一书记绩效考评、测评，是指有关组织机构（县委组织部、派出单位组织部或者其他机构）组织专门人员，依据绩效管理理论，制定考核程序和考核指标，采取某种方式对驻村第一书记帮扶任务进展和工作成效进行考核与测评。测评与考核结果，记入驻村第一书记人事档案，作为有关单位对第一书记评优奖励、提拔使用和晋升职称的重要依据。此外，考核结果还可以作为加强组织部门对第一书记绩效管理的依据。

第一书记绩效评价，是指在绩效考核的基础上，对第一书记工作进程、成果和效益进行鉴定，并给出相应的评价结论，以便明确第一书记驻村帮扶成效，为进一步加强管理、提高绩效、进行奖励提供依据。

根据绩效考核的定义，第一书记绩效评价可以纳入绩效考核之中，作为绩效考核的一个内容。因为绩效考核是指在绩效管理中对考评对象的工作绩效进行信息收集、核实、分析、评价和反馈的一系列过程。第一书记绩效评价必须建立在工作绩效信息收集、核实、分析的基础上，绩效评价是对绩效信息的鉴定和评判，以便得出一个明确的结论。因此，在很多情境下绩效考核也是绩效评价，绩效评价也就是绩效考核，这也是绩效考核被称为绩效考评的原因。

2）第一书记绩效考核的功能

对第一书记绩效开展考核与评价，主要发挥以下六个方面的作用：第一，组织部门和上级有关部门了解第一书记的工作情况、执行政策取得的效果，对比组织确定的目标和预期的结果，分析第一书记帮扶政策执行的情况。第二，组织部门和上级有关部门准确掌握组织的运作情况和第一书记的工作情况，确保组织运转和第一书记工作能够保持与组织目标相一致。第三，发现第一书记驻村工作中存在的偏差并及时加以纠正，其中包括为第一书记驻村帮扶提供必要条件，并完善激励政策等。第四，发现组织运行中存在的不合理或者需要改进的环节，更好地帮助第一书记提高工作绩效。第五，为上级组织部门或者派出单位对第一书记奖励、评优和晋升职称、提拔任用提供可靠依据。第六，为第一书记驻村帮扶工作提供组织希望的结果信息，使第一书记工作目标清晰明确，提高工作绩效，促进组织计划目标得以实现。

8.3.2　第一书记绩效考核方式及实践经验

根据有关规定和实践需要，第一书记绩效考核分为年度考核与期满考核。一般情况下，每年都要对第一书记进行年度考核，在驻村期满后，需要进行期满考核。

1）年度考核

年度考核是对第一书记于每年年终进行的绩效考核，是对其每年工作成果和绩效进行的考察和总结。在第一书记驻村工作后的每年年末，由乡镇党委组成第一书记年度考核小组，对第一书记驻村帮扶工作进展与工作业绩进行考核，作出评价等级，并将考核评价的结果报送县委组织部审查后留存和交给派出单位归入个人档案，作为派出单位的奖惩依据。

具体考核方式是：第一书记撰写工作总结，在村党支部全体党员大会上进行工作汇报，全体党员对第一书记驻村工作一年来的表现和成效进行评价，在《驻村第一书记年终考核表》上作出"优秀、称职（合格）、基本称职（基本合格）、不称职（不合格）"的评价。村党支部党员大会作出的评价结果，交给乡镇党委。乡镇党委组成第一书记考核小组，对第一书记进行评价，结合村党支部的考核评价结论，讨论决定第一书记的工作绩效等级，等级分为"优秀、称职（合格）、基本称职（基本合格）、不称职（不合格）"。第一书记将乡镇党委作出的评价结论——《××年度驻村干部绩效考核》，交给派出单位党委组织部审核并加盖印章，再由乡镇党委组织委员或第一副书记统一汇总交给县委组织部核准，最终确定评价等级。

年度考核中的第一书记绩效评价等级，由乡镇党委在分析第一书记工作表现和实际成果的基础上作出评定。这种考核一般采用关键指标法。例如，辽宁省 H 市各县（市、区）采取定性定量结合方式对第一书记绩效等级进行评定，其依据是第一书记填写的《××年度驻村干部考核表》，表中主要内容是第一书记工作业绩，工作业绩通过各种成果的统计数据加以体现，其中包括完善村党组织制度、健全村规民约、健全村委会工作制度、修建村路、化解村民矛盾纠纷、为民服务、建设产业项目、协调引进建设资金、帮助困难户等。

从研究者的调查中我们也可以看到，一些县（市、区）对第一书记年度绩效评价时，采取了等级评价法。张博（2019）对山东省 J 县县派第一书记绩效考核的做法进行调查研究时发现，山东省 J 县对第一书记绩效的考核方式，主要是考核组到第一书记帮扶村进行走访调查、实地察看、听取汇报、组织测评。考核组对第一书记绩效考核时，除了在群众代表大会上听取第一书记的述职报告外，还在村民中走访，向村干部、群众了解第一书记驻村帮扶工作情况和听取他们的评价，其中规定走访干部全体成员、群众若干名。山东省 J 县对第一书记绩效评价采取了定量评价方法。在考核分值计算上，总分为100分，考核五个基本面，每个基本面为20分，总分85分及以上为优秀，70~84分为称职，60~69分为基本称职，59分及以下为不称职。在第三轮考核中，乡镇党委评分得分和考核组评分得分，分别占有50%和50%的权重，最后加总确定绩效等级。

由上述可知，年度考核重视听取群众、村干部和乡镇干部的意见，结合驻村第一书记的工作绩效，考核组织将绩效等级评定为若干等级。在评定等级中，定量评价是一个重要的相对客观的方式。定性评价存在一定的主观性，容易产生评价偏差，最好与定量评价相结合。

2）期满考核

第一书记驻村期满后，由派出单位组织部门会同乡镇党委，对第一书记驻村帮扶情况和效果进行最终考核，评定出绩效等级。第一书记驻村期满后，为了鉴定驻村帮扶绩效，确定绩效等级，开展的以最终考核为目标的考核方式，称为第一书记期满考核。

期满考核的要求和主要内容有：第一，突出政治表现考核。第二，突出建强村党组织情况考核。第三，突出推动农村经济社会发展情况考核。第四，突出提升乡村治理水平情况考核。第五，突出工作作风情况考核。

期满考核是一个十分重要的评价过程。选派干部经过2~3年的驻村帮扶，为所驻乡镇和村的各方面发展作出了不同程度的贡献，对于实现精准扶贫和乡村振兴起到了促进作用，需要通过考核鉴定，对驻村帮扶工作作出总结，以便表彰先进、鞭策落后、奖励贡献突出者；同时，也对以后的选派干部驻村和加强绩效管理提供经验借鉴。

年度考核是期满考核之前每年需要的阶段性考核，对期满考核具有影响作用，期满考核具有最终评定的意义。因此，派出单位和上级组织部门在对第一书记的考核中，既要重视年度考核结果，也要重视期满考核结果，将二者结合考察，并将期满考核结果作为评选先进、晋升职级和提拔任用的最后依据。同时，对年度考核、期满考核的优秀者进行重点表彰奖励。

8.3.3 第一书记绩效管理中存在的问题

第一书记驻村制度形成以来，县委组织部要求乡镇党委在每年年末对第一书记绩效进行考核评定。第一书记驻村期满后，派出单位协同县委组织、乡镇党委、村党支部对第一书记绩效进行期满考核评定。绩效考核是在规定的程序下开展的，在很大程度上如实反映了第一书记驻村帮扶工作绩效。但是，我们也发现，现有的绩效考核方式方法和评价指标体系存在一些问题，如果不加以改进和完善，将会影响对第一书记绩效的考核评价，导致难以真实反映第一书记驻村帮扶绩效。

派出单位、县（市、区、旗）党委组织部对第一书记进行年度考核和期满考核时，制定了相应的方案和办法，对于第一书记绩效管理起到了积极作用。但是，在实践中也暴露出一些问题。我们的调查结果和一些研究者的研究成果显示，主要存在以下几个方面的问题：

一是参加绩效考评的考核主体结构比较单一。考核主体是指由考核组、参与人员、参与机构组成的考核队伍。360度绩效考核法要求考核主体应当满足考核结果公正、客观、科学的要求。只有更多的考核主体参与到考核工作中，才能有效避免考核结果的偏差。然而，在具体的实践中，考核主体的多元化难以实现。我们经过调查发现，当前的考核主体主要是派出单位组织部门成立的考核组、乡镇干部、村"两委"干部、村民群众。在年度考核中，由乡镇党委组织考核，第一书记在村里向党员干部群众汇报工作情况，进行述职报告，乡镇包村干部参加，村党员干部和群众无记名填写《第一书记驻村工作绩效考核表》，汇总后的结果交给乡镇党委会，乡镇党委参考群众评价决定第一书记年度考核的绩效等级。乡镇党委在第一书记绩效考核中起到的作用是监督、指导、组织考核，并最终决定第一书记绩效等级，而村"两委"和群众评价只是作为参考。这一点与张博（2019）的调查研究结论基本相似。张博认为，乡镇干部在县派第一书记考核中参与程度不够，没有充分参与到考核工作中。究其原因是，根据《J县选派第一书记工作考核办法》，县委组织部从各个乡镇（街道）借调干部临时参与考核工作，但被随机分配到其他乡镇（街道），并不参与本乡镇的第一书记考核工作，考核组也只是在考核时与乡镇党委有关同志座谈，了解第一书记工作情况。但是，我们在这一方面有不同的调查结论。尽管乡镇干部参与考核工作受到一些限制，但乡镇党委在第一书记考核结果的评定上拥有最终裁决权，因此，第一书记驻村帮扶绩效的等级通常是由乡镇党委决定的。这也给第一书记驻村帮扶绩效评价带来了较多的人为因素。第一书记既要在工作中作出突出成绩，也要处理好与乡镇党委和乡镇干部的关系。并且，拥有社会关系的第一书记在年度考核和期满考核中更容易获得"优秀"评价，不会拉拢关系或者没有社会关系的第一书记，其绩效往往被低估。

我们在调查中发现，第一书记考核中的群众参与度较低。年度考核一般在每年的12月份进行，有的县是在每年的6月底进行。农村的农业生产周期决定了农民的忙闲时间。6月份通常是农忙季节，农民难以抽出时间参与第一书记绩效考核，在短期内召集几十名群众参会通常具有一定的难度。每年年末的时候，北方的天气寒冷，一般的村部硬件环境较差，没有取暖设备，召集几十个村民一起参与考核也是一件相当困难的事情。此外，很多年轻村民到外地打工赚钱，常年不在农村。留守在农村的村民，大多数是妇女、儿童和老人，很多人因为健康问题难以参加村民会议。一些年富力强者忙于务工增加家庭收入，没有时间参与村中事务。因此，从总体上讲，村民参加第一书记绩效考核的热情度不高，参与人数较少。在这种情况下，对第一书记的绩效考核主要是依靠村"两委"干部和部分党员群众。

引入第三方参与考核，是研究者提出的一个增强考核科学性、公平性、真实性的对策建议，具有一定的应用价值，一般认为其可以避免人情考核。但是，第三方参与考核也同样面临一些困难，因为第三方考核人员必须在乡镇党委的领导和主持下开展工作，在人情关系较重的乡村社会中，难免出现互相打招呼、给面子的考核现象。不过，如果第三方来自没有利益关系的单位，也许可以弥补考核主体单一的不足，并提高考核结果的客观性和公正性。这是一种值得探索的考核方式。

二是考核指标体系设置不准确。首先，指标设置过于宽泛模糊。按照绩效管理的理论要义，精准考核员工绩效需要对考核指标进行科学设置。关键绩效指标法（KPI）是绩效考核的一种有效方法，其要求关键绩效指标的设计要科学，要根据被考核者的实际工作情况来制定。考核第一书记工作绩效，也需要根据实际工作情况制定相应的绩效指标。为了制定科学的关键绩效指标，需要对第一书记驻村工作的职责任务、工作的实际内容、目标特点等因素，合理地规划指标的权重和得分，在计量分析的基础上得到绩效考核结果。现有的考核方法是由派出单位、县（市、区、旗）委组织部通知乡镇党委进行年终考核和期满考核，派出单位进行期满考核，组建考核小组通过听取第一书记工作总结汇报，结合村干部群众评价，乡镇党委对第一书记帮扶绩效进行鉴定，然后给出"优秀、合格（称职）、基本合格（基本称职）、不合格（不称职）"的绩效等级。这种方式是一种基于事实的定性评价。相对基于事实的定量评价，这种评价存在过多地受到主观因素影响的缺点，不利于精确评价第一书记工作绩效。因为其没有对第一书记驻村帮扶工作内容进行细化，并赋予相应数值，是比较笼统的估计。很多考核指标过于宽泛，不利于准确反映第一书记工作绩效。张博（2019）对J县县委组织部制定的《第一书记考核评分表》分析时认为，虽然考核项目、考核内容与考核方案中要求一致性，但是考核指标的内容描述比较宽泛，容易导致考核评价的主观性、随意性。

其次，指标分值设置不精准。一些县（市、区、旗）对第一书记绩效考核时，考核指标分值分配缺乏科学性，任意性较高，难以真实反映工作绩效。例如，绩效分值为100分，平均分配为四个区间：德、能、勤、绩，每个区间为25分。每个区间的内容相对笼统，只能进行大体上的评价。因此，考核组对第一书记工作绩效评定等级时，只能根据表中填报的内容作出模糊的判断，主观性较强。由于分值设置的困难及原因是客观存在的，因此，很多县（市、区、旗）组织部对第一书记绩效考核时，放弃使用定量评分方式，而采用定性评级方式，通过党委会议研究和讨论确定绩效等级，这就更易增加主观评价和关系评价的机会。

最后，缺乏体现"潜绩"指标。"潜绩"是对潜在绩效的简称，是与"显绩"对应的概念，也就是一种具有较大影响但又难以利用可见的成绩体现的成果。制定绩效考核指标时，不仅要重视"显绩"，也要重视"潜绩"。在J县的第一书记考核中，出现了一些"潜绩"指标，例如，"服务群众能力明显提升""乡村治理能力提升""公共服务水平不断提升""群众精神面貌良好""党员的模范带头作用增强"等，这些都是对第一书记驻村帮扶工作中"潜绩"指标的具体描述。第一书记驻村帮扶，在很多方面是难以具体化为数字的，如何通过"潜绩"指标加以体现，是需要探索和思考的。例如，在第一书记驻村中，重视村民的文化娱乐生活，组成秧歌队、乡村文化艺术团，丰富群众生活，创办网络技术培训班，开展普法教育活动，都是对乡村振兴具有长远影响的工作，在短期内产生的作用和影响并不显著，也难以通过数字进行量化处理。在第一书记驻村工作绩效考核中，常常忽视这些方面的影响，而更多地重视第一书记为乡村引进的项目数量和筹措资金金额，因而难以通过绩效考核和评价体现出第一书记工作实际成果。

三是业绩考核难以做到细致深入。在考核时，考核内容起到了关键性作用，原因是其指明了考核组对第一书记工作绩效考核的项目和范围，体现了组织的目标。目标管理法（MBO）的理论表明，绩效考核时要将组织目标放在首要位置，防止发生目标偏离现象。在组织考核程序的规定下，按照考核程序，逐步实现考核目标。第一书记的考核程序一般为：听取第一书记述职报告—听取乡镇干部与村"两委"干部的评价—听取村党员干部群众的评价—实地察看工作绩效—查阅证实材料—走访农户—撰写考核材料和评语—上报考核结果。考核程序决定考核过程。由于考核内容的制定比较宽泛，因此，考核程序与考核过程可以相应简化。从J县县派第一书记考核工作来看，虽然考核组在开展考核工作之前经历了全体人员培训，明确了考核分工、考核方式、考核内容、考核程序和注意事项，但是，不同的考核组领会的考核标准各不相同，加上考核组需要承担多个考核对象的考核任务，时间紧迫、行程急迫，很难做到对每个第一书记工作业绩进行细致深入的了解和考察。往往一个考核对象的考核工作刚刚结束，就要赶到下一个考核对象那里参与考核，与乡镇干部、村干部、村民的谈话时间较短，对考核对象的业绩了解也不够深入。此外，在考核中还会遇到乡镇干部、村干部和部分党员群众对考核对象评价不真实、不客观的问题，这些问题不易被发现，也影响了第一书记绩效考核的公平性、客观性。考核组只能努力查阅有关材料和观察业绩成果，以及通过与村民群众的交谈，发现问题和辨别真伪。

四是绩效考核结果运用不到位。绩效考核后所得到的绩效评价结果，不仅有利于发现问题，还有利于管理者运用考核结果加强绩效管理，对绩效突出者给予奖励，鼓励先进、鞭策落后，促进组织目标高效率、高质量完成。考核结果的运用是发挥激励机制作用的重要途径。对不同的人根据其需要的类型采取不同的激励措施，可以极大地调动其工作积极性、创造性，为组织创造更多的价值。

在第一书记绩效管理中，很多派出单位制定了措施，加强了对绩效考核结果的运用，有效地调动了第一书记的工作积极性。但是，我们经过调查发现，在绩效考核结果的运用上还存在制度相对缺乏、运用不到位，以及考核结果对派出单位没有影响等问题。这些方面的问题对第一书记驻村工作绩效产生了不同程度的负面影响，具体表现为：派出单位依据省委组织部等部门的通知，对本单位选派驻村干部的考核运用作出规定，即对于驻村工作期间表现优秀者，在评选先进、提拔使用、晋升职务和评定职称等方面，优先考虑。但是，其在具体实施的细节方面，没有具体的说明，也没有作出明确的规定。对于第一书记考核结果如何运用，派出单位也可以作出十分灵活的解读和选择。调查发现，一些选派驻村干部在派出到村半年后，即得到了派出单位的晋升职务、提高待遇的奖励，而一些选派驻村干部即使年度考核和期满考核获得了"优秀"，也没有得到相应的提升职务、晋升职称等待遇。调查还发现，超过70%的县派驻村第一书记认为，大部分第一书记驻村期间的考核结果优秀对其职务级别、工资水平影响不大。很多派出单位没有出台相应的对第一书记考核结果运用的政策规定。以县级为例，县级选派驻村第一书记的人数较多，来自县（市、区、旗）各个机关单位的人员较多，在提拔任用方面，由于职位的限制不能保证大多数人能够被"选拔任用"，考核结果运用政策只能停留在文件上。

此外，驻村第一书记的年度考核结果与期满考核结果，通常对派出单位没有影响。也就是说，即使第一书记驻村帮扶得到了"优秀"的评价结果，其在派出单位的年度考核结果也不一定被评为"优秀"。第一书记在驻村年度考核中，评价为"基本合格""不合格""合格"，并不会影响到派出单位。派出单位进行年度总结和党支部测评时，通常不受第一书记年度考核与期满考核结果的影响，不因第一书记考核获优而评优，也不因第一书记考核"不合格"而受到影响。这使得派出单位或派出部门缺乏支持第一书记驻村帮扶工作的动力，因而对第一书记是否圆满完成驻村工作任务，以及是否为乡村振兴作出较大贡献，派出单位通常并不十分关心。但是，能否得到派出单位或派出部门的大力支持，常常显著影响第一书记驻村帮扶绩效。

8.3.4 第一书记绩效考核与绩效评价的优化路径与对策

强化和完善第一书记绩效考评制度，需要顶层设计，运用绩效管理的相关理论，做好绩效考核组织、培训、考核指标、考核程序、考核内容、绩效评定、考核结果运用、方式方法的选择等方面的工作，从而全面促进绩效考核公平、公正、客观，提高绩效考核的质量，如实反映第一书记工作成效，为第一书记驻村帮扶奠定管理基础，更好地促进第一书记驻村帮扶工作和提高帮扶绩效。

1）绩效考核指标精细化

绩效考核等级可以按照定性分析加以描述，也可以按照定量计算加以评定。考核指标的设置是否科学、准确，指标的分值分配是否合理，都会对第一书记工作绩效评定产生影响。设置考核指标应当尽量准、合理、科学，避免过于粗线条和过于宽泛。只有做到精细化、科学化、合理化，才能将第一书记的工作实绩准确地体现出来。因此，建议在指标设置时，做到以下几个方面：

首先，指标设置相对精细。关键绩效指标法（KPI）要求，采用的关键指标应当坚持具体的（Specific）、可以衡量的（Measurable）、可以实现的（Attainable）、与其他目标具有一定相关性（Relevance）、必须具有明确期限（Time-bound）原则，也就是SMART原则。根据关键绩效指标法的要求，在制定设计第一书记绩效考核指标时，要对第一书记驻村帮扶工作遇到的问题和处理的事情利用关键指标体现出来，这些指标应当具有科学性、合理性、具体性、精细性。通常使用的"德、能、勤、绩"四个方面的考查指标，虽然具有一定的可操作性，但是其模糊性也比较明显，不利于实现考核指标的精细化、科学化。因此，需要对这四个方面进行细分。结合目标管理法的理论，将组织目标细分为若干更为具体的事项，利用第一书记在工作中的众多事项反映第一书记工作开展的情况及业绩成果。驻村第一书记的工作职责和任务较为繁杂，既有党建工作，又有发展产业、社会治理、为民服务等方面的任务。从乡村振兴的内容看，又分为组织振兴、产业振兴、人才振兴、文化振兴、生态振兴等。从选派驻村第一书记的工作职责任务看，建强党的基层组织、发展产业增强村集体经济实力、提升乡村社会治理能力、为民服务等方面，都是围绕着乡村社会经济发展展开的，涉及乡村方方面面的工作，只有将各项职责任务通过具体化、精细化的指标加以分解，才能更好地科学反映第一书记工作成果。在完善第一书记绩效考核指标时，应将"班子建设、富民强村、基础建设、乡村文明、自身建设"，或者"建强组织、发展经济、社会治理、乡风文明、为民服务"等经过分类，划分为具体的二级、三级子项目，制定绩效关键考核指标，使考核组成员能够一目了然、易于掌握。同时，结合实际，分清主次，突出重点，主辅结合。

其次，科学分配指标分值。运用定量评价法对第一书记进行绩效考核，具有较为显著的公平性、客观性、科学性，在评价第一书记工作成果方面也更加具有效力。但是，如果绩效指标分值分配不科学，也会影响考核结果的客观性。因此，对于各项细化指标分值的分配，需要结合驻村第一书记的工作重点、难点和具体指标的特点，做到科学设计、合理设置。在分配指标分值时，可以采取定量分析法，计算各个指标的重要性，同时，运用德尔菲法，结合专家的意见，确定关键指标的分值。经过定量计算和专家调查，通常会更加准确地确定第一书记驻村帮扶绩效的科学指标，从而为评价第一书记制度实践绩效提供科学的指标。

最后，重视潜在绩效，设置潜在绩效指标。驻村第一书记的工作内容决定了其工作成果的复杂性，一些工作成果可以通过数字进行精确计量，例如，在组织建设中培养入党积极分子人数、协调引进产业项目和建设资金数量、建设乡村公路长度、增加村民收入数量等，都是可以通过具体数字加以说明的。但是，一些工作成果是无法用数字表述的，例如，农村精神文明建设、生态文明建设、党群关系增进程度、基层干部社会治理能力提升程度等方面，用数字表述会有很大难度。绩效考核在重点考核"显绩"的同时，也要看到"潜绩"，即潜在业绩。重视对这些工作成果"潜绩"的考核，才能全面客观地评价第一书记驻村帮扶绩效。

在第一书记绩效考核中，很多派出单位和县组织部门为了简便，没有对考核指标进行量化处理，只是在考核要求中指出重点考核项目的内容，这使考核组在考核第一书记绩效时，既有很高的灵活性，又难以把握准确的绩效评定标准。如果为每个重点考核项目赋值，并对所属项目细分，分为一级、二级、三级内容，对各级内容赋予一定的分值，那么，实际操作可能会非常麻烦，一旦如实考核后获得相应的数据，就比较容易进行绩效等级评定。

2）绩效考核制度化、常态化

在绩效考核中，将日常管理与定期考核结合起来，完善年度考核与期满考核的方式方法，建立第一书记工作绩效考核制度，实现第一书记绩效考核常态化、制度化。

首先，日常管理与定期考核相结合。派出单位组织部门、县委组织部对第一书记的管理，采取不定期和定期检查的方式，派出督导组对第一书记驻村工作进行督查，实地查验，检查工作开展情况，并将检查记录保存在第一书记管理档案中。这种不定期和定期检查的结果，作为绩效考核的一个重要依据。检查的内容包括第一书记在村工作时间、工作成果、"三会一课"开展情况、服务群众情况等。如何抓好日常管理与定期考核？除了年度考核与期满考核外，日常管理也是第一书记绩效管理的重要途径。除了抓好年度考核外，重视第一书记日常管理，建立第一书记日常管理制度，这种做法不仅有利于督促驻村第一书记开展工作，而且有利于上级组织部门及时发现问题，加强管理。

其次，全面考核与突出重点相结合。依据目标管理法将组织目标明确地纳入考核内容，全面地分析第一书记工作成果，依据关键绩效指标法将关键环节作为考核的重点内容。第一书记驻村帮扶，工作内容多，职责任务重。第一书记围绕乡村振兴战略规划，以"产业兴旺、生态宜居、乡风文明、治理有效、生活富裕"二十字总要求为指导，在产业振兴、人才振兴、文化振兴、生态振兴和组织振兴的指引下，从事乡村全面振兴帮扶工作。因此，第一书记需要开展与乡村社会经济发展有关的方方面面的工作，而不是某一单项工作内容。对第一书记的绩效考核评定，不仅要按照规定的建强基层组织、发展产业壮大集体经济、提升治理水平、为民服务开展绩效考核，还要重视第一书记在建设农村基础设施、改善人居环境、化解农村社会矛盾、提高农民生产技术、促进农村文化事业、为民办事服务等方面取得的成果。这些成果往往不易被看到具体的"潜绩"，也往往在考核中被忽视。在第一书记绩效考核中，发展产业取得的成果是考核的一个重点，需要考核组实地察看，收集具体的成果材料，并作为第一书记绩效考核评定的重要依据。组织建设是第一书记绩效考核的重要内容。另外，还要充分关注生态环境、乡风文明、文化教育等方面的成果。因此，对第一书记的绩效考核评定，既要重点考核，也要全面考核，将二者有机结合起来，客观、全面评价第一书记驻村帮扶为乡村振兴作出的贡献。

再次，业绩成果与群众口碑相结合。第一书记驻村帮扶的努力程度和作出的贡献，可以通过工作业绩成果体现出来，考核组通过实地察看和调查分析，容易获得考核材料。除此之外，还需要调查乡村干部和群众，从干部和群众的评价中获得第一书记驻村帮扶工作的有关信息。第一书记驻村帮扶的直接受益者是群众，他们的感受和评价代表着群众的看法。第一书记驻村帮扶的最终目的是让群众真正地享受到国家各项强农惠农富农政策，实现农村居民对美好生活的愿望。因此，第一书记驻村工作的各项内容、各项职责任务，都与群众的利益密切相关。第一书记越是按照乡村社会经济的实际开展帮扶工作，让群众获得实实在在的好处，就越能获得群众的支持与好评，口碑就会越好。因此，在考核第一书记绩效时，群众的评价是一个重要依据。考核时，听取乡镇干部、村"两委"干部、村党支部干部党员、普通村民的评价意见，邀请村民参与第一书记绩效考核，规定考核组随机走访村民的数量和方式，听取群众的看法。为了避免片面性，考核组需要在群众中随机抽取部分人员，单独谈话，让群众说出心声，这样才能获取真实材料。

最后，结果考核与过程考核相结合。在考核过程中，一方面要对帮扶成果进行查验，将重点考核与全面考核结合起来，另一方面要将结果考核与过程考核结合起来，分析研究第一书记驻村帮扶中的工作态度、努力程度等行为表现。一些第一书记因本人的社会资源较少，难以从社会上获取项目资金，并不能因为这一点而抹杀其驻村帮扶工作成果，只要其工作态度积极认真，努力完成职责任务，并产生了积极的社会影响，同样应当给予充分肯定，而成效突出的可以评价为"优秀"等级。但是，既没有取得显著的工作成果，也没有做到认真工作，驻村期间经常脱岗，或者没有积极为民办事服务，没有与村干部一同谋划产业发展，甚至造成了不良影响，这种情况下的考核结果只能是"不称职、不合格"。

3) 做好第一书记绩效考核的准备与保障工作

做好准备和保障工作对于提高绩效考核的效率，确保考核质量，具有十分重要的作用。年度考核需要做好相应的准备工作，事先确定考核程序、考核时间和地点、参加考核的干部党员和群众，以及考核的重点。期满考核时，一方面，派出单位抽调工作能力强的干部组成考核小组，对考核小组成员进行培训，掌握考核的程序、方式、内容和应注意的细节，确保考核小组成员在能力、时间、素质等方面具备相应的条件，保证在规定的时间内高质量完成对第一书记的绩效考核任务。另一方面，考核小组与第一书记驻村帮扶地的县委组织部、乡镇党委密切联系，做好考核对接工作，并请乡镇党委与村"两委"干部做好群众宣传、组织考核工作，让更多的村干部、党员、群众参加第一书记绩效考核。创新群众参加第一书记绩效考核的方式途径，让更多的群众参加座谈，也可以设置群众信箱、电话热线。总之，充分调动群众的积极性，发挥群众的监督作用，充分重视群众在考核中的意见。

4) 加强第一书记绩效考核结果合理运用

《通知》对第一书记考核结果运用作了指导性规定，但是，在执行中需要具体化、精细化，落到实处。同时，进一步完善第一书记考核结果的运用机制。首先，第一书记年度考核优秀的，在派出单位的考核中应评为优秀，但不占本单位的评优名额，并在年终考核时给予奖励；期满考核优秀的，不仅在期满当年的派出单位考核中评为优秀等级，还应当明确提拔使用、职称晋升的办法。这对于促使第一书记在工作中作出优秀绩效具有很大的作用。其次，合理确定第一书记奖励措施。在以往和现实的做法中，很多派出单位不仅没有对期满考核评价为优秀、合格的第一书记作出明确的奖励和使用办法，而且对年度考核优秀的第一书记没有作出实质性的奖励规定，甚至第一书记年度考核结果与派出单位个人年度考核结果相矛盾，各评各的，造成第一书记驻村工作绩效年度考核"优秀"而派出单位个人考核绩效"合格"的不一致结果。这种做法导致第一书记绩效考核"优秀"结果与派出单位年度考核结果脱节，让第一书记的努力奉献得不到应有的奖励，极大地挫伤了第一书记驻村帮扶的积极性。最后，第一书记年度考核和期满考核结果与派出单位党支部测评挂钩。在党支部测评时，第一书记绩效考核没有取得优秀的派出单位不得评为优秀。

考核结果运用制度是第一书记绩效管理制度的一个内容，是激励制度体系的一个部分。如果考核结果运用制度不健全，则意味着第一书记绩效管理制度不科学、不健全。因此，派出单位应当制定选派干部任驻村第一书记绩效考核运用制度，将第一书记绩效考核与所在单位的奖励统一起来，应该奖励的给予奖励，应当惩罚的进行惩罚，努力为第一书记驻村帮扶营造良好的环境。

9 研究结论与政策建议

9.1 主要研究结论

经过对乡村振兴战略背景下第一书记驻村制度及实践活动的系统理论分析和调查研究，在全面分析和重点研究的基础上，我们得出如下主要结论：

9.1.1 第一书记驻村制度是我国建设"三农"的一项制度创新

"三农"是我国经济社会建设的重大短板。党中央一直重视"三农"工作，在几乎每年的"中央一号文件"中都把解决"三农"问题作为全党工作的重中之重。邓小平同志指出："社会主义的本质，是解放生产力，发展生产力，消灭剥削，消除两极分化，最终达到共同富裕。"在中国共产党成立一百年时全面建成小康社会，这是党的十八大确立的"两个一百年"奋斗目标中的第一个百年奋斗目标。实施乡村振兴战略，是以习近平同志核心的党中央着眼党和国家事业全面作出的重大决策，是新时代新征程"三农"工作的总抓手。全面建成小康社会。为了适应建设"三农"和贫困治理的需要，党中央、国务院在一些省选派第一书记驻村工作实践的基础上，制定并确立了第一书记驻村帮扶的政策制度，对从国家机关、企事业单位选派优秀干部驻村任第一书记作出了明确的政策规定，成为促进建设"三农"、推动精准脱贫和实现乡村振兴的有效措施。从第一书记驻村制度的要求、宗旨、措施等规定及第一书记驻村制度的实践绩效可以看出，这是我国建设"三农"的一次重要制度创新，其对我国经济社会的发展产生了巨大影响，有效地促进了精准脱贫和乡村振兴，为我国实现"两个一百年"奋斗目标奠定了坚实基础。

9.1.2 第一书记驻村制度有力推动了乡村振兴

党的十八大以来，以习近平同志为核心的党中央确立了精准扶贫的治理贫困策略，在精准扶贫、精准脱贫理念指导下，经过全党全国人民的共同努力，我国贫困人口从 2012 年开始逐年减少 1 000 多万人，并在 2020 年彻底消灭了几千年来困扰中国人民的贫困问题，实现了现行标准下 9 899 万农村贫困人口全部脱贫，832 个贫困县全部摘帽，12.8 万个贫困村全部出列，打赢了脱贫攻坚战。在脱贫攻坚战中，第一书记始终站在脱贫攻坚第一线，认真贯彻中央有关精准扶贫、精准脱贫的政策，与乡村干部一起谋划乡村产业，推动乡村社会治理，抓党建，积极为民办事服务，有力地促进了精准脱贫，为全面建成小康社会作出了突出贡献。第一书记为促进精准脱贫和打赢脱贫攻坚战的艰苦奋战，有力地推动了乡村振兴战略的实施。具体地讲，有以下五个方面：

第一，第一书记驻村帮扶促进了乡村组织振兴，推动了精准扶贫、精准脱贫。他们以加强乡村基层党组织建设为抓手，在乡镇党委的领导和支持下，把乡村基层党组织建成了能够带领群众脱贫致富的坚强战斗堡垒。在第一书记的帮扶下，乡村基层党组织增强了政治意识、组织观念和服务意识，能够坚决执行党的强农惠农富农支持制度，更加积极主动地带领群众实现共同富裕。

第二，第一书记驻村帮扶促进了乡村产业振兴。乡村产业是乡村振兴的关键，是全面振兴的基础。发展产业是第一书记的重要职责和任务。第一书记在乡镇党委的领导下，与村"两委"一起谋划乡村产业发展，建设了大批具有地方特色的产业项目，不仅有效地帮助贫困户脱贫，而且发展了村集体经济，为巩固脱贫成果奠定了产业基础。乡村产业发展也增加了村民就业，提高了农村居民收入水平，稳定增加了低收入群体的收入，促进了共同富裕。

第三，第一书记驻村帮扶促进了乡村生态振兴，促进了生态宜居美丽乡村建设。在第一书记的帮扶下，乡村环境得到整治，生态环境得到保护。他们积极建设乡村基础设施，对环境污染开展治理，积极推动发展生态农业和现代农业，对乡村生态环境的恢复和保护作出了重要贡献。在他们的努力下，乡村生态环境得到较大改善，美丽乡村建设取得了显著成果。

第四，第一书记积极推动乡风文明建设，促进了乡村文化振兴。通过发展乡村文化，推进移风易俗，大力宣传社会主义核心价值观，有力推动了乡村文化事业发展。乡风文明建设有力地支持了乡村振兴战略。

第五，第一书记驻村帮扶促进了乡村人才振兴。乡村人才流失严重，人力资源短缺，严重制约了乡村经济社会发展。第一书记驻村工作不仅提升了乡村干部的文化素质，也为乡村发展输送了大批优秀干部，壮大了乡村经济社会发展的人才力量。通过第一书记驻村帮扶整合了社会资源，为乡村振兴拓展了发展渠道。他们不仅是脱贫攻坚的中坚力量，也是乡村振兴的有力推动者。

9.1.3 第一书记赋能实施乡村振兴战略需要多方主体协同合作

第一书记赋能乡村振兴，在脱贫攻坚阶段，主要任务是精准扶贫、精准脱贫；在完成脱贫攻坚任务后，第一书记的重点工作转为巩固和拓展脱贫攻坚成果同乡村振兴的有效衔接，积极推进乡村振兴战略，以乡村振兴促进低收入群体增加收入，降低出现脱贫户返贫风险，促进共同富裕。第一书记赋能乡村振兴需要多方主体协同行动，形成一个组织引领、政府主导、乡镇党委负责和第一书记驻村帮扶的协同治理体系及运行机制。

第一书记作为党组织选派的驻村干部，是精准脱贫和乡村振兴的重要力量，其主要任务是帮助乡村干部加强基层组织建设，发展乡村产业和集体经济，提升乡村社会治理水平，加强基层干部为民办事服务的能力，因此，第一书记在乡村振兴中的任务复杂艰巨，要做到以上方面需要付出艰苦的努力。在乡村振兴中，乡镇干部、村"两委"和第一书记是国家政策的具体执行者，他们有共同的目标，面临共同的任务，需要相互合作、密切配合，才能以较高的效率完成上级下达的任务。同时，也需要上级组织的支持和派出单位的帮助。这表明第一书记驻村帮扶与赋能乡村振兴是一个协同治理的过程，缺少任何一方的协同行动都可能降低帮扶效果。因此，需要建立以乡村振兴战略为指导、多个主体参与、功能完善的第一书记赋能乡村振兴协同治理机制，对促进乡村振兴具有重要的作用。

9.1.4　第一书记驻村制度实践机制有待于进一步完善

制度经济学基本理论表明，制度需要一个良好的实践机制来保障实施。第一书记驻村制度极大地促进了精准脱贫和乡村振兴，表明了该制度是符合建设"三农"及乡村振兴战略需要的重要制度。第一书记驻村帮扶实践取得的效果也证实了这种观点。然而，我们在看到第一书记驻村制度取得的显著成效时，还需要重视第一书记驻村帮扶中遇到的困境和问题。主要的困境和问题有：第一，第一书记面临着参与乡村振兴的一部分相关主体"选择性合作"的困境，也就是第一书记驻村帮扶中相关主体的支持力度不足，影响了第一书记驻村帮扶的绩效。第二，第一书记驻村帮扶中存在权责不对称的问题，不利于第一书记驻村帮扶作用的充分发挥。上级组织选派第一书记驻村帮扶，要实现的职责和任务多，责任大，包含了组织建设、产业发展、社会治理、服务群众等方面，但是第一书记在驻村帮扶中缺乏相应的资金保障，难以取得较高的绩效。第三，第一书记的农村工作经验与乡村振兴的实际需要存在着匹配困难。乡村振兴战略是一个系统工程，涉及产业、生态、文化、人才和组织等方面，第一书记需要具备相应的专业知识和经验，但是，大部分第一书记来自机关事业单位，并不具备相应的知识和经验，因此，他们驻村帮扶的作用也受到限制。第一书记驻村帮扶绩效受到多种因素的影响和制约，为了提高第一书记驻村帮扶绩效，需要为其提供多方面的支持，确保其有相应的资金和职权。为克服这些困难，提升第一书记驻村帮扶绩效，应建立和完善相应的协同治理机制体系，包括激励机制、保障机制、协调机制、信息机制和考核机制等。这些机制相互作用，共同促进第一书记驻村帮扶和赋能乡村振兴，推动农业农村现代化。

9.1.5　加强第一书记管理是提升驻村帮扶绩效的重要途径

加强管理对于促进第一书记驻村帮扶具有非常重要的作用。上级组织和有关部门通过制定相应的管理制度和措施，对第一书记驻村帮扶工作进行指导、培训、监督、检查、考核，可以发现第一书记驻村工作中存在的问题，从而促进第一书记遵守驻村帮扶相关工作制度，在驻村帮扶中更加自觉主动地履行职责，完成驻村帮扶任务。第一书记管理制度还存在需要改进和完善的方面，需要对管理制度、管理方式、绩效考核、绩效运用等进行更加科学的设计。

9.2　主要政策建议

第一书记驻村制度经过数年的实施，取得了显著的成果，有力地促进了脱贫攻坚和全面建成小康社会，促进了乡村振兴战略全面实施。它对解决乡村振兴中精准脱贫、人才短缺、基层组织软弱涣散、集体经济不强、服务群众不足等问题起到了积极作用。在第一书记发挥很大的帮扶作用的同时，不难发现，一些第一书记的作用发挥得很好，但也有一些第一书记没有发挥出应有的作用，甚至出现了一些效果不明显、不作为等问题。建立和完善第一书记驻村帮扶协同治理机制，才能更好地促使第一书记在乡村振兴中发挥更大的作用，第一书记驻村制度才能取得更好的效果。为此，我们提出如下一些政策建议：

9.2.1　完善选派机制，加大派出单位对第一书记的帮扶责任和支持力度

选派有责任心和有能力的干部任驻村第一书记。严格选派标准，派出单位根据《通知》要求，制定出选派标准条件并严格执行审核制度。在选人方面加强政治觉悟、工作能力、责任心、事业心等方面的审核，针对乡村的不同情况，选出具有相应能力要求的优秀年轻干部。也就是说，在选派干部时，要把有理想、有干劲、想干事、能干事、觉悟高、作风硬的干部选派到村任第一书记，不能把单位中所谓"多余的人""看不惯的人"选派到村。选派干部到村任第一书记，是一项促进乡村振兴的政治任务，是为精准脱贫、全面建成小康社会和实现乡村振兴而制定的大政方针，是为了向乡村振兴输送所需的人才资源，以弥补国民经济"短板"，基层单位不能把选派驻村干部当作差事。选派到村任第一书记的人多为单位年轻干部，到农村帮扶乡村振兴对于他们来说是一个重要的工作经历和人生历练，能够弥补其在经历、能力上的不足，有利于为国家培养干部，储备人才。因此，在选派干部的机制上，需要严格制定标准和条件，并制定帮助他们、支持他们的有力措施。

在选派人员中，要加大中青年干部的比例。在一些省市，规定选派干部中35周岁

以下的干部占全部人员的50%。这个限制条件的出发点有两个：一是35周岁以下的年轻干部驻村帮扶，可以丰富他们的基层工作经验，有利于锻炼和培养干部；二是年轻干部思想活跃，精力充沛，有干劲，有创新精神。不同年龄阶段的第一书记具有各自的优势，也有各自的不足。年龄大一些的第一书记社会经验更加丰富，处理问题的能力较强，社会资源更加广泛，更容易与村干部合作，但是也容易产生满足现状、不思进取的思想。出于锻炼和培养干部的目的，应当加大在中青年优秀干部中选派第一书记的比例。从调查中我们发现，现有的第一书记中，50岁以上的第一书记占23.55%，50岁以下的第一书记占76.45%。比较符合中间大、两端小的橄榄形结构。在今后的选派工作中，应适当提高30～45岁的第一书记比例。因为这个阶段的干部正处于一个特殊的阶段，具有较多的社会经验和较强的事业心，希望自身能够在驻村工作中发挥作用，在乡村振兴中作出成绩。

完善选派方式，要因村派人，量才驻村。选派干部驻村要结合乡村的实际需要，不盲目选派，做到有的放矢。按照村党支部建设的强弱，把村分为组织建设较好村、组织建设一般村和组织建设薄弱村；按照村经济实力大小，把村分为经济实力较强村、经济实力一般村、经济实力薄弱村；按照村社会治理情况，把村分为社会治理良好村、社会治理一般村、社会治理较差村。在选派干部驻村时，根据村的类型，结合选派单位的优势，综合考虑干部素质、能力、阅历、事业心等因素，选派一批懂党建、抓经济、能治理的优秀干部驻村任第一书记。要把党群工作能力强、综合素质高的干部选派到组织建设薄弱村，帮助建设村党组织，带动村党组织建设工作上台阶。选派懂政法工作、善于处理复杂难题的干部驻社会治安较差村，提高村社会治理水平和治理能力；选派懂经营的干部驻经济实力薄弱村，谋划发展产业项目，促进农村产业发展，提升村经济实力；选派懂技术、懂市场、扎实肯干的干部驻专业村，实现"一乡一业""一村一品"，帮助壮大产业，发展经济。

第一书记驻村制度实施的效果取决于多方面的因素，其中，派出单位的支持力度具有十分重要的影响。作为第一书记的"娘家人"，派出单位的组织支持、财力支持以及激励措施，对于第一书记驻村工作中开展帮扶的积极性、主动性和创造力，具有很大的动力。派出单位对第一书记驻村工作支持力度弱，第一书记提升驻村帮扶绩效就可能十分困难。本书通过对第一书记驻村工作的调查发现，32.28%的被调查者认为

"派出单位支持不够"，80%的被调查者认为，他们在驻村工作中遇到的最大困难是"缺乏专项资金支持"。可见，派出单位的大力支持对第一书记驻村帮扶工作来说十分重要。

派出单位给予第一书记必要的专项资金支持，是第一书记驻村帮扶作出显著成效的必要条件。因此，在实施第一书记驻村制度中，需要明确规定派出单位给予第一书记一定数量的专项驻村帮扶资金，用于第一书记驻村帮扶在项目建设、农村治理、精准扶贫等方面的支出。

9.2.2　完善激励机制，为第一书记驻村帮扶提供更多的动力

激励机制是指由于被激励主体受到正向影响的鼓励和负向影响的压力所形成的促进作用机制。由于在促进作用机制的影响下，可以产生一种推动人们某种行为的力量，这种力量往往是发自内部的动力，因此，对于促进事物的发展和调动主体积极性具有十分积极的影响。从激励机制的要素主体看，主要是第一书记、村干部、乡镇党委和派出单位。从激励机制的内容看，可以分为正向激励和负向激励。正向激励是通过具有正向促进作用的引导措施满足主体的需要，进而推动主体产生巨大动力。负向激励是通过对主体产生不利影响，进而给被激励者带来心理上的紧张感、压迫感，使其产生行为动力。不论哪种激励，都能促进主体作出相应的努力去完成职责任务。但是，不同类型的激励机制所产生的激励程度不同，因此，针对不同的主体应当采取有针对性的激励措施，才能充分发挥激励作用。

尽管第一书记是来自机关单位、国有企业和事业单位中思想觉悟高、素质高的优秀干部，具有不畏艰苦、热爱农村事业和为乡村振兴贡献力量的无私奉献精神，但是，他们毕竟存在着基本生活需要、尊重需要、自我发展需要，因此，不能忽视对他们需要的满足。在他们基本生活需要得到满足的情况下，更需要满足高级需要，即受人尊重和自我发展的需要。如果这些需要不能得到及时满足，那么就会影响到他们驻村工作的积极性。

为了增强激励，充分调动第一书记的积极性、创造性，需要在完善各项制度的基础上，进一步强化激励措施。已有的措施主要是第一书记驻村帮扶期间的工资福利待遇不变，并根据驻村天数给予一定数量的生活补贴。此外，一项非常有效的激励措施

是将第一书记的驻村工作考核结果作为评选先进、升职晋级、提拔任用的重要依据。驻村干部来自不同的派出单位,在驻村补助方面有一定的差异,有的派出单位给第一书记驻村的补助高,有的派出单位给的补助低,人们常说,没有比较就没有伤害,那么在比较中,一些补助低的第一书记就会产生一些不满情绪。但是,尽管有一些不满意,由于第一书记一般都是思想先进的优秀党员干部,通常不会因为补助没有别人高而影响到驻村帮扶的积极性,他们看重的是社会责任、人生理想和社会贡献,是工作成果带来的成就感,并受人尊重。这些方面是对第一书记驻村帮扶工作积极性的有力激励,即主要的激励因素。因而,在这些方面加强激励,将会对提升第一书记驻村帮扶工作绩效产生持久、强大的动力。

为了给第一书记持久、强大的激励,需要帮助第一书记取得工作成就和为乡村振兴作出贡献,这是对第一书记驻村最有力的激励。因为,派出单位选派的第一书记都是思想觉悟水平较高、愿意为党的事业和人民的利益作出奉献的人,他们的理想和愿望并不是多得一些收入,而是通过努力做好驻村帮扶工作,为脱贫攻坚、乡村振兴贡献自己的力量,并在发展农村产业、促进农业现代化和帮扶贫困人口脱贫致富中获得成就感、满足感。要做到这些,单靠第一书记自身的力量还远远不够,需要派出单位在智力、物质、资金上给予支持。

完善激励机制,首先,满足第一书记增加收入的需要。增加收入的方式和途径,主要是提高基本工资收入和驻村期间的绩效奖励。可以考虑对符合条件的第一书记提升职务或职称,以此增加第一书记驻村期间的收入。据调查,某高校对选派的第一书记人员,普遍在行政级别上升半级,一般是职员升副科,副科升正科,正科升副处,副处升正处,基本工资和绩效奖励相应增加。这种做法让第一书记以最直接的方式获得奖励。其次,建立精神鼓励机制,对于工作成效显著的第一书记,赋予他们优秀驻村工作者光荣称号,并进行表彰宣传。荣誉称号表明受表彰者取得的成效得到了派出单位的认可,对获得者来说,会产生一种受到重视、受到尊重的感觉。根据马斯洛的需要层次理论和赫茨伯格的双因素理论,这种精神需求的满足可以极大地激励人们的工作热情。再次,建立外部支持机制,也就是要为第一书记提供所需要的资源支持、资金支持和平台支持,为第一书记在驻村工作中作出成绩、取得成效及圆满完成帮扶任务提供相应的帮助和支持。这样能够更好地满足第一书记成长、发展的需要。最后,建立考核结果运行机制，真正给第一书记兑现评选先进、晋升职称、提拔使用的承诺，让驻村帮扶工作取得显著成效者获得实实在在的奖励。

9.2.3　完善监督机制，加强第一书记驻村管理

监督制度是管理机制的主要组成部分。监督制度的作用在于对第一书记驻村工作形成有效的管理，促进第一书记自觉遵守驻村工作制度，积极主动地履行好职责，圆满完成任务。第一书记监督机制，不仅包含对第一书记的监督管理，还包含上级组织对派出单位、乡镇党委等基层组织的监督。上级组织对于派出单位的选派工作具有领导和监督的职责。建立监督制度，并按照规定检查派出单位和基层组织对第一书记的选派工作、日常管理、保障措施，将促进派出单位、乡镇党委与乡镇政府更加重视第一书记驻村帮扶工作，为第一书记完成职责任务和作出成效创造所需要的环境条件。

强化监督机制，就是采取有效措施特别是制度规范、定期或者不定期检查、约谈、考核方式等，对第一书记驻村帮扶的相关主体实行有效的管理。为此，首先，要制定科学的监督制度，利用制度加以管理具有较强的效力；其次，要加强检查，定期检查与不定期检查相结合，检查结果公布到管理平台；再次，要对检查结果中的问题采取曝光、不点名批评、要求整改等措施，促进各个主体强化第一书记驻村帮扶工作。第一书记监督管理机制的运行机制如图9-1所示。

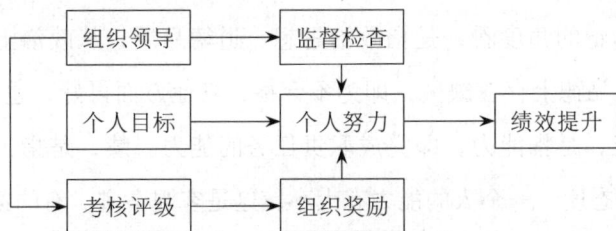

图9-1　第一书记监督管理机制的运行机制

9.2.4　完善绩效管理制度，强化考核结果运用

绩效考核对于提高管理水平、改善管理制度、激励员工等，具有十分重要的作用。首先，它可以判明工作任务完成情况，是否达到预定目标。对于一个组织来说，绩效考

核将组织制定的目标分解为阶段性指标后，规定了相应的任务和完成时间，进而考察员工完成工作任务的情况，对工作过程实现监督管理。一套高效的绩效考核体系能够促进组织顺利地实现目标。其次，通过绩效考核发现问题和解决问题。将绩效考核发现的问题进行反馈，为改进计划和修改方案提供依据。从组织角度看，绩效考核既是对员工工作成效的考察，也是对组织整体经营状况的评估。通过绩效考核，发现实际问题和存在的管理漏洞并提出解决方案，有助于组织管理者把握全局和实现目标规划。最后，绩效考核具有激励作用。绩效考核的结果是组织对员工实行奖励的依据，因而它与员工是否升职、加薪、获得奖励挂钩，它能够激励员工为了获得荣誉、提升薪级、提拔任用、获得培训机会而努力工作。因此，绩效考核对员工发挥积极性、主动性、创造性具有十分重要的作用，也对组织实现预定目标产生极为重要的影响。

一般来说，绩效考核的内容要反映被考核者的思想品质、工作态度、工作绩效，对应的考核类型是：一是特征导向型，即以员工本身的综合素质特征为考核重心进行绩效考核，主要反映该员工的品质、思想面貌、合作能力、沟通能力、协调能力等。二是行为导向型，即以员工的实际工作方式、工作行为为考核重心进行绩效考核，主要反映员工的工作态度、理想信念、工作作风等。三是结果导向型，即以员工的实际工作成果、工作绩效为考核重心进行绩效考核。它对员工工作效率、经济效益核算得出总体评价。

考核的内容一般有德、能、勤、绩等方面，不同的考核需要，会重点考察某个方面。德，从第一书记的角度看，是指政治思想、道德品质，从政治上、品德上进行考核。如果政治上、品德上存在缺失，即为不合格，其他方面再好，也不能考核为合格，更谈不上优秀。能，是指能力，即完成职责任务的能力。绩，是指工作取得的绩效成果。勤，是指工作态度。一个人的能力有大小，这是客观事实。有的第一书记具备整合项目资金资源的能力，容易作出立竿见影的以产业项目为标志的业绩；有的第一书记则态度积极、工作认真负责、干劲充足，但是，润物细无声，把基层组织、为民服务、党群关系等方面的工作做得很好，而在产业方面因为缺乏产业项目、缺乏资金等，并没有显著的成果。因此，考核时要因人因事而定，不能一刀切，要对第一书记的工作态度、积极性、努力程度等给予充分肯定。这就需要制定相应的考核指标和考核方法，形成科学的考核机制。

对第一书记绩效考核，重点在建强村党组织工作情况、推动农村经济社会发展情况、提升乡村治理水平工作情况等方面，评价方法可以参考有关计量方法进行定量评价。因此，需要创新评价方法和构建评价指标体系。派出单位在加强第一书记绩效管理中，要强化考核结果运用，按照《通知》的要求，及时奖励作出突出贡献的第一书记，真正做到评选先进、晋升职务、评定职称优先考虑，对驻村帮扶绩效优秀者进行提拔重用。

9.2.5 加强组织协调和资源保障，完善协同治理机制和保障机制

保障机制为第一书记完成驻村帮扶任务提供外部条件和环境，是保障第一书记履行职责的因素。影响第一书记履行职责和完成任务的因素很多，既有外部因素，也有内部因素；既有客观因素，也有主观因素；既有自然环境因素，也有人为因素。其中，乡村资源环境条件、风俗习惯、关系网络，以及第一书记自身的知识经验、工作能力、社会关系和事业心、责任心等，都将影响第一书记驻村帮扶效果。

为了有效地解决第一书记驻村帮扶中的困难，帮助第一书记履职尽责，促进其发挥潜力，为乡村振兴作出更多努力和取得更多绩效，县委组织部门务必对第一书记驻村帮扶做好组织协调工作，提供所需要的资金资源，加强人员培训，满足第一书记驻村帮扶对组织协调、资源支持和相关知识等方面的需要。

建立协调机制，为第一书记驻村帮扶做好组织保障。第一书记是基层组织以外的人员嵌入到基层组织中，他们的编制不在基层组织内，只是因乡村振兴的需要在上级组织的任命下嵌入到基层组织，因此，难免存在"外来人"的尴尬困境。组织系统的协调机制是化解这种融入困境的有效机制，组织协调是有效的途径之一。因为组织系统具有政治权威性，符合科层管理特征，它能够将基层组织包括市、县、乡镇党委以及村党组织凝结成一个目标一致、行动一致的团队，有效地将各级党委、政府机构和社会力量调动起来，协同发力实现乡村振兴。这就是在精准扶贫中能够形成强大的扶贫队伍的原因。村党支部是最基层的党组织，也是党领导乡村工作的代理人，党的强农惠农富农支持制

度要经过村党组织的认真落实才能发挥作用。因此,从中央到地方各级党委都十分重视村党支部的建设,防止村党组织因为软弱涣散导致对乡村社会治理能力的弱化。为了建强村党组织,从国家机关、企事业单位选派优秀干部任村党支部第一书记,充实村党组织的领导力量,发挥协同治理的作用,这是一个非常有效的政策。为了发挥这个政策的作用,还需要各级组织之间进行相互协调,以便真正地落实第一书记驻村制度。建立有效的协同治理机制是加强组织协调和提高乡村治理能力的有效机制,其协同主体是各级党委组织、村党支部和第一书记,他们要在党的方针政策统一领导下开展协同治理,通过组织协调,贯彻落实第一书记驻村制度。

完善保障机制,加强资源保障,实现权责统一。第一书记有明确的职责任务,完成这些职责任务需要第一书记协同乡镇党委和村党支部,采取有效措施,积极开展有关工作。开展驻村工作需要相应的资源,包括人力、资金、物质、知识技术等,因此,需要各级党委组织协调相关部门,完善保障措施,保障乡村振兴中所需要的各类资源,让驻村第一书记带着资源开展帮扶,才能够顺利地实现上述各项任务。

9.2.6 完善信息机制,疏通第一书记与上级组织联系的信息渠道

完善的信息机制,有利于实现信息在传播者与接收者之间的顺利传递,有利于促进沟通,因而有利于消除因信息缺失或者传递不畅造成的各种障碍。在第一书记协同治理机制下,协同主体之间存在着信息交流和相互沟通的必要性。第一书记驻村制度的实施,离不开各级组织的支持,信息在各级组织之间顺利传递,有利于协同治理机制的运行。从第一书记的工作特征看,他们是代表上级组织在农村基层开展帮扶工作的,处于代理人位置,上级组织是委托人,按照委托代理理论,委托人与代理人存在着信息不对称的问题,不仅在第一书记和上级组织之间存在委托代理关系,在村干部与乡镇党委之间也存在着委托代理关系。由于信息不对称,作为委托人的上级组织,对于代理人第一书记和村干部的信息并不能完全掌握,因此,存在着信息不足的问题,不利于管理考核第一书记,不利于为第一书记驻村帮扶创造良好的条件。

在第一书记驻村帮扶中，受制于外部条件及自身因素，第一书记要克服重重困难，突破各种主客观因素的制约，才能够更好地完成组织交给的任务，履行好自身的职责。上级组织只有了解清楚第一书记驻村的环境条件，对第一书记的个人因素有比较多的掌握，才能为他们的驻村工作提供所需要的条件。因此，需要建立一种信息机制，将有关第一书记驻村帮扶工作的信息反映给上级组织部门，组织部门才能根据实际情况，及时采取措施解决问题。

现有的信息机制，以乡镇党委为基点，向县（市、区、旗）党委组织部提供第一书记驻村工作信息，县（市、区、旗）党委组织部再把信息上报省委组织部，省委组织部把有关决定和信息逐级向下传达到各级组织部门，完成信息的上传和下达。采取的方式主要是县（市、区、旗）党委组织部定期（通常是一年一次）派专人到乡镇政府听取第一书记汇报工作情况，向第一书记收集信息，对反映的困难问题给予信息反馈。这种措施促进了基层组织加强对第一书记的管理，促进乡镇党委做好对第一书记驻村的管理工作，对他们的工作、生活条件安排、协调村干部都具有积极作用，但是，也存在一些不足。县委组织部派人到乡镇听取第一书记工作汇报，在时间上为一年一次，听取汇报次数少、间隔时间较长，不利于第一书记及时反映工作中的问题，第一书记遇到的困难不能及时得到解决。因此，我们建议，县委组织部和派出单位每半年一次到乡镇听取第一书记工作汇报，或者上级组织部门开通第一书记热线，为第一书记提供顺畅反映问题的渠道。设置第一书记驻村管理专职负责人，负责处理第一书记驻村帮扶中的事务。

除了与各级组织部门进行信息交流外，第一书记还与派出单位组织部门及派驻村党支部进行信息交流。第一书记驻村帮扶离不开村干部，也不能绕开村干部，必须与村干部密切协作，协同治理乡村社会，因此，第一书记的沟通能力和协调能力对于第一书记做好驻村帮扶工作非常重要。一般说来，村干部工作能力强，工作方式粗放但很有效，这与他们长期处于农村社会的工作环境有密切关系。第一书记作为机关干部或者企事业单位的工作人员，常常不能适应农村社会环境，也与村干部的工作作风有很大差异，因此，在与村干部沟通时，常常出现一些困难，不利于开展工作。但是，只要第一书记虚心向村干部学习，能够灵活地开展工作，通常也能够得到村干部的理解和支持。在对第一书记驻村工作的调查中，我们发现大部分第一书记的驻村工作得到了村干部的支持。这也表明，第一书记与村干部进行沟通时，虽然存在一些困难，但困难是可以克服的。很多第一书记在村干部的帮助和支持下取得了显著的帮扶绩效。他们共同为乡村振兴作出了贡献。

主要参考文献

[1] 中共中央文献研究室. 十四大以来重要文献选编（下）[M]. 北京：人民出版社，1999.

[2] 中共中央党史和文献研究院. 习近平扶贫论述摘编 [C]. 北京：中央文献出版社，2018.

[3] 陶文达. 发展经济学 [M]. 北京：中国财政经济出版社，1988.

[4] 张维迎. 博弈论与信息经济学 [M]. 上海：上海人民出版社，2002.

[5] 托达罗 M P.经济发展 [M]. 北京：中国经济出版社，1999.

[6] 谭崇台. 发展经济学 [M]. 太原：山西经济出版社，2000.

[7] 齐默尔曼. 决策与控制会计 [M]. 邱寒，等译. 大连：东北财经大学出版社，2000.

[8] 邓穗欣，马兹曼尼安，湛学勇. 理性选择视角下的协同 [R] //敬义嘉. 网络时代的公共管理. 上海：上海人民出版社，2011：78-101.

[9] 罗西瑙 J N.没有支付的治理 [M]. 张胜军，刘小林，译. 南昌：江西人民出版社，2001.

[10] 库伊曼 J.治理和治理能力：利用复杂性、动态性和多样性 [A]. //俞可平. 治理与善治. 北京：社会科学文献出版社，2000.

[11] 疾病预防控制体系建设研究课题组. 疾病预防控制体系建设研究报告——绩效评估 [M]. 北京：人民卫生出版社，2008.

[12] 国务院办公厅. 关于转发贫困地区经济开发领导小组第二次全体会议纪要的通知 [Z]. 中华人民共和国国务院公报，1986.

[13] 贺英. 中国贫困人从 2012 年年底的 9 899 万人减少到 2019 年年底的 551 万人

［EB/OL］.［2021-10-15］. http：//www. ccpit. org/Contents/Channel_4113/2020/ 0519/1261992/content_1261992.htm.

［14］ 季爽. 超300万第一书记和驻村干部奋战扶贫一线［EB/OL］.［2021-12-05］. https：//m.gmw.cn/2021-04-06/congten_1302212951.htm.

［15］ 佚名. 陆昊接掌团中央41岁晋身正部级［EB/OL］.［2021-11-15］. http：//news. sina.com.cn/c/2008-05-05/045413829733s.shtml.

［16］ 李瑞芳. 张春贤当选新疆军区第十一届党委第一书记［EB/OL］.［2021-11- 17］. https：//news.qq.com/a/20110729/000565.htm.

［17］ 袁志刚. 托达罗人口流动模型简介［R］. 上海：上海财经大学研究生部，2002.

［18］ 陈锡文. 乡村振兴战略的来龙去脉［EB/OL］.［2022-12-10］. https：//finance. sina.com.cn/zl/china/2018-12-05/zl-ihprknvt1794161.shtml.

［19］ 陈锡文. 不要把乡村和城市对立起来［EB/OL］.［2022-10-08］. http：//www. rmlt.com.cn/2018/0611/520601.shtml.

［20］ 张晓松，朱基钗. 习近平畅谈乡村振兴：使农村的生活奔向现代化，越走越有奔 头 ［EB/OL］.［2022-01-27］. https：//www. gov. cn/xinwen/2022-01-27/content_ 5670793.htm.

［21］ 中央对外宣传办公室，中央党史研究室. 党史上的今天［EB/OL］.［2020-09- 23］. http：//cpc.people.com.cn/GB/64162/64165/70293/70316/.

［22］ 王圣志. 安徽选派2 000名优秀年轻干部到村任职［EB/OL］.［2021-11-28］. http：//news.sohu.com/20100103/n269346781.shtml.

［23］ 格兰诺维特 M. 经济行为与社会结构：嵌入性问题［EB/OL］.［2021-08-16］. https：//www.doc88.com/p-239796534961.html？r=1.

［24］ 水冰晖. 陕西省驻村第一书记工作成果展精彩亮相第27届杨凌农高会［EB/ OL］.［2021-12-15］. http：//www. sxdaily. cn/2020-10-23/content_8741134. html？from=singlemessage.

［25］ 俞可平. 治理与善治引论［EB/OL］.［2021-10-20］. https//：www.docin.com/p- 35458353.html.

［26］ 中国共产党中央委员会. 中共中央关于加强农村基层组织建设的通知［EB/OL］.

[2021-12-15]. http://www.ce.cn/xwzx/200706/t200706-11789532.shtml.

[27] 佚名. 记上思县在妙镇有生村"第一书记"彭宇 [DB/OL]. [2021-11-15]. http://www.gxqxj.com/qxzx/mtjj/201610/t20161017_42.

[28] 陈志钢, 王建英. 中国减贫事业发展成就和贫困治理发展启示——以浙江省贫困治理的先行探索实践和经验为例 [EB/OL]. [2021-12-15]. http://www.cpad.gov.cn/art/2021/4/12/art_56_188342.html.

[29] 王森浩. "第一书记"与农村基层治理现代化研究 [J]. 山西高等学校社会科学学报, 2019, 31 (8): 25-28.

[30] 汪晓东, 李翔, 刘书文. 谱写农业农村改革发展新的华彩乐章——习近平总书记关于"三农"工作重要论述综述 [N]. 人民日报, 2021-09-23.

[31] 周宝伟. "第一书记"驻村帮扶政策执行情况实证分析——以济阳县为例 [D]. 泰安: 山东农业大学, 2016.

[32] 王卓, 罗江月. 扶贫治理视野下"驻村第一书记"研究 [J]. 农村经济, 2018 (2): 8-15.

[33] 李利宏, 郑甜甜. 第一书记驻村扶贫政治行为的嵌入逻辑 [J]. 中共山西省委党校学报, 2018 (1): 25-29.

[34] 杨阳. "第一书记"驻村帮扶机制及对村集体收入影响研究——以宿迁扶贫改革试验区为例 [D]. 无锡: 江南大学, 2019.

[35] 贾姝宁. 乡村振兴战略视角下"第一书记"引导乡村治理新模式 [J]. 改革与开放, 2018 (2): 80-81.

[36] 杨芳. 驻村"第一书记"与村庄治理变革 [J]. 学习论坛, 2016 (2): 52-55.

[37] 冯肖霞. 第一书记在扶贫治理中的作用研究——以柳林县三交镇为例 [D]. 太原: 山西大学, 2017.

[38] 林国华, 范攀. "第一书记"在乡村治理中的作用——以山东费县薛庄为例 [J]. 山西农经, 2016 (6): 1-5.

[39] 胡静娟. 公平视角下"第一书记"帮扶工作研究——以山东省为例 [D]. 曲阜: 曲阜师范大学, 2017: 9-11.

[40] 范攀. 乡村治理视角下的"第一书记"包村扶贫研究——以山东费县薛庄镇为

例［D］. 济南：山东大学，2015.

［41］ 黄雯娇. 浅析第一书记在基层治理中的境遇［J］. 农村经济与科技，2019，30
　　　（11）：245-246.

［42］ 赵秀芳，贾姝宁. "第一书记"在山西乡村治理机制中的角色和作用［J］. 理论
　　　建设，2018（1）：15-31.

［43］ 吴远庆. 乡村振兴战略背景下第一书记工作内涵转变研究——以聊城市东昌府
　　　区沙镇镇黄西村为例［J］. 乡村科技，2019（211）：245-246.

［44］ 范铭送. 乡村振兴视域下驻村"第一书记"帮扶工作研究——以贵州省J县G乡
　　　为例［D］. 武汉：华中科技大学，2019.

［45］ 卫红亮. 乡村振兴背景下驻村"第一书记"作用研究——基于山西省吉县屯里
　　　镇的实践分析［D］. 太原：山西师范大学，2019.

［46］ 曾俊霞. "第一书记扶贫"的制度优势与影响因素分析［J］. 中国延安干部学院
　　　学报，2019（3）：117-126.

［47］ 陈锋. 论基层政权的"嵌入式治理"——基于鲁中东村的实地调研［J］. 青年研
　　　究，2011（1）：23-32.

［48］ 袁立超，王三秀. 非科层化运作："干部驻村"制度的实践逻辑——基于闽东南
　　　C村的案例研究［J］. 华中科技大学学报（社会科学报），2017（3）：131-137.

［49］ 蒲敏. 干部下乡的逻辑基础［J］. 廉政瞭望，2014（3）：54-57.

［50］ 贺艳声. 对驻村帮扶工作的几点思考［J］. 政策，2016（11）：30-31.

［51］ 陶建群，王慧，张硕. 中国乡村治理的"杠杆"效应——江苏如皋机关驻村
　　　"第一书记"的创新探索［J］. 人民论坛，2012（11）：62-64.

［52］ 孔德斌. 精准扶贫对贫困村公共产品供给影响的实证研究——基于H省Z村的驻
　　　村扶贫工作实践［J］. 山西经济管理干部学院学报，2015（2）：56-61.

［53］ 庄鹏. 我国农村社会管理中驻村联户问题研究［D］. 济南：山东师范大学，
　　　2014.

［54］ 陈正文，曹永义. 新农村建设的运作机制研究——以浙江省台州市农村工作指
　　　导制度为案例［J］. 理论与改革，2007（5）：70-74.

［55］ 赵永霞. 国家治理现代化视角下"第一书记"嵌入式治理研究——以山西省F县

为例 [D]. 太原：山西大学，2019.

[56] 郑洁. 乡镇干部驻村制度问题研究——以文成县大峃镇为例 [D]. 咸阳：西北农林科技大学，2018.

[57] 谢小芹. "嵌入式治理"：理解精准扶贫的一种新视角 [J]. 山西农业大学学报（社会科学版），2019（5）：40-44.

[58] 贺雪峰，董磊明，陈柏峰. 乡村治理研究的现状与前瞻 [J]. 学习与实践，2007（8）：116-126.

[59] 徐琴. 困境与路径：当前我国乡村治理研究评述 [J]. 南都学坛（人文社会科学学报），2018（6）：98-104.

[60] 周飞舟. 从汲取型政权到"悬浮型政权"——税费改革对国家与农民关系之影响 [J]. 社会学研究，2006（3）：1-38.

[61] 杨春娟. 村庄空心化背景下乡村治理困境及破解对策——以河北为分析个案 [J]. 河北学刊，2016（6）：204-208.

[62] 吉青. 善治视域下多元合作乡村治理模式探析 [J]. 四川行政学院学报，2013（5）：54-57.

[63] 韩广富，周耕. 党政机关选派干部下乡扶贫制度的建立 [J]. 理论学刊，2013，237（11）：22-25.

[64] 王洪鹏. 山东选派"第一书记"在农村基层党组织建设及乡村治理中的作用 [J]. 魅力中国，2019（9）：85-86.

[65] 汪立峰. 准确把握新时代实施乡村振兴战略的总体要求 [N]. 光明日报，2018-05-10（6）.

[66] 李晓莉. 乡村振兴视角下"第一书记"作用发挥的实践研究——以嘉善县"第一书记"为例 [J]. 乡村振兴，2018（3）：10-13.

[67] 郭晓鸣，廖海亚. 建立脱贫攻坚与乡村振兴的衔接机制 [N/OL]. [2020-06-05]. http://views.ce.cn/view/ent/202006/05/t20200605_35050095.shtml.

[68] 周立. 乡村振兴的核心机制与产业融合研究 [J]. 行政管理改革，2018（8）：33-38.

[69] 谢玉梅，杨阳，刘震. 精准嵌入："第三书记"驻村帮扶选派、运行与实践——

基于江苏宿豫的调查 [J]. 江南大学学报（人文社会科学版），2019（2）：29-36.

[70] 陈国申，唐京华. 试论外来"帮扶力量"对村民自治的影响——基于山东省 S 村 "第一书记"工作实践的调查 [J]. 天津行政学院学报，2015（6）：62-68.

[71] 王弢，马雪雁，梁鸿斌. 共治时代嵌入型村干部的知识共同体建构研究——基于北京市农村第一书记培训实践 [J]. 北京农业职业学院学报，2019（6）：55-62.

[72] 陈国申，孙丰香，宋明爽. 嵌入型村干部与村民自治的冲突与调谐——对下乡干部的考察 [J]. 经济社会体制比较，2017（5）：75-83.

[73] 蒲文胜. 合作治理视域下的中国 NGOS 扶贫 [J]. 中国国际财经（中英文），2016（24）：35-38.

[74] 穆全军，方建斌. 精准扶贫的政府嵌入机制反思——国家自主性的视角 [J]. 西北农林科技大学学报（社会科学版），2018（3）：90-97.

[75] 舒全峰. 公共领导力供给、国家赋权与制度重构——第一书记治村的制度逻辑 [J]. 行政科学论坛，2017（11）：16-23.

[76] 许汉泽，李小云. 精准扶贫背景下驻村机制的实践困境及其后果——以豫中 J 县驻村"第一书记"扶贫为例 [J]. 江西财经大学学报，2017（3）：82-89.

[77] 彭涵. 精准扶贫背景下驻村第一书记的角色困境分析——以 Y 区驻村第一书记为例 [D]. 南昌：南昌大学，2020.

[78] 赖先进. 国家治理现代化场景下协同治理理论框架的构建 [J]. 党政研究，2020（3）：138-142.

[79] 李汉卿. 协同治理理论探析 [J]. 理论月刊，2014（1）：103-110.

[80] 秦长江. 协作性公共管理：理念、结构与过程 [D]. 上海：上海交通大学，2012.

[81] 何水. 协同治理及其在中国的实现——基于社会资本理论的分析 [J]. 西南大学学报（社会科学版），2008（3）：103-110.

[82] 姜士伟. "协作治理"的三维辨析：名、因、义 [J]. 广东行政学院学报，2013（6）：102-106.

[83] 田培杰. 协同治理概念考辨 [J]. 上海大学学报（社会科学版），2014（1）：124-134.

[84] 朱纪华. 协同治理：新时期我国公共管理范式的创新与路径 [J]. 上海市经济管理干部学院学报，2010（1）：5-10.

[85] 杨清华. 协同治理与公民参与的逻辑同构与实现路径 [J]. 北京工业大学学报（社会科学版），2011（4）：46-50.

[86] 王俊敏，沈菊琴. 跨域水环境流域政府协同治理：理论框架与实现机制 [J]. 江海学刊，2016（5）：214-219.

[87] 马超. 一元领导下的乡村多元主体协同治理研究 [D]. 南京：南京农业大学，2016.

[88] 田玉麒. 协同治理的运作逻辑与实践路径研究——基于中美案例的比较 [D]. 长春：吉林大学，2017.

[89] 李辉，任晓春. 善治视野下的协同治理研究 [J]. 科学与管理，2010（6）：55-58.

[90] 刘伟忠. 协同治理的价值及其挑战 [J]. 江苏行政学院学报，2012（5）：113-117.

[91] 张贤明，田玉麒. 论协同治理的内涵、价值及发展趋向 [J]. 湖北社会科学，2016（1）：30-37.

[92] 杨志军. 多中心协同治理模式研究：基于三项内容的考察 [J]. 中共南京市委党校学报，2010（3）：43-49.

[93] 陶国根. 论社会管理的社会协同机制模型构建 [J]. 四川行政学院学报，2008（3）：21-25.

[94] 谭九生，杨建武. 网络谣言的协同治理机制建构：基础、过程及实现 [J]. 吉首大学学报（社会科学版），2015（2）：27-33.

[95] 姬兆亮，戴永祥，胡伟. 政府协同治理：中国区域协调发展协同治理的实践路径 [J]. 西北大学学报（哲学社会科学版），2013（3）：122-126.

[96] 姬兆亮. 区域政府协同治理研究——以长三角为例 [D]. 上海：上海交通大学，2012.

[97] 郭斌. 村干部工作行为规律及激励机制研究 [M]. 北京：经济科学出版社，2013.

[98] 李波，于水. 参与式治理：一种新的治理模式 [J]. 理论与改革，2016 (6)：69-74.

[99] 斯托克 G. 作为理论的治理：五个论点 [J]. 华夏风，译.国际社会科学杂志（中文版），1999，16 (1)：19-30.

[100] 全球治理委员会. 我们的全球伙伴关系 [J]. 马克思主义与现实，1999，(5)：37-41.

[101] 杜立燕，杨琦，金曦，等. 绩效评价的理论方法和实践 [J]. 中国妇幼保健，2012 (6)：812-814.

[102] 周云，刘沃野，王建华，等. 西方绩效评价理论的发展综述 [J]. 价值工程，2012 (22)：315-317.

[103] 张博. 山东省 J 县县派村驻村第一书记绩效考核问题研究 [D]. 桂林：广西师范大学，2019.

[104] 石柳愿. 广西驻村"第一书记"工作研究 [D]. 南宁：广西民族大学，2017.

[105] 王邓. 桂林市驻村第一书记制度运行中的问题及对策研究 [D]. 桂林：广西师范大学，2019.

[106] 全承相，贺丽君，全永海. 产业扶贫精准化政策论析 [J]. 湖南财政经济学院学报，2015 (2)：118-123.

[107] 刘春荣. 国家介入与邻里社会资本的生成 [J]. 社会学研究，2007 (2)：60-79.

[108] 余秀江，何旺，杨志锐. 村干部社会资本对其工作绩效的影响研究 [J]. 广东农业科学，2011 (2)：204-208.

[109] 张国磊，张新文. 制度嵌入、精英下沉与基层社会治理——基于桂南 Q 市"联镇包村"的个案考察 [J]. 公共管理学报，2017 (10)：44-53.

[110] 兰奎，王洪辉. 驻村"第一书记"精准扶贫效能提升研究——以四川革命老区 W 市为 [J]. 四川理工学院学报（社会科学版），2018 (4)：1-14.

[111] 李华，李一凡. 精准扶贫"第一书记"工作绩效及其影响因素实证分析 [J]. 安徽农业科学，2018 (27)：220-224.

[112] 王晓毅. 精准扶贫与驻村帮扶 [J]. 国家行政学院学报，2016（3）：56-62.

[113] 李胜蓝，江立华. 基于角色理论的驻村"第一书记"扶贫实践困境研究 [J]. 中国特色社会主义研究，2018（6）：74-80.

[114] 李侑峰，韦小玲. 新形势下"第一书记"脱贫攻坚工作面临的困境及对策思考 [J]. 理论建设，2017（3）：65-69.

[115] 闵炜琪. 精准扶贫场域中社会资本与第一书记工作绩效关系的实证研究——基于三县调查数据的分析 [D]. 南昌：南昌大学，2020.

[116] 张国磊. 科层权威、资源吸纳与基层社会治理——基于"联镇包村"第一书记的行动逻辑考察 [J]. 中国行政管理，2019（11）：131-137.

[117] 汪崇军，杨亿，谷军健. 第一书记驻村帮扶能提升乡村社会资本吗？——一项田野实验研究 [J]. 财经研究，2021（3）：110-124.

[118] 卢冲，庄天慧. 精准匹配视角下驻村干部胜任力与贫困村脱贫成效研究 [J]. 南京农业大学学报（社会科学版），2016（9）：74-85.

[119] 谢小芹. "接点治理"：贫困研究中的一个新视野——基于广西圆村"第一书记"扶贫制度的基层实践 [J]. 公共管理学报，2016（3）：12-22.

[120] DONAHUE J D, ZECKHAUSERR J.Public-Private Collaboration [C] // Moran M, Rein M, GoodinR E. The Oxford Handbook of Public Policy. New York：Oxford University Press，2006：55-75.

[121] EMERSON K, NABATCHI T, BALOGH S. An intergrative framework for collaborative governance [J]. Journal of Public Administration Research and Theory，2011，22（1）：1-29.

[122] CHOI T. Information sharing, deliberation and collection decision-making： a computational model of collaborative governance [D]. Los Angeles：University of Southen California，2011.

[123] ANSELL C, GASH A.Collaborative governance in theory and practice [J]. Journal of Public Administration Research and Theory，2008，18（4）：543-571.

[124] O'LEARY R, VIJ N.Collaborative public management：where have we been and where are we going? [J]. The American Review of Public Administration，2012，42

(5)：507-522.

[125] LING T. Delivering joined-up government in the UK：dimensions，issues and problems [J]. Public Administration，2002，80（4）：615-642.

[126] BOOHER D E.Collaborative governance practices and democracy [J]. National Civie Review，2004，93（4）：32-46.

[127] Wood D J，Gray B.Toward a comprehensive theory of collaboration [J]. Journal of Applied Behabioral Science，1991，27（2）：139-162.

[128] DURKHEIM E. The dualism of human nature and its social conditions [J]. Durkheimian Studies，2005，11（1）：35.

[129] SKOCPOL T.Unravelling from above [J]. The American Prospect，1996（25）：20-25.

[130] ROTHSTEIN B.Social traps and the problem of trust [M]. Cambridge：Cambridge University Press，2005：107-128.

[131] HOLM H J，DANIELSON A.Tropic trust versus Nordic trust：experimental evidence from Tanzania and Sweden [J]. The Economic Journal，2005（503）：505-532.

后记

《周易·乾卦·象传》乾卦象曰："天行健，君子以自强不息；地势坤，君子以厚德载物。"以其中"君子"为标杆，修德塑己，砥砺进步，这是我对自己的一个基本要求。

或许我因少年时期受到的教育和影响，早已把奉献国家、造福社会当作人生目标，因而不觉得勤奋吃苦是痛苦，反以自私怕苦为耻辱。于是，在自强中蜿蜒前行，在蹉历中看到希望，在感恩中获得快乐。

2018 年 5 月，我有幸成为驻村第一书记，被选派到辽宁省葫芦岛市绥中县塔山屯镇香宝村任驻村第一书记，参加了具有重大意义的驻村干部帮扶精准扶贫，亲历了第一书记赋能乡村振兴伟大事业。到 2021 年 8 月底，我在绥中县塔山屯镇香宝村驻村帮扶共计 3 年 3 个月。这是对我人生有着特殊意义的经历。在乡村，每天与乡村干部、农民生活在一起，真实感受到了他们的生活、劳动、困难、向往，特别是在帮助那些建档立卡贫困户和困难群众的过程中，让我体会到了我国在 21 世纪的农村、农民和农业的真实面貌。为了让贫困户在 2020 年精准脱贫，进而过上小康生活，扶贫干部、驻村第一书记们深入调查研究，积极谋划产业，设法整合资源，建设美丽乡村，发展乡村文化，加强组织建设，培养乡村干部，全面推进乡村振兴。正是这种忘我牺牲的敬业精神和为人民服务的宗旨要求，让我们这些驻村干部感到无上光荣，体验到了珍贵的人生价值，虽苦犹乐！

我在帮扶贫困户脱贫和积极参与乡村振兴的过程中，不断思考一些亲历的问题，其中一个问题是如何在乡村振兴战略的指导下发挥好第一书记的帮扶作用，更好地促进乡村振兴，也就是什么样的制度和机制才能进一步提升第一书记驻村帮扶绩效，促进第一书记为乡村振兴多作贡献。我把这个问题和思考的过程整理出来后，向国家社科基金委员会提出课题研究资助申请，很快得到肯定的答复，于是我的课题研究被国家社科基金委员会一般项目立项。这本书就是受到国家社科基金资助后的研究成果。希望此书的研究成果能够为乡村振兴中充分发挥第一书记的作用提供政策参考。感谢国家社科基金委员会的资助。为了做好课题研究，我在驻村帮扶的同时进行调查研究，经历数年努力，终于得以按计划完成本书。在本书付梓之际，感谢所有帮助过我的人们！

功成不必在我，功成不能没有我。希望为乡村振兴的伟大事业作出自己的一份贡献。

感谢我驻村期间给予我关心支持的东北财经大学校党委班子，感谢塔山屯镇的党委班子成员王凤玉书记、庞荣鲲副书记、李心欣镇长、薛宝权副镇长等乡镇干部，也感谢和我朝夕相处的乡镇驻村第一副书记周航、县委组织部王勇等共同奋战在塔山屯镇各村的队友，感谢在驻村期间的羽毛球球友杨晓东等给我业余时间带来的快乐，也感谢香宝村的村党支书卢连富、村民委员会主任刘占成和村文书卢国文，他们对我的驻村帮扶工作给予了很大的支持，陪伴我度过了充实、美好的驻村时光。这种美好回忆将伴随我余生。

最后，还要感谢为本书的出版工作付出辛勤劳动的东北财经大学出版社编辑同仁，是他们默默无闻地付出和不懈地努力，才使本书得以付梓。

孟　耀

于东北财经大学梓楠楼

2025 年 4 月